Jenseits der Angst

Die Autorin

Dania Dicken, Jahrgang 1985, lebt in Krefeld und hat in Duisburg Psychologie und Informatik studiert. Mit den Grundlagen aus dem Psychologiestudium setzte sie ein langgehegtes Vorhaben in die Tat um und schreibt seitdem spannende Profiler-Thriller.

Dania Dicken

Jenseits der Angst

Thriller

Weltbild

Besuchen Sie uns im Internet:
www.weltbild.de

Genehmigte Lizenzausgabe für Weltbild GmbH & Co. KG,
Werner-von-Siemens-Straße 1, 86159 Augsburg

Umschlaggestaltung: Atelier Seidel - Verlagsgrafik, Teising
Umschlagmotiv: © shutterstock/SvedOliver
Satz: Datagroup int. SRL, Timisoara
Druck und Bindung: GGP Media GmbH, Pößneck
Printed in the EU
ISBN 978-3-95973-685-5

2019 2018 2017
Die letzte Jahreszahl gibt die aktuelle Lizenzausgabe an.

Die Jugend von heute liebt den Luxus,
hat schlechte Manieren und verachtet die Autorität.
Sie widersprechen ihren Eltern, legen die Beine übereinander
und tyrannisieren ihre Lehrer.

Sokrates

29. August, 7:50 Uhr

Genervt, aber nichtsdestotrotz schwungvoll ließ Trisha sich auf die Rückbank fallen und warf ihren Rucksack neben sich. Der strafende Blick des Fahrers im Rückspiegel entging ihr nicht.

»Was denn?«, fragte sie, die Arme vor der Brust verschränkt.

»Sind wir heute Morgen etwa schlecht gelaunt?«

»Nur heute?« Fragend runzelte Trisha die Stirn und setzte zu einer Ergänzung an, überlegte es sich dann jedoch anders und schwieg. Achselzuckend startete der Fahrer den Motor und lenkte die schwarze Mercedes-Limousine vom Vorplatz der Villa durch das automatische Tor. Trisha starrte betont trotzig aus dem Fenster.

»Deine Eltern meinen es doch nur gut.«

»Ach, Edmund.« Sie seufzte, was halb gequält, halb mitleidig klang. »Meine Eltern verstehen überhaupt nichts.«

»Dasselbe dachte ich, als ich in deinem Alter war.«

»Das ist doch jetzt auch bloß so ein Spruch, oder?«

»Nein.« Edmund blickte erneut in den Rückspiegel. »Im Übrigen bringe ich dich gern zur Schule.«

»Das ist dein Job!« Trisha lachte unwillig.

»Wie lange arbeite ich nun schon für deine Familie? Zwölf Jahre? Ich mache es wirklich gern. Du musst nicht mit der U-Bahn fahren.«

»Ich würde aber gern«, beharrte Trisha. »Außerdem geht es doch gar nicht darum.«

»Nein, ich weiß.« Edmund sah eine Lücke, trat aufs Gaspedal und fädelte sich in den Verkehr ein. »Sie machen sich doch nur Sorgen.«

»Ja, aber ich bin siebzehn! Du fährst mich immer noch zur Schule. Das ist eine Privatschule. Da sind nur …« Trisha verkniff es sich gerade noch, laut von verwöhnten Gören zu sprechen. Schließlich war sie selbst eine. »Für mich ist das Wichtigste Andrew. Durch ihn habe ich gelernt, dass es noch etwas anderes gibt als all das hier.«

»Aber verstehst du denn nicht, dass deine Eltern sich deshalb Sorgen machen? Du vernachlässigst die Schule wegen dem Jungen, du bist spätabends noch allein mit ihm unterwegs …«

»Nein, ehrlich gesagt verstehe ich das nicht«, fiel Trisha ihm ins Wort. »Andrew führt ein normales Leben. Er wird nicht täglich daran erinnert, dass er doch bitte in Oxford zu studieren hat. Er kann tun und lassen, was er will.«

»Er ist volljährig«, hielt Edmund ihr vor Augen.

Das wäre Trisha auch gern gewesen. Volljährig und damit alt genug, selbst zu entscheiden. Aber so … Sie wurde immer noch bemuttert. Wahrscheinlich hörte das nie auf.

Der grau verhangene Himmel machte ihre Laune auch nicht besser, missmutig runzelte sie die Stirn. Vorn trommelte Edmund mit den Fingern auf dem Lenkrad herum, denn wie üblich war die Hauptstraße zur morgendlichen Rushhour hoffnungslos verstopft. Trisha konnte die roten Ampeln und die Blechlawine vor dem Mercedes sehen.

Mit der U-Bahn wäre sie schneller gewesen, denn eigentlich lag keine große Entfernung zwischen der Villa ihrer Eltern in Notting Hill und ihrer Schule in der City of Westminster. Aber ihr Vater hatte ihr verboten, mit der U-Bahn zu fahren. Nicht aus Standesdünkel, sondern aus Angst.

Seufzend kratzte Trisha sich am Kopf. Wenigstens war er nicht so weltfremd wie ihre Mutter, die einem Tobsuchtsanfall nah gewesen war, als sie herausgefunden hatte, dass Trisha nun die Pille nahm. Wegen Andrew. Und wegen dem, was man mit Andrew machen konnte.

Aber ihre Mutter hatte keine Ahnung. Alles, was ihre Mutter kannte, waren schicke Kleider und Golfplätze.

Leise fluchend bugsierte Edmund die Limousine an der nächsten Kreuzung in eine Seitenstraße; dass hinter ihm auch ein dunkler Lieferwagen abbog, merkte er nicht.

Im Kopf ging Trisha noch einmal die Französischvokabeln durch. Tests in der ersten Stunde zu schreiben gehörte eindeutig verboten. Gähnend schloss sie die Augen und versuchte, sich zu konzentrieren.

»Spinner!«, brüllte Edmund da plötzlich. Trisha riss die Augen auf, als der Fahrer eine Vollbremsung hinlegte – zu spät. Der Mercedes prallte in die Seite eines uralten Kleinwagens und schob ihn noch einen halben Meter weit über die Straße. Mit klopfendem Herzen schaute Trisha sich um. Sie standen mitten auf einer Kreuzung; es sah so aus, als habe der Kleinwagen Edmund die Vorfahrt genommen.

»Auch das noch«, brummte Edmund und stieg aus. Trisha verzog seufzend das Gesicht. Also doch kein Französischtest. Da gab es Schlimmeres.

Neugierig beobachtete sie durch die Windschutzscheibe, wie Edmund zur Fahrerseite des anderen Wagens ging. Dort hatte sich noch niemand gerührt. Auf einmal schob sich ein dunkler Schatten vor das Fenster an ihrem Platz. Als sie den Blick hob und nach draußen schaute, stieß sie einen spitzen Schrei aus. Vor ihr stand ein schwarz gekleideter, maskierter

Mann. In der Hand hielt er eine Schusswaffe. Er beugte sich hinunter und öffnete die Tür.

Schreiend krabbelte Trisha rückwärts über den Sitz zur anderen Seite, um dort aus dem Wagen zu flüchten. Doch bevor sie es schaffte, die Tür aufzudrücken, erwartete sie auch dort ein schwarz gekleideter Mann mit einer Sturmhaube.

»Trisha!«, brüllte Edmund über die Straße. Er hatte ihren Angstschrei gehört und die Brisanz der Situation sofort erfasst.

In heller Panik kämpfte Trisha sich zwischen den Vordersitzen auf den Beifahrersitz vor. Die Männer hatten inzwischen die beiden hinteren Türen geöffnet und versuchten, sie zu packen.

Sie musste hier raus. Sie musste einfach. Ihr war heiß vor Angst, ihr Körper fühlte sich an, als stünde er unter Strom. Einer Eingebung folgend, drückte sie an der Mittelkonsole den Einschaltknopf der Freisprechanlage. Sie musste die Polizei anrufen. Während der kleine Bildschirm noch das Startsymbol zeigte, blickte sie auf. Edmund stand nun einem weiteren Maskierten mit Waffe gegenüber und hatte beide Hände erhoben.

Als die Fahrertür aufgerissen wurde, drückte Trisha sich erschrocken gegen den Sitz, doch hinter ihr lauerte der andere Mann.

»Hilfe!« schrie sie; so schrill, dass beinahe ihre Stimme brach. Ein kleiner Pfeifton signalisierte, dass das Autotelefon einsatzbereit war.

»Wen haben wir denn da?«, murmelte einer der Maskierten unter der Wolle seiner Haube.

»Wählen!«, schrie Trisha in Richtung Telefon. »Pol-«

Noch ehe sie das Wort ausgesprochen hatte, legte der hinter ihr kauernde Mann ihr die Hand auf den Mund und riss sie nach hinten zurück. Kreischend schlug Trisha um sich, aber sie hatte keine Chance. Beide Männer packten sie, zerrten sie aus dem Wagen und drohten, sie zu überwältigen. Einer hielt sie mit beiden Armen wie in einer Schraubzwinge, und der andere hielt ihr noch immer den Mund zu. In Todesangst wimmerte Trisha und versuchte, Edmunds Namen zu rufen. Doch Edmund konnte ihr nicht helfen.

Ein breites Stück Klebeband wurde ihr über die Lippen geklebt. Alles verschwamm hinter einem Vorhang aus Tränen. Im nächsten Moment schlossen sich mit einem klackenden Geräusch Handschellen um ihre Handgelenke. Jetzt war sie gefesselt. Ihr drohte das Herz in der Brust zu zerspringen.

Sie wurde aus dem Wagen gezerrt, und mit ihr der Rucksack. Edmund stand mittlerweile mit dem Rücken zu dem dritten Maskierten, der ihm die Waffe an die Schläfe drückte. Trisha und Edmund tauschten einen verzweifelten Blick.

»Lassen Sie das Mädchen los!«, verlangte Edmund scharf.

Der Mann, der ihn bedrohte, lachte kurz. »Schnauze und nicht bewegen, sonst knallt's!«

Trisha wurde grob gepackt. Als sie den Kopf drehte, sah sie die geöffnete Tür des kleinen Lieferwagens als klaffenden Schlund vor sich und stieß einen erstickten Schrei aus.

»Trisha!«, rief Edmund. Reflexhaft machte er einen Schritt nach vorn. Dann knallte es.

Nur weil sie geknebelt war, schrie Trisha nicht gellend laut. Mit geweiteten Augen beobachtete sie, wie Edmund mit leblos starrenden Augen zu Boden ging, während das Blut dem Maskierten hinter ihm ins Gesicht spritzte. Der Mann fluchte leise.

Edmund!, wollte Trisha schreien, als der tote Fahrer auf dem Boden aufschlug. Doch mehr als einen schrillen Quietschlaut brachte sie nicht heraus.

»Rein da!«, zischte einer der Männer hinter ihr. Mit einem Mal wurde es dunkel, sie konnte Edmund nicht mehr sehen. Die Männer stießen sie in den Lieferwagen, Trisha schlug mit dem Kopf auf den Boden und spürte einen brennenden Schmerz. Die Schiebetür schnappte zu.

Ihr Gesicht war nass von Tränen, sie konnte kaum atmen. Sie lag zur Seite gedreht neben den zwei Männern auf der Ladefläche des Wagens. Die Fahrertür wurde zugeschlagen, im Rückwärtsgang schnellte der Wagen über die Straße. Blut rann ihr über die Stirn.

Neben ihrem Kopf lag ihr Rucksack. Doch sie sah nicht ihn, sie sah nur Edmunds tote Augen.

29. August, 9:15 Uhr

In der Luft hing der Duft von Kaffee, Tee und Croissants. Sie hatten selten Schönes zu bereden, deshalb wollten sie wenigstens die morgendliche Besprechung dieser Dinge so angenehm wie möglich gestalten. In den wenigen Wochen, die Andrea nun bereits zum Team der Profiler vom Londoner Birkbeck College gehörte, hatte sie gelernt, dass Fallanalytiker blitzschnell umschalten konnten. Für keinen der Anwesenden war es ein Problem, beim Betrachten von Tatortfotos ein duftendes Croissant zu essen. Das eine hatte mit dem anderen nämlich nichts zu tun.

Es waren bereits alle da: Mike und Patrick, Tina und der Traumatherapeut Gordon. Fehlte nur noch Teamleiter Dr. Joshua Carter. Normalerweise war er pünktlich.

Gordon, der Andreas fragenden Blick zur offen stehenden Tür bemerkte, lächelte ihr zu. »Dauert bestimmt nicht mehr lang.«

Andrea erwiderte sein Lächeln. »Bestimmt.«

Sie fand es nett, wie Gordon sich um sie kümmerte. Er war derjenige aus dem Team, den sie vor eineinhalb Jahren als Erstes kennengelernt hatte.

Auf dem Flur näherten sich hastige Schritte. Sekunden später erschien Joshua in der Tür. »Heute muss die Lagebesprechung ausfallen. Die Metropolitan Police braucht unsere Unterstützung. Gordon, du kommst auf jeden Fall mit, sie brauchen vor Ort einen Seelsorger. Außerdem möchte ich Andrea mitnehmen.«

Erstaunt hob sie den Kopf. »Mich? Worum geht es denn?«

»Das weiß die Polizei auch noch nicht so genau, deshalb brauchen sie jetzt uns. Auf geht's!«

Er war schon wieder verschwunden, noch bevor Gordon und Andrea überhaupt aufgestanden waren. Aber Gordon beeilte sich auch nicht. Als Andrea sich auf dem Gang umdrehte, entdeckte sie ihn ein gutes Stück weiter hinten. Er sagte immer scherzhaft, dass er schließlich schon ein alter Mann sei. Dabei war er erst sechsundvierzig, also alles andere als ein alter Mann. Allerdings war er die Ruhe selbst. Als Therapeut kam ihm diese Gelassenheit sehr zugute.

»Auto oder U-Bahn?«, fragte er, als er die anderen eingeholt hatte.

»Wir werden abgeholt«, erwiderte Joshua knapp.

»Wir werden abgeholt?«, wiederholte Gordon erstaunt.

»Ja. Scheint eilig zu sein. Ein toter Chauffeur und eine verschwundene Millionärstochter.«

»Oha«, machte Gordon.

»Sie haben einen Unterhändler und einen Seelsorger angefordert«, fuhr Joshua fort.

»Nun, was ich mache, ist klar«, sagte Gordon augenzwinkernd.

»Richtig. Ich versuche mich dann mal wieder als Unterhändler.« Joshua sagte das sehr selbstironisch, was Andrea ein Grinsen entlockte. »Und für dich ist das sicher sehr lehrreich.«

Sie nickte stumm, ihre Aufregung wuchs. Ihr erster richtiger Einsatz. Der Moment, den sie so lange herbeigesehnt hatte.

Auf dem Weg zum Ausgang kamen ihnen Grüppchen plaudernder Studenten entgegen, die sich nicht weiter um sie kümmerten. Noch vor nicht allzu langer Zeit hatte sie selbst zu ihnen gehört. Ihr Masterzeugnis und das Abschlussdiplom der Profilerausbildung waren noch ganz frisch, doch Joshua hatte sie sofort übernommen. Schon als Seminarleiter hatte er sie gefördert – und gefordert.

Auch über die Landesgrenzen hinaus war Joshua Carter als Profiler bekannt. Er hatte Fortbildungen in den USA absolviert, unter anderem bei der Behavioral Analysis Unit des FBI in Quantico, nach deren Vorbild er mit seinem Team am College in London arbeitete und immer wieder landesweit bei polizeilichen Ermittlungen half. Er war auch dem bekannten britischen Psychologen und Profiler Paul Britton begegnet, dessen Vorgehensweise Andrea selbst ebenfalls studiert hatte. Joshua kannte jeden Profiler von Rang und Namen, und Andrea war glücklich, dass sie mit ihm arbeiten konnte. Er war nur etwa zehn Jahre älter als sie, durchschnittlich groß, hatte eine sportliche Figur und einen frechen dunklen Kurzhaarschnitt. Wenn man ihm auf der Straße begegnete, sah man ihm nicht an, welchen Posten er bekleidete.

Bei Gordon war das anders. In den Geheimratsecken war er bereits ergraut, trug immer Krawatte und Mantel und war eher der ruhige, gesetzte Typ. Anlass genug für die beiden, sich ständig gegenseitig aufs Korn zu nehmen.

Joshua hielt Gordon und Andrea die Tür auf. Die Sonne lugte hinter den Wolken hervor, als sie das Collegegebäude verließen und quer über den Hof zur Straße gingen. Wenn die Polizei sie abholen wollte, musste es definitiv eilig sein.

Andrea fand es überaus angenehm, am College zu arbeiten. Es war eine lockere, ungezwungene Atmosphäre, denn die Profiler hatten es nicht nötig, sich gegenseitig mit Kompetenzgerangel zu beeindrucken. Außerdem forschten sie neben ihrer Tätigkeit als polizeiliche Berater und beschäftigten sich immer wieder mit Fallstudien. Das hatte Joshua auch während des Seminars mit den Teilnehmern gemacht.

»Ich freue mich, dass ihr mich mitnehmt«, sagte Andrea in das Schweigen hinein.

»Aber klar doch. Das ist eine großartige Möglichkeit für dich, praktische Erfahrungen zu sammeln«, erwiderte Joshua.

»Ich hoffe, ich stehe euch nicht nur im Weg rum.«

Er schüttelte den Kopf. »Das wirst du schon nicht. Wenn ich das glauben würde, wärst du nicht hier. Und außerdem kommen Erfahrungen nicht aus dem Nichts.«

»Richtig«, stimmte Gordon zu. »Du kriegst das hin.«

Andrea wusste nicht, was sie erwidern sollte. Jetzt war der Moment gekommen, in dem sie sich praktisch beweisen musste. Nun konnte sie zeigen, dass sie nicht nur über ein enormes Fachwissen verfügte, sondern tatsächlich das Zeug zur Profilerin hatte. Angesehen hätte man ihr das nicht, sie war eine unauffällige junge Frau Mitte zwanzig in Jeans und Turnschuhen, die am liebsten einen Pferdeschwanz trug. Sie war durchschnittlich groß und durchschnittlich hübsch. Zumindest war sie dieser Ansicht.

Augenblicke später hielt ein Streifenwagen vor ihnen am Straßenrand. Die Fensterscheibe auf der Beifahrerseite wurde heruntergelassen.

»Dr. Carter? Kommen Sie, steigen Sie ein«, drang eine Stimme aus dem Inneren des Wagens.

»Detective Inspector Barley«, stellte sich der Polizist auf dem Fahrersitz vor, als sie im Auto saßen. Barley war ein stämmiger Mann etwa in Gordons Alter, trug einen Dreitagebart und ein verrutschtes Hemd. Er war in Eile.

»Angenehm«, sagte Joshua und schüttelte dem Inspector die Hand, bevor er sich zur Rückbank umdrehte. »Das sind meine Kollegen Gordon Weaver und Andrea Thornton.«

»Oh, gleich so viel Verstärkung. Aber je mehr Leute, desto besser«, sagte der Inspector erfreut. »Da der Tatort sowieso auf dem Weg liegt, zeige ich Ihnen gleich alles.«

»Ihr Kollege hörte sich am Telefon etwas … verwirrt an«, formulierte Joshua es vorsichtig. »Worum geht es?«

»Wenn wir das wüssten. Alles deutet auf eine Entführung hin. Es geht um die Tochter von Richard Michaels, dem Banker. Er ist Multimillionär, wohnt mit seiner Familie in einer weitläufigen Villa in Notting Hill. Sein Fahrer, Edmund Keeley, wollte Trisha zur Schule bringen. Sie besucht eine der Privatschulen im Zentrum. Inzwischen wissen wir, dass Trisha nicht in der Schule angekommen ist. Wir haben dort nachgefragt, als bei uns ein Notruf einging. Ein Passant fand Keeley tot vor der Limousine der Michaels; Trisha ist spurlos verschwunden. Bislang hat sich jedoch noch kein Entführer gemeldet.«

»Weshalb Sie nicht ausschließen, dass sie geflohen ist«, warf Gordon ein.

»Wir wissen im Moment nur, dass Keeley erschossen wurde«, sagte Barley. »Das Ironische daran ist, dass Trisha immer zur Schule gefahren wurde, um eine Entführung zu verhindern. Zurzeit installieren die Kollegen in der Michaels-Villa eine Fangschaltung. Wir haben Sie ins Boot geholt, weil wir die Hoffnung hegen, dass Ihnen etwas auffällt, das wir übersehen haben. Wir müssen jetzt herausfinden, ob Trisha noch lebt und wo sie ist. Sollte sie entführt worden sein, brauchen wir einen Unterhändler. Vor allem benötigen die Eltern jetzt Hilfe von einem Psychologen.«

Gordon fühlte sich sofort angesprochen und nickte.

»Andrea, du hilfst mir dann dabei, die Fakten zu analysieren«, sagte Joshua zu ihr nach hinten.

»Klar.« Ihre Gedanken liefen bereits auf Hochtouren. »Wann ist es passiert?«

»Der Notruf ging um kurz nach acht bei uns ein«, beantwortete Barley ihre Frage. »Wir sind noch dabei, festzustellen, ob Anwohner etwas gesehen haben. Es wäre durchaus möglich, dass Trisha fliehen konnte und sich nun irgendwo verkrochen hat.«

»Genauso gut könnte sie aber verschleppt worden oder tot sein«, sagte Joshua. »Das Ganze ist erst etwas über eine Stunde her. Die Rushhour trifft auch die Entführer. Vielleicht sind sie einfach noch nicht in ihrem Versteck angekommen.«

»So ist es. Nun, sehen Sie selbst.« Barley bog von der Hauptstraße ab und fuhr eine kleine Nebenstraße entlang, bis weitere Streifenwagen der Polizei, Absperrband und ein Leichenwagen auftauchten. Neben einem Streifenwagen parkte Barley und stieg aus. Die Profiler folgten ihm.

In der Luft hing das Stimmengemurmel der anderen Polizisten. Mitten auf der Kreuzung standen ein großer schwarzer Mercedes und ein ramponierter Kleinwagen. Neben der Limousine kniete ein Mann, offenbar der Leichenbeschauer. In einem schwarzen Leichensack vor ihm lag der tote Fahrer. Gleich dahinter erkannte Andrea Kreideumrisse auf der Straße. Zwei Polizisten standen fachsimpelnd daneben. Das Absperrband flatterte im Wind.

»Verstärkung?«, fragte ein Polizist, als er sah, dass Barley nicht allein kam.

»Ja, wir haben die Profiler hinzugezogen«, antwortete der Inspector.

»Gute Idee. Brauchen wir bestimmt noch.«

Barley hielt das Absperrband hoch und winkte den Profilern. Sie duckten sich unter dem Band hindurch, dann ließen sie alles auf sich wirken. Andrea hob den Blick und nahm die Fenster in den Häusern zu beiden Seiten in Augenschein. In der Ferne hörte sie das Rauschen des Verkehrs, doch auf dieser Straße war, von den Polizisten abgesehen, alles still. Eine Windböe sorgte kurz für angenehme Kühle in der schwülen Luft. Dafür, dass es eigentlich eine Menge zu sehen gab, waren auffallend wenige Schaulustige da. Hinter den Fenstern sah sie nur vereinzelt Gesichter, auch auf der Straße waren keinerlei Passanten zu entdecken. Das war allerdings nicht weiter verwunderlich, denn in diesem Teil der Stadt befand sich um diese Tageszeit so gut wie niemand. Es war ein reines Wohnviertel, und alle waren bei der Arbeit.

Auf Zeugen durften sie also nicht bauen.

»Ein fingierter Unfall«, sagte Joshua ins allgemeine Schweigen hinein.

»Ja, so weit sind wir auch schon«, erwiderte Barley. »Es müssen mehrere Männer gewesen sein – mindestens zwei. Einer, der Keeley erschossen, und einer, der sich Trisha gegriffen hat.«

»Und sie hatten zwei Autos«, setzte Joshua hinzu.

»Richtig. Das da vorn, das wir noch gründlich auseinandernehmen werden, und ein weiteres, mit dem sie geflüchtet sind.«

»War aber bestimmt nicht leicht, es so zu deichseln, dass der Überfall genau hier erfolgen konnte«, murmelte Gordon.

»Ein Wagen wird der Limousine gefolgt sein. Sie haben sich abgesprochen, dann ist das Auto da vorn im richtigen Moment auf die Kreuzung gefahren und – bum«, sagte Joshua.

»Wahrscheinlich«, stimmte der Inspector zu.

»Aber warum ist der Fahrer tot?«, überlegte Andrea laut. »Er ist ja, wenn ich die Kreidezeichnung richtig deute, dort gestorben.«

Barley nickte. »Ein Schuss von hinten in den Kopf.«

»Keeley rammt den kleinen Wagen. Er steigt aus. In dem Moment nähert sich der Komplize – oder die Komplizen – des anderen Fahrers von hinten Trisha. Hat Keeley versucht, sie zu beschützen? Sollte es keine Zeugen geben?«, murmelte Andrea.

»So wird es wohl gewesen sein.«

»Aber wenn das alles so präzise geplant und umgesetzt wurde, müssen sie dem Wagen schon eine ganze Weile gefolgt sein, um das genau hier durchzuziehen. Da kann ich mir nicht vorstellen, dass Trisha es geschafft hat zu entkommen«, sagte sie. Barley nickte nur.

»Ist die Spurensicherung fürs Erste mit dem Mercedes durch?«, erkundigte sich Joshua.

»Natürlich nicht. Aber reinschauen können Sie, wenn Sie vorsichtig sind.«

Die Türen standen ohnehin noch offen, deshalb musste Joshua bloß den Kopf hineinstecken. Andrea tat es ihm gleich. Dabei versuchte sie, das Gefühl der Beklemmung in ihrer Brust zu ignorieren. Sie hatte ja gewusst, was sie in diesem Beruf erwarten würde; Rücksicht auf ihre persönlichen Erfahrungen wurde da nicht genommen.

Auf den hellen Ledersitzen waren mehrere staubige, halb verwischte Fußabdrücke auszumachen. Es hatte ein Gerangel gegeben.

Andrea ging nach vorn und spähte durch die Beifahrertür in den Wagen. Nirgends war etwas zu sehen, das ihnen geholfen hätte – kein Blut, nichts.

»Wir haben ein paar Haare gefunden«, sagte der Inspector, als hätte er ihre Gedanken erraten. »Lange, blonde Haare.«

»Vermutlich von dem Mädchen, Haare von einem Täter wären besser«, meinte Joshua. Andrea ließ derweil alles auf sich wirken. An der Mittelkonsole wurde sie auf einen kleinen Bildschirm aufmerksam. *Dial number*, stand darauf. Sonst nichts.

»Inspector?«, sagte sie.

»Was gibt es?«

»Ist das hier in der Mitte ein Telefon?«

Er schaute von der Fahrerseite her in den Wagen. »Ja, eine Freisprechanlage.«

Damit bestätigte er Andreas Vermutung. »Sieht so aus, als hätte jemand noch zu telefonieren versucht.«

»Ja, das denken wir auch«, stimmte er zu.

»Trisha ist zumindest nicht tot«, sagte Joshua. »Wenn Keeley erschossen wurde und wir von ihr keine Spur haben, dann lebt sie wahrscheinlich noch. Ich wette mit Ihnen, sie wurde entführt.«

»Sagen Sie mir, von wem!«

Joshua seufzte gequält. Genau diesen Moment fürchteten Profiler – den Augenblick, in dem die Ermittler sich von ihnen hellseherische Erkenntnisse erhofften.

»Ich nehme an, der Besitzer des Wagens da vorn wird bereits ermittelt«, erwiderte Joshua, woraufhin Barley nickte. »Ich glaube nicht, dass es da viel zu finden gibt. Aber der Grad an Organisiertheit, der Einsatz von Schusswaffen und der schnelle, unbemerkte Ablauf sprechen dafür, dass diese Leute wussten, was sie taten. Das bedeutet, sie haben gewisse kriminelle Energien und Vorerfahrungen. Darüber hinaus müssen wir uns fragen, warum gerade Trisha Michaels als Opfer ausgewählt wurde. Nur, weil ihr Vater reich ist? Das könnte ein Grund sein, muss aber nicht. Vielleicht gibt es da noch mehr, von dem wir noch gar nichts wissen.«

»So schlau waren wir auch schon«, sagte Barley. Er bemühte sich, es nicht kritisch klingen zu lassen, doch Joshua durchschaute ihn.

»Profiler sind keine Hellseher, Inspector. Wir arbeiten nur mit den Fakten, die wir haben. Im Moment können wir Ihnen einfach noch nicht mehr sagen. Es muss mehr passieren, wir brauchen noch zusätzliche Hintergrundinfos.«

»Gut, dann schlage ich vor, wir fahren zur Michaels-Villa.«

»Gute Idee«, fand Gordon. Nachdem sie eingestiegen waren, lenkte Barley rückwärts aus der Straße heraus und fädelte sich wieder in den Verkehr auf der Hauptstraße ein.

»Ich wollte Sie nicht kritisieren«, sagte er unvermittelt. »Es ist nur – es gibt doch diese Statistiken, dass die Überlebenschance eines Entführungsopfers mit jeder Minute sinkt. Ich hatte einfach gehofft, Sie stoßen hier auf etwas, das uns nicht aufgefallen ist.«

»Schon gut«, sagte Joshua. »Wir stehen doch erst ganz am Anfang, Inspector.«

Das war aufmunternd gemeint, und so fasste der Inspector es auch auf. Aber er stand unter Druck. Bei Entführungen musste man schnell handeln, das wusste Andrea aus ihrer Ausbildung. Immerhin waren sie nun ziemlich sicher, dass Trisha tatsächlich entführt worden war. Das war ein Ansatzpunkt, mit dem sie arbeiten konnten.

Der Verkehr floss mehrspurig durch das Londoner Stadtzentrum. Der Anblick, der sich Andrea durchs Autofenster bot, hätte aus einem Reiseführer sein können. Rote Busse, schwarze Taxis, die typischen Telefonzellen. Sie hatte London immer gemocht, obwohl die Stadt laut und voller Menschen war. Aber sie hatte Charme. Kleine Läden und Takeaways reihten sich aneinander, es war immer etwas los. Inzwischen hatte sich das Verkehrsaufkommen etwas beruhigt, so dass sie es relativ schnell nach Notting Hill schafften. Der Stadtteil war von einem Künstlerviertel zur begehrten Wohnlage für die Reichen und Schönen avanciert. Einen wohl nicht unwesentlichen Teil hatte auch die Liebeskomödie *Notting Hill* mit Hugh Grant und Julia Roberts dazu beigetragen – einer der wenigen Liebesfilme, denen Andrea etwas abgewinnen konnte.

Sie fuhren durch malerische Sträßchen zum Anwesen der Familie Michaels, um das sich rundum ein hoher Gitterzaun zog. Zahlreiche Polizeiwagen parkten bereits auf dem Vorplatz. Das Haus wirkte hochherrschaftlich mit seinen hohen Fenstern. Auf dem Vorplatz mit den gepflegten Sträuchern standen links und rechts von einem kleinen Springbrunnen zwei sündhaft teure Wagen; einer davon ein Porsche.

Das elektrische Zufahrtstor schwang auf, nachdem der Inspector sie durch eine Sprechanlage angekündigt hatte. Auf dem überfüllten Vorplatz musste er seine Einparkkünste unter Beweis stellen, meisterte die Aufgabe jedoch souverän.

»Da wären wir«, sagte er in das nachdenkliche Schweigen hinein. Nacheinander stiegen sie aus. Andrea atmete tief durch, sie hatte bereits jetzt das Gefühl, dass sie in wenigen Augenblicken eine Parallelwelt betreten würde. Eine Welt, die sie nicht kannte – und der sie sich nicht gewachsen fühlte.

Noch bevor sie die Haustür erreichten, öffnete eine Haushälterin mittleren Alters. Sie wirkte, als sei sie einem Historienfilm entsprungen, denn sie trug Schürze und Häubchen. Andrea hatte nicht gedacht, dass es so etwas noch gab.

»Kommen Sie doch herein und folgen Sie mir bitte«, sagte die Frau freundlich und lief voraus. Die Ermittler betraten die Eingangshalle. Es war ein altes, prächtiges Haus mit glänzend polierten Marmorböden; fast schon ein kleiner Palast. Die Fenster waren von schweren Vorhängen eingerahmt.

Sie folgten der Haushälterin ein kurzes Stück durch einen Flur, bis die Frau eine zweiflügelige Tür für sie öffnete. Ein großzügiges, teuer und geschmackvoll eingerichtetes Wohnzimmer mit riesengroßen Teppichen und einer zentralen Sitzgruppe empfing sie. Die Polizei hatte sich bereits häuslich eingerichtet. Ein mit Kabeln verbundenes Telefon stand neben einem Laptop auf dem Tisch; es roch nach Kaffee; ein halbes Dutzend Polizisten war in dem Raum versammelt.

Zwei Beamte sprachen mit Trishas Eltern: der Vater im Anzug, die Mutter im Kostüm. Mrs. Michaels war Mitte vierzig, doch es war deutlich sichtbar, dass die blonde Frau an ihrem jugendlichen Aussehen arbeitete. Ihr Make-up konnte ihre Besorgtheit jedoch nicht verbergen. Bei ihrem Mann war die Besorgnis ebenfalls unübersehbar. Seine Bewegungen waren fahrig.

In Sachen Attraktivität stand er seiner Frau in nichts nach. Seine Frisur war gepflegt, sein maßgeschneiderter Anzug saß perfekt. An manchen Stellen entdeckte Andrea graue Strähnen in seinem dunklen Haar. Seine eigentlich freundlichen Züge wirkten hart.

»Irgendwelche Neuigkeiten?«, fragte Barley beim Betreten des Wohnzimmers.

Ein Kollege blickte auf. »Noch kein Anruf, wenn du das meinst.«

»Ja, das meine ich.«

»Und was gibt es bei dir? Wen hast du da mitgebracht?«

»Die Profiler.« Barley schritt auf Trishas Eltern zu. Deren Gespräch mit den zwei Polizisten verstummte sofort.

»Ich möchte nicht stören«, sagte er.

»Es war nicht wichtig«, winkte sein Kollege ab.

»Darf ich vorstellen – Richard und Ellen Michaels.« Barley deutete auf das Ehepaar und wandte sich um. »Die Profiler vom College.«

Joshua verstand den Hinweis und stellte sich und seine Kollegen vor. Als er erwähnte, dass Gordon Therapeut war, reagierte Richard Michaels ungehalten. »Wir brauchen keinen Therapeuten, wir brauchen jemanden, der unsere Tochter findet!«

»Dann dürfte es Sie beruhigen, zu hören, dass wir uns dieser Aufgabe sogar zu zweit widmen«, erwiderte Joshua unbeeindruckt mit einem Blick auf Andrea.

»Ich habe den Kollegen den Tatort gezeigt«, schaltete Barley sich wieder ein. Er zögerte einen Moment, aber schonender ließ es sich nicht ausdrücken. »Wir gehen mittlerweile mit ziemlicher Sicherheit davon aus, dass Trisha entführt wurde.«

Richard Michaels atmete tief durch. Ellen Michaels bemühte sich, Haltung zu bewahren. Ihre Lippen zitterten, eine Träne kullerte über ihre Wange.

»Davor hatten wir doch immer Angst«, sagte sie mit erstickter Stimme. »Wir hatten immer Angst, dass irgendwelche Kriminellen ein Auge auf unsere Tochter werfen könnten. Wir haben alles versucht, um sie zu beschützen.«

»Machen Sie sich keine Vorwürfe, das hätten Sie nicht verhindern können«, sagte Andrea, da die Männer diesem Gefühlsausbruch unbehaglich gegenüberstanden. »Die Entführer haben ihren Überfall exakt geplant. Sie wussten genau, was sie taten, sie sind sehr schnell und zielgerichtet vorgegangen.«

»Aber diese Menschen haben Edmund erschossen. Was bedeutet das für Trisha?«, fragte Ellen Michaels.

»Gar nichts«, antwortete Joshua beschwichtigend. »Es sagt uns, dass sie eine gewisse Skrupellosigkeit an den Tag legen, ja. Aber ihr Ziel war Trisha. Sie werden sie gut behandeln.«

Das klang beruhigend und nett, aber Andrea wusste, dass Joshua das auch nur aus diesem Grund sagte. Sie beobachtete ihre beiden Kollegen ganz genau. Gordon und Joshua wirkten völlig ruhig. Andrea versuchte, es ihnen gleichzutun. Professionelle Distanz war wichtig, das hatte Joshua im Seminar immer wieder betont.

»Können Sie denn weiter gar nichts tun?«, drängte Richard Michaels. Schweißperlen standen auf seiner Stirn.

»Im Augenblick nicht«, sagte Joshua, ohne sich aus der Ruhe bringen zu lassen. »Aber ich hätte eine Frage an Sie. Auch wenn es als Motiv sehr naheliegt, können wir nicht zwingend davon ausgehen, dass Trisha aus finanziellen Motiven entführt wurde. Haben Sie Feinde? Wäre es denkbar, dass Trisha aus einem anderen Grund entführt wurde?«

»Jemand in meiner Position hat natürlich nicht nur Freunde. Aber ich kann mir nicht vorstellen …«

»Ich mir schon«, unterbrach Joshua ihn. Die beiden musterten einander kritisch. Richard Michaels hatte bislang den Raum mit seiner Präsenz zu dominieren versucht. Das war er so gewohnt. Aber Joshua ließ sich von diesem typischen Alphamännchen-Gehabe offensichtlich nicht einschüchtern. Andrea wusste noch nicht, was sie von Mr. Michaels halten sollte. Vielleicht hatte Trishas Vater auch etwas zu verbergen.

»Gibt es irgendwo ein Foto von Trisha?«, fragte sie Detective Inspector Barley mit gesenkter Stimme.

»Ja, sicher.«

Barley reichte Andrea ein Foto vom Kaminsims an der gegenüberliegenden Wand. Das blonde Haar fiel Trisha auf der rechten Seite ins Gesicht, was ziemlich frech wirkte. Sie hatte klare, feine Züge, eine Stupsnase und einen hübschen Schmollmund. Trisha hatte sicherlich eine besondere Wirkung auf Männer, zumal sie etwas jünger aussah, als sie eigentlich war. Beinahe eine kleine Lolita.

Andrea versuchte, den reflexhaften Gedanken wegzuschieben, dass vielleicht auch das ein Grund sein könnte. Sie wollte nicht voreingenommen sein.

»Danke«, sagte sie zu Barley und betrachtete das Foto eine Weile sinnierend. Als plötzlich Joshua hinter ihr auftauchte, schrak sie zusammen.

»Du kannst dich doch nicht so hinterlistig anschleichen«, sagte sie grinsend.

»Wollte ich nicht. Entschuldige. Woran denkst du?«

»Warum? Sollte ich etwas Bestimmtes denken?«

»Nun, weil du dir das Foto so genau anschaust.«

»Wir müssen doch wissen, wer das Opfer ist, oder nicht?«, fragte Andrea verwirrt. »Wenn ich mir Trisha so ansehe, denke ich fast, dass ihr Aussehen ein Grund sein könnte … das ist doch verrückt.« Kopfschüttelnd stellte sie das Foto unter Joshuas nachdenklichem Blick wieder weg.

»Ist es nicht«, sagte er. »Dass du alles in Betracht ziehst, spricht dafür, dass du keinen Tunnelblick hast.«

Andrea lächelte kurz. Sie hoffte so sehr, dass sie etwas zu den Ermittlungen beitragen konnte, denn sie wollte Joshua nicht enttäuschen.

Richard Michaels lief wie ein gefangenes Tier im Wohnzimmer auf und ab. Gordon sprach leise mit Mrs. Michaels, die mehr als angespannt dasaß und bei jedem kleinen Geräusch zusammenzuckte.

Andrea überlegte, was Trishas Entführung wohl für sie bedeutete. Ein wohlbehütetes Mädchen aus reichem Hause; das einzige Kind des Paares. Trishas Mutter wirkte sehr viel mitgenommener als ihr Mann, was verschiedenste Gründe haben konnte. Noch kannte Andrea die Leute nicht gut genug, um sich eine Meinung bilden zu können. Vielleicht standen Mutter und Tochter sich näher. Vielleicht neigte die Mutter auch zu überbehütendem Verhalten. Möglicherweise war der Vater als erfahrener Geschäftsmann schlicht geübter darin, seine Gefühle zu verbergen.

Sie warf einen Blick auf die Uhr. Inzwischen war es kurz nach halb elf. Bislang hatte niemand angerufen.

»Josh«, sagte sie.

»Hm?« Er drehte sich zu ihr um.

»Vielleicht ist das eine dumme Frage, aber wie lang dauert es denn normalerweise, bis ein Entführer sich meldet? Gibt es da einen, sagen wir, statistischen Mittelwert?«

»Bestimmt«, erwiderte er grinsend. »Aber den kenne ich nicht. Wir fragen uns das jetzt, weil wir diese Ungewissheit nur schlecht aushalten und gern wüssten, woran wir sind. Für die Täter stellt sich das wahrscheinlich anders dar. Sie müssen Trisha erst mal verstecken und haben es nicht unbedingt eilig, sich zu melden.«

Mr. Michaels ließ seine Gereiztheit an jedem aus, der sich gerade anbot. Er hielt die Untätigkeit nicht aus. Das konnte Andrea ihm nicht verdenken. Der Mann wollte alles wissen, über jede noch so kleine Entscheidung informiert werden. Mrs. Michaels hingegen hielt sich aus den Diskussionen heraus. Sie vertraute der Polizei mehr und war froh, dass sie sich an Gordon halten konnte.

Andrea hätte gern mehr über das Ehepaar und auch über Trisha erfahren und fragte sich, ob dies der passende Augenblick war, eine belanglose Plauderei zu beginnen. Schließlich entschied sie sich dafür, denn jede Ablenkung tat gut.

Sie setzte sich Gordon und Trishas Mutter gegenüber und wagte einen ersten Vorstoß. »Erzählen Sie uns doch von Trisha.«

Ein flüchtiges Lächeln huschte über Ellen Michaels' Lippen. »Was soll ich erzählen? Dass mein letztes Gespräch mit ihr ein Streitgespräch war?«

»Sie ist siebzehn«, sagte Gordon und wollte noch etwas hinzufügen, aber Mrs. Michaels unterbrach ihn.

»Ich weiß, das ist normal, aber sie versteht nicht, dass wir uns Sorgen machen.«

»Worum ging es denn?«, fragte Andrea.

»Um ihren Freund. Seit etwa fünf Monaten trifft sie sich regelmäßig mit einem Jungen, Andrew. Er ist neunzehn. Wir wollen nicht, dass sie seinetwegen die Schule vernachlässigt.«

»Besteht denn Anlass zur Sorge?«, fragte Gordon.

»Es sind die üblichen Probleme«, sagte Mrs. Michaels. »Trisha tut nichts für die Schule, kommt nicht pünktlich nach Hause und will bei ihm übernachten.«

»Ist er ihr erster Freund?«

»Nein, das nicht. Aber sie führt sich auf, als sei er es. Er ist Musiker. Spielt in einer Band. Lebt in den Tag hinein … Sie hat ihn auf einem Konzert kennengelernt.«

Andrea verstand. Der Junge war nicht eben das, was die Eltern sich für ihre Tochter vorstellten. Vorzugsweise sagte sie nichts dazu. Das war auch nicht nötig, denn Joshua und Mr. Michaels erhoben die Stimmen.

»Es ist wichtig, dass Sie respektvoll bleiben, auch wenn Ihnen verständlicherweise nicht danach ist. Doch zuallererst müssen Sie darauf bestehen, dass wir ein Lebenszeichen von Trisha bekommen«, sagte Joshua eindringlich. Er gab dem Vater Tipps für das Telefonat mit den Entführern. »Fragen Sie danach, und erkundigen Sie sich nach den Forderungen.«

»Was soll das? Denken Sie, ich weiß nicht, wie man telefoniert?«, schnappte Richard Michaels zurück.

»Doch, das schon, aber im Gegensatz zu Ihnen habe ich bereits solche Fälle betreut. Dabei gibt es einiges, das man beachten sollte.«

»Lassen Sie mich mit dem Unfug zufrieden!«

Joshua verzog die Lippen, blieb jedoch ruhig. »Es geht mir nur darum, Ihre Tochter zurückzubringen.«

»Richard, sie wollen uns helfen«, fuhr seine Frau ihn ungehalten an. »Vielleicht solltest du es dir anhören!«

»Ich kann einfach nicht glauben, was passiert ist. Trisha wurde entführt, Edmund ist tot – das ist doch verrückt!«

»Beruhigen Sie sich«, mahnte Joshua. Richard Michaels stapfte davon, und Joshua gesellte sich kopfschüttelnd zu den anderen. Andrea konnte sich vorstellen, dass die Situation Trishas Vater nicht sehr behagte. Diesmal hatte er nicht das Sagen, nicht die Kontrolle.

Die Zeit verstrich unfassbar langsam. Zwischendurch erfuhren sie, dass der Kleinwagen, der in den Unfall verwickelt war, einige Tage zuvor gestohlen worden war. Die Spurensicherung war noch dabei, die Limousine zu untersuchen. Mrs. Michaels fertigte der Polizei eine Liste aller Personen an, mit denen Trisha Kontakt hatte.

Genervt ging Joshua zwischendurch mehrmals rauchen. Sein einziges Laster, wie er immer wieder sagte. Davon konnte er einfach nicht lassen. Dabei lebte er ansonsten eher asketisch. Die Arbeit war sein Leben – er war Teamleiter, Ermittler, bildete selbst Profiler aus. Seine Arbeitswoche hatte selten weniger als sechzig Stunden. Nur eine Familie hatte er nicht. Nicht, weil er nicht wollte, doch dafür blieb ihm bei seinem Pensum einfach keine Zeit.

Er startete noch einen letzten Versuch, mit Richard Michaels zu reden – vergebens. Andrea kam sich in diesem Moment völlig nutzlos vor. Sie alle standen nur herum, die Polizisten eingeschlossen. Aber das war die Realität. Profiler sahen sich nicht einen Tatort an und hatten dann eine Art

Flashback, so wie das Kino es gern zeigte. Sie konnten auch keine Ereignisse vorhersagen. Das wollte Andrea aber auch gar nicht. Sie wollte helfen, die schlimmsten Verbrechen aufzuklären und die Täter ihrer gerechten Strafe zuzuführen. Das hatte sie schon seit langem interessiert. In ihrer Heimat Deutschland hätte sie jedoch längst nicht so leicht Profilerin werden können wie in England.

Die Haushälterin klopfte und betrat mit hastigen Schritten das Wohnzimmer. In der Hand hielt sie einen großen Pappumschlag von einem Kurierdienst. Inzwischen war es Viertel vor eins.

»Mr. Michaels«, sagte sie und steuerte auf ihn zu. »Das wurde gerade für Sie abgegeben.«

Barley war sofort hellwach. »Wer hat den abgegeben? Ist der Betreffende noch da?«

»Das war so ein Kurierfahrer, der ist schon wieder weg …«

»Hinterher!«, rief Barley und scheuchte vier Beamte aus dem Wohnzimmer. »Los, los, los! Wir müssen mit dem Mann reden! Wo hat er das Kuvert her?«

Atemlos drehte er sich zu der Haushälterin um und hielt sie davon ab, Richard Michaels den Umschlag zu geben. Barley zog sich Handschuhe an, bevor er das Kuvert nahm. Eine DVD-Hülle lag darin.

»Mal was anderes«, murmelte Joshua.

»Wieso?«, fragte Andrea.

»Die Entführungsverhandlungen, mit denen ich bislang zu tun hatte, liefen fast alle übers Telefon.«

Der Inspector legte die DVD ins Laufwerk des Laptops, der vor dem Techniker stand, und überließ diesem den Rest. Die anderen scharten sich abwartend hinter dem Techniker zusammen. Ellen Michaels zitterte; Gordon redete beruhigend auf sie ein.

Auf dem Bildschirm erschien ein schwarzes Videofenster. Als der Techniker auf Play klickte, folgte ein farbiges Bild.

Trisha saß in einem dunklen Raum vornübergebeugt auf einem Stuhl, allem Anschein nach gefesselt. Ihre Arme waren nicht zu sehen, an ihrer Schläfe klebte Blut. Ihre Haare standen wirr ab, ihr Gesicht war verweint, ihr Blick panisch. Sie trug eine Schuluniform, war augenscheinlich wohlauf. Außer ihr war nichts zu sehen. Von der Seite strahlte eine Lampe sie an. Andrea überlief bei dem Anblick ein kalter Schauer. Sie verschränkte die Arme vor der Brust und zog die Schultern hoch. Aus dem Augenwinkel bemerkte sie Joshuas Blick auf sich, reagierte jedoch nicht.

»Hallo, Mum, hallo, Dad«, begann Trisha mit erstickter Stimme zu sprechen, von Schluchzern unterbrochen. »Wahrscheinlich wisst ihr schon, dass ich entführt worden bin … Es geht mir gut. Damit das so bleibt, müsst ihr tun, was sie sagen …«

Sie ließ den Kopf hängen und schniefte. Andrea war klar, dass die Entführer sie in Szene gesetzt hatten, doch Trishas Angst war definitiv echt. Die Härchen auf Andreas Armen stellten sich auf.

Trisha fuhr stockend fort. »Das Lösegeld beträgt sechs Millionen Pfund in unmarkierten Hundert-Pfund-Scheinen. Du musst es bis morgen Mittag besorgen, Dad. Dann lassen sie mich wieder frei. Wenn du tust, was sie sagen, passiert mir nichts …« Zitternd schaute sie auf und holte tief Luft. »Nicht wie Edmund … Sie sagen, dass sie mir wehtun, wenn ihr … wenn ihr nicht tut, was sie sagen. Ihr müsst alles befolgen, wenn ihr …« Das Mädchen sank wieder in sich zusammen. »Wenn ihr mich nicht in Stücken zurückhaben wollt …«

An dieser Stelle endete die Aufnahme. Das entsetzte Schluchzen von Trishas Mutter erfüllte den ganzen Raum. Gordon führte sie zum Sofa und versuchte sie zu beruhigen. Trishas Vater hatte den Kopf in die Hand gestützt und gab nicht zu erkennen, was er dachte.

Andrea setzte eine ähnlich undeutbare Miene auf, obwohl sie zutiefst entsetzt war. Das sollte aber niemand merken. Solche Anblicke gehörten zu ihrem Beruf, waren fortan ihr tägliches Brot. Und trotzdem war das für sie nicht einfach nur Routine. Das würde es auch niemals werden.

»Die wissen, dass wir hier sind«, stellte Barley nüchtern fest.

»Das ist auch nicht sonderlich schwer zu erraten, schließlich haben sie den Fahrer erschossen und uns damit alarmiert«, sagte Joshua.

»Die Aufnahme geht zur Forensik, und wenn die Kollegen den Kurierfahrer finden, dann grillen wir den ein bisschen, bis wir wissen, wo die DVD herkommt.«

»Sie glauben doch nicht im Ernst, dass die Entführer dem Kurier die Aufzeichnung persönlich in die Finger gedrückt haben, oder?« Skeptisch runzelte Joshua die Stirn.

»Nein, das glaube ich nicht, aber wir müssen es überprüfen.« Barley machte ein unschlüssiges Gesicht. »Was denken Sie, womit haben wir es zu tun?«

»Kann ich die Aufnahme nochmal sehen?«, fragte Joshua.

»Sicher.« Der Techniker startete die Aufnahme erneut. Joshua und Andrea stellten sich mit dem Inspector hinter den Mann und schauten zu. Diesmal fiel es Andrea ein wenig leichter, die Aufnahme mit dem vollkommen verängstigten Mädchen anzuschauen. Sie konnte nun besser ausblenden, wie Trisha sich fühlte.

»Willst du?«, fragte Joshua sie, als die Aufnahme erneut zu Ende war.

Im ersten Moment war Andreas Kopf unter dem Eindruck der verängstigten Trisha wie leer. Zwar hatte sie sich Gedanken gemacht, aber bisher hatte Joshua das Wort geführt. Das war ihr auch recht gewesen, aber nun, da sie gefragt war, wollte sie auch eine sinnvolle Antwort geben.

»Das ist kein Dialog«, begann sie. »Du hast vorhin gesagt, das läuft normalerweise über Telefonkontakt. Das ist hier nicht so. Zwar kann das ganz profane Gründe haben, aber es sagt mir, dass die Entführer es nicht für nötig erachten, hier anzurufen und sozusagen um ein Lösegeld zu bitten. Nein, sie filmen Trisha und treten selbst gar nicht in Erscheinung. Das ist natürlich clever, weil wir so nichts über sie erfahren. Aber damit zeigen sie sich auch stark und dominant. Sie werfen uns die Tatsache vor die Füße und lassen uns damit allein.«

»Richtig. Die gehen gar nicht davon aus, dass Mr. Michaels das Geld nicht besorgt«, stimmte Joshua zu.

»Wie der Inspector vorhin sagte: Sie wissen, dass wir hier sind. Es ist ihnen auch egal. Allerdings halten sie sich bedeckt. Sie treten nicht in Erscheinung, und sie haben Trisha auch nichts sagen lassen, was irgendwie auf sie hindeuten könnte. Sie hat zwar im Plural von ihnen gesprochen, aber das ist alles. Sie hat gesagt, was ihr eingetrichtert wurde. Die signalisieren uns mit allem: Wir haben das Kommando. Und trotzdem verzichten sie nicht auf einschüchternde Drohungen.«

»So ist es.« Joshua nickte ihr zu, ihr nervöses Herzklopfen ließ allmählich nach. Sie war erleichtert, trotz ihrer Betroffenheit keinen Unsinn erzählt zu haben.

Barley musterte die Profiler interessiert. »Was sagt uns das?«

»Dass unsere Vermutungen stimmen«, sagte Joshua. »Es sind mehrere, und es sind Profis. Was die machen, ist rein zweckgerichtet. Ich wette, die haben sich ein ausgeklügeltes Szenario für die Geldübergabe überlegt, und wir tun gut daran, das Geld zu besorgen und es bereitzustellen. Ich vermute, die Kidnapper werden sehr ungehalten reagieren, wenn wir etwas tun, was ihnen nicht gefällt, oder wenn sie ihr Geld nicht bekommen.«

»Ich besorge das Geld«, sagte Richard Michaels von der Seite. »Das ist nicht das Problem. Wenn ich meine Tochter zurückbekomme, werde ich bezahlen. Ich will kein Risiko eingehen.«

»Das möchte niemand, Mr. Michaels. Aber wir müssen die Täter finden«, sagte Barley.

»Da sollten wir vorsichtig sein. Wenn die merken, dass wir an ihnen dran sind …« Joshua führte den Satz nicht zu Ende. Normalerweise hatte die Polizei etwas dagegen, dass Lösegeld gezahlt wurde, und untätig blieb sie auch nicht gern. Aber mit diesen Entführern war nicht zu spaßen.

Barley erkundigte sich, ob die Profiler die Aufzeichnung noch behalten wollten. Als sie verneinten, nahm er die DVD aus dem Laufwerk, packte sie ein und bat einen seiner Kollegen, sie in die Forensik zu bringen.

In diesem Augenblick kehrten die anderen Beamten zurück. Im Schlepptau hatten sie einen eingeschüchterten Mann in

Radlerhose und Trainingshemd – der Kurier. Alle sahen verschwitzt und abgehetzt aus.

»Was ist hier überhaupt los?«, fragte der Kurierfahrer, als er die Szene im Wohnzimmer erfasste.

»Sie haben vorhin eine wichtige Nachricht überbracht.« Barley suchte nach der Verpackung. »Dieses Kuvert. Wo haben Sie das in Empfang genommen?«

»Dieses Kuvert?« Der Mann war erstaunt.

»Wo kommt es her?«, drängte Barley ungeduldig.

»Das? Das steckte zwischen einigen anderen, die ich vor etwa einer halben Stunde in der Bank of England abgeholt habe.«

»Das ist nicht Ihr Ernst!«, rief Richard Michaels.

Erstaunt sah der Kurier ihn an. »Doch, warum fragen Sie?«

Die Antwort war klar, bevor Mr. Michaels sie aussprach. »Das ist mein verdammter Arbeitsplatz! Die haben das in die Hauspost gesteckt?«

Barley fuhr sich durchs Haar. »Entweder ein gerissener Trick … oder die Entführer stammen aus Ihrem Umfeld.« Er wandte sich an den Kurierfahrer. »Danke. Geben Sie einem meiner Kollegen noch Ihre Daten, dann können Sie gehen.«

Der Mann nickte ihnen zu und verschwand. Das Schweigen im Wohnzimmer war so tief, dass Andrea sich unbehaglich fühlte.

»Jetzt fährt bitte jemand zur Bank und klärt, wie das passieren konnte.« Barley seufzte. »Besteht die Chance, dass es Überwachungsaufnahmen gibt, die uns zeigen, wer den Umschlag abgegeben hat?«

Richard Michaels zuckte mit den Schultern. »Nur der Bereich, den Kunden betreten, wird videoüberwacht …«

Jeder im Raum konnte sich denken, dass die Videoaufnahmen nichts ergeben würden. Wer schon auf die Idee kam, die DVD in die Hauspost zu packen, der ließ sich nicht filmen.

»Das ist die Nadel im Heuhaufen!«, stöhnte Barley.

Richard Michaels nickte. »Allerdings. Wenn man jetzt noch an alle ehemaligen Mitarbeiter denkt ... oder die Reinigungskräfte ...«

Die Polizisten warfen den Profilern erwartungsvolle Blicke zu, die Joshua zu ignorieren versuchte. Man erwartete von ihnen, dass sie die Verdächtigen eingrenzten.

»Entschuldigen Sie uns«, sagte Joshua und gab Andrea zu verstehen, dass sie ihm folgen sollte. Sie tat es kommentarlos und verließ mit ihm gemeinsam das Haus. Draußen auf der Treppe suchte Joshua in seinen Taschen nach seinen Zigaretten und steckte sich eine an.

»Ich muss hier allein mit dir nachdenken. Die sind alle derart auf uns fixiert, dass sie sich auch auf jede noch so irrige Vermutung wie die Fliegen stürzen würden«, sagte er zwischen zwei Zügen.

»Wahrscheinlich«, stimmte Andrea zu.

»Ich habe keine Ahnung, wie wir es eingrenzen sollen. Wie passt das zusammen, dass Menschen mit so viel krimineller Energie anscheinend eine Verbindung zu Richard Michaels haben? Und wenn sie über fünf Ecken geht, aber es muss sie geben. Sie sind zumindest kreativ genug, sich zu überlegen, diese Nachricht in die Hauspost der Bank of England zu schmuggeln. Sie wissen, wo sich die Post befindet und wann sie abgeholt wird. Und sie tun sich das alles an, wo sie doch auch telefonieren könnten. Sie wollen uns mit diesem Video vermitteln, dass sie skrupellos sind.« Joshua blies Rauch in die Luft. »Das ist nicht sonderlich ermutigend.«

»Es muss etwas Persönliches sein«, sagte Andrea. »Die Hauspost und die demonstrative Brutalität – die wollen ihn damit treffen.«

»So sieht es aus.«

»Wir müssen ihn fragen, ob er eine Ahnung hat, wer dahinterstecken könnte. Wie können wir das genauer eingrenzen?«

»Dass die Täter männlich sind, ist mit hoher Wahrscheinlichkeit anzunehmen. Allein die Statistik spricht dafür, doch die Art ihres Vorgehens untermauert das auch. Wahrscheinlich sind sie jung, unter vierzig.«

»Wie kommst du darauf?«, fragte Andrea.

»Ist so ein Gefühl. Dieser ganze aufwendige Plan … es gehört viel Energie dazu, das umzusetzen und durchzuziehen. Es wirkt durchdacht, aber dennoch impulsiv, wenn man an die Tötung von Keeley denkt.«

»Also suchen wir jemanden mit krimineller Vergangenheit, der irgendwie eine Verbindung zur Bank of England hat?«, folgerte Andrea. Das klang nicht sehr beeindruckend; darauf wären die Polizisten vermutlich noch allein gekommen.

»So ist es. Mehr können wir jetzt auch nicht tun oder dazu sagen. Verdächtige ausfindig zu machen, ist Aufgabe der Polizei. Wir grenzen das nur ein.« Nachdenklich blickte Joshua auf seine Zigarette. »Nicht sehr spektakulär, ich weiß. Hätten die Entführer angerufen, wären wir jetzt schlauer.«

Frustriert steckte Andrea die Hände in die Hosentaschen und zog die Schultern hoch. Joshua trat den Zigarettenstummel aus und kehrte ins Haus zurück. Andrea folgte ihm unschlüssig und stand nur daneben, als er der Polizei ihre nicht besonders aufschlussreichen Folgerungen erläuterte. Barley war zwar enttäuscht, sagte jedoch im Gegensatz zu Richard Michaels nichts weiter dazu.

»Ihnen fällt nichts Besseres ein, als mit dem Finger auf mich zu zeigen? Bin ich daran schuld, dass meine Tochter entführt wurde?«, schnaubte er.

»Nein«, entgegnete Joshua seelenruhig. »Ich gebe nur zu bedenken, dass eine Verbindung zu Ihnen bestehen könnte.«

»Wir kümmern uns drum«, sagte Barley. Eine Minute später hing er am Telefon und sorgte dafür, dass alle aktuellen und ehemaligen Angestellten der Bank genau durchleuchtet wurden – plus deren Angehörige.

Dennoch machten sie sich keine allzu großen Hoffnungen, dass sie etwas fanden, was Trisha half. Was, wenn eine Sekretärin einen kriminellen Lebensgefährten hatte, von dem niemand wusste? Sie durften nicht darauf bauen, dass sie die Verbindung so bald fanden – wenn überhaupt.

Ein Blick auf die Uhr verriet Andrea, dass es inzwischen kurz vor drei war. Richard Michaels hatte irgendwann das Wohnzimmer verlassen, während Gordon Trishas Mutter in ein Gespräch über ihre Tochter verwickelte. Joshua wirkte geduldiger, als er eigentlich war. Andrea hatte bereits festgestellt, dass er sehr beherrscht war, nie seine Professionalität vergaß. Er war nicht nur ihr Mentor, sondern ein Vorbild für sie.

Das untätige Herumstehen machte sie verrückt. Aber sie konnten überhaupt nichts tun. Wie mussten sich da erst die Eltern fühlen?

Plötzlich hatte Andrea eine Idee. »Kann ich ihr Zimmer sehen?«, fragte sie an Trishas Mutter gewandt. »Ich würde mir gern ein Bild davon machen, was für ein Mensch Trisha ist.«

»Natürlich«, sagte Mrs. Michaels und erhob sich. »Kommen Sie.«

Die beiden Frauen verließen das Wohnzimmer. Mrs. Michaels begleitete Andrea schweigend über Gänge und Treppen in Trishas Zimmer. Als sie die Zimmertür öffnete, offenbarte sich ein Mikrokosmos, der in diesem Elternhaus völlig deplatziert erschien. Von außen wirkte die Tür unauffällig, aber an der Innenseite klebte ein riesiges Poster von Marilyn Manson. Das hatte Andrea nicht erwartet. Über dem Bett hing ein Panoramaposter von einer Südseeinsel. An der gegenüberliegenden Wand entdeckte sie ein Poster von Green Day.

Es war ein Zimmer voller Gegensätze. Die schwarze Satinbettwäsche war verziert mit roten Rosen, neben dem Bett in einer Nische stand ein Frisiertisch, über dem ein großer Spiegel hing. Allerhand Kosmetikartikel lagen auf dem Tisch herum. Andrea drehte sich um und schaute wieder auf Marilyn Manson.

»Was sagt Ihnen das?«, fragte Mrs. Michaels.

»Es ist sehr ambivalent. Kitschige Rosen, Make-up und auf der anderen Seite Poster von Rockbands.«

»Die hängen nicht erst seit gestern hier. Andrew hat das jedoch verstärkt.«

Andrea ließ sich von Ellen Michaels' Anwesenheit nicht stören und ging hinüber zum Schreibtisch. Ein großer Flachbildschirm stand darauf, unter dem Tisch verbarg sich ein Apple-Computer. Neben dem Schreibtisch entdeckte sie Trishas CDs. Sie hörte hauptsächlich Rockmusik, besaß eine beachtliche Sammlung.

Auf dem Schreibtisch standen in mehreren Reihen Bilderrahmen. Andrea betrachtete jedes Foto genau. Trisha mit Freundinnen, Trisha im Urlaub, Trisha mit ihren Eltern, als sie noch jünger gewesen war. Damals hatte sie typische Mädchenkleidung getragen – bunt, viel Pink, Schmuck, aufwendige Frisuren. Auf den jüngeren Fotos bot sie ein ganz anderes Bild. Auf einem stand sie vor einer Konzerthalle, die Eintrittskarten in der Hand, bekleidet mit einer Armeehose und einem knallengen, schwarzen Top.

Ganz vorn stand ein großes Foto, das sie mit einem jungen Mann zeigte. Sie hatte ihn von hinten umarmt und strahlte übers ganze Gesicht. Er hatte dunkle, halblange Haare und trug einen Kapuzenpullover. Andrea erschien er nicht besonders auffällig, aber für Trishas Eltern musste er wie ein Vagabund aussehen.

Sie öffnete den Kleiderschrank. Alle Sachen lagen ordentlich gestapelt darin, der Schrank wirkte voll. Wahrscheinlich fehlte wirklich nichts.

In einem kleinen Fach fiel Andreas Blick auf die Unterwäsche. Sie war normal, nicht weiter auffällig, aber was ihr zu denken gab, war der Umstand, dass sie nicht besonders viele Teile vorfand. Sie hatte einen Verdacht, dem sie jetzt allerdings nicht nachgehen wollte. Schweigend schaute sie in ein Regal neben dem Schreibtisch. Mehrere kleine Boxen standen darin, die ihre Neugier auf sich zogen. Unter den Argusaugen von Trishas Mutter holte sie die Kisten hervor und spähte hinein. Fotos, kleine Zettel, alte Konzert- und Kinokarten, nichts Besonderes. In der zweiten Box fand sie ein Tagebuch. Es war unverschlossen.

»Ist es in Ordnung, wenn ich mir das ansehe?«, fragte Andrea.

Mrs. Michaels nickte. »Ich wusste gar nicht, dass sie Tagebuch schreibt.«

Andrea schlug es hinten auf und schaute auf das Datum des letzten Eintrags. Er war drei Tage zuvor verfasst worden. Trisha schrieb über Ärger mit einem Lehrer, ihre Vorfreude auf ein Treffen mit Andrew und den Wunsch, am Wochenende ins Kino zu gehen.

Sie hatte Pläne gemacht. Normale Pläne. Und jetzt schwebte sie in Lebensgefahr.

Andrea überflog auch die anderen Einträge. Trisha hielt die verschiedensten Dinge fest – ein Gespräch mit einer Freundin, vor allem aber viel über Andrew und ihre Sorgen, weil ihre Eltern ihn nicht akzeptierten. Schließlich stieß sie auf einen Eintrag, der kitschig mit Herzchen verziert war und mit dem Satz begann: *Endlich ist es so weit! Ich bin keine Jungfrau mehr.*

Andrea lächelte unwillkürlich. Trisha war ein völlig normaler Teenager. Sie beschrieb in blumigen Worten, wie sehr sie Andrew liebte und ihn vermisste.

Andrea klappte das Tagebuch zu und spähte noch in die anderen Schachteln. Mrs. Michaels starrte aus dem Fenster und rang um Fassung. Im nächsten Augenblick war Andrea froh darum, denn sie hatte etwas gefunden, das sie mindestens genauso intim fand wie Trishas Tagebuch. Es war die fehlende Unterwäsche, die ihren Verdacht bestätigte. Trisha bewahrte sie in einer Box auf – teure Sets aus schwarzer Spitze; hübsche Dessous. Wenig verwunderlich, dass sie nicht im Schrank lagen, wo ihre Mutter sie finden konnte. Das war zu privat für ein junges Mädchen. Andrea schloss die Schachtel wieder und stellte sie weg.

»Was machen die mit meinem Kind?«, fragte Mrs. Michaels in das Schweigen hinein.

Andrea drehte sich zu ihr um. »Wenn sie schlau sind, behandeln sie Trisha gut. Das Video sollte nur dramatisch aussehen, um Sie einzuschüchtern. Das ist ein Trick.«

»Wie können Sie da so sicher sein?«

»Ich habe solche Fälle studiert. Leider können mein Kollege und ich hier gerade nicht besonders viel ausrichten, weil wir kaum Fakten haben. Aber das, was ich bislang gesehen habe, verrät mir, dass diese Leute zwar brutal und skrupellos, aber alles andere als dumm sind. Wenn sie bekommen, was sie wollen, lassen sie Trisha unversehrt frei.«

»Sie hat bestimmt solche Angst …« Ellen Michaels tupfte sich mit einem Taschentuch über die Augen. »Ich habe doch schon entsetzliche Angst um sie.«

»Das steckt Trisha bestimmt weg. Sie scheint eine stabile Persönlichkeit zu haben«, versuchte Andrea die Mutter aufzumuntern.

»Ich fürchte die ganze Zeit, dass die Entführer ihr wehtun. Ich weiß, wie Männer sie ansehen. So, wie sie mich angesehen haben, als ich in ihrem Alter war. Und man hört doch so viel. Was, wenn das so ein verrückter Triebtäter ist?« Wieder tupfte Ellen Michaels sich die Tränen ab, um nicht ihr Make-up zu ruinieren.

Andrea schüttelte den Kopf. Mit vor der Brust verschränkten Armen stand sie da, zog die Schultern hoch und holte tief Luft.

»Nein, solche Typen sind das nicht. Das passt nicht.«

29. August, 8:45 Uhr

In Todesangst blickte sie auf. Der Mann hatte das letzte Paar Handschellen zuschnappen lassen und richtete sich nun vor dem Bett wieder auf. Er wirkte riesig. Einschüchternd. Im Zwielicht des Kellerraums erkannte Trisha fast nur seine Umrisse, und die auch nur durch einen Schleier aus Tränen. Wenigstens konnte sie jetzt wieder atmen.

Im Auto wäre sie fast erstickt. Unbeachtet von den Männern hatte sie Rotz und Wasser geheult, bis sie durch die Nase keine Luft mehr bekam. Erst durch ihr panisches Strampeln hatte der Mann neben ihr etwas bemerkt und ihr das Klebeband vom Mund gezogen. Allerdings nicht einfach so, sondern mit vorgehaltener Waffe. Er drohte ihr, sie zu erschießen, wenn sie auch nur einen Ton von sich gebe.

Mit dem Bild des sterbenden Edmund vor Augen war Trisha mucksmäuschenstill geblieben und hatte einfach nur ruhig geatmet. Doch inzwischen war ihr Mund wieder zugeklebt.

Sie hatten das alles gut durchdacht. An ihrem Ziel waren sie in eine Garage gefahren und hatten Trisha in einen Keller geschleift. Einer der Männer hatte sie getragen, als habe sie kein Gewicht. Er hatte sie sich einfach wie einen Sack über die Schulter geworfen.

Niemand hatte gesehen, was mit ihr passiert war.

Und nun lag sie in diesem Kellerraum, mit allen vieren an ein klappriges Bettgestell gefesselt, immer noch außer sich vor Angst. Das Wissen, sich nicht bewegen zu können, schnürte ihr die Kehle zu. In diesem Augenblick konzentrierte Trisha sich bloß aufs Atmen. Sie versuchte, nicht daran zu denken, dass da drei maskierte Männer mit ihr in einem Raum waren, denen sie vollkommen hilflos ausgeliefert war.

»War es eigentlich nötig, den Fahrer abzuknallen?«, fragte einer der beiden Männer im Hintergrund scharf.

»Ich hatte ihn gewarnt. Er sollte sich nicht rühren. Hat er aber doch gemacht«, erwiderte derjenige, der Trisha gefesselt hatte. Das war also Edmunds Mörder.

Trisha hatte Edmund immer gerngehabt. Er war so etwas wie ein Freund für sie gewesen. Und jetzt war er tot. Brutal erschossen.

Unwillkürlich entrang sich ein leises Wimmern ihrer Kehle, und sie schloss weinend die Augen. Sie hätte auch ohne den Mord an Edmund Angst vor den Männern gehabt, aber so war es um ein Vielfaches schlimmer.

»Du bist ein unglaublicher Idiot! Das war einfach unnötig. Jetzt ist uns die Polizei viel früher auf den Fersen als geplant. Der Fahrer sollte in den Kofferraum und …«, begann der hinten stehende Mann, doch der andere schnitt ihm das Wort ab.

»Jetzt kann er wenigstens nichts ausplaudern. Meine Güte, dass das hier kein Spaziergang wird, war aber schon klar, oder?«

»Natürlich, aber es sollte niemand dabei draufgehen!«

Der Mann, der Trisha gefesselt hatte, äffte seinen Kumpanen in albernen Tönen nach, doch niemand reagierte darauf. Unruhig beobachtete Trisha die Männer. Dass sie sich nicht einig waren, machte ihr Angst.

Was, wenn einer von ihnen durchdrehte?

Noch waren sie namenlose, dunkel gekleidete Gestalten für Trisha. Sie wollte auch gar nicht wissen, wer die Männer waren.

Sie wollte nur nach Hause.

»Kommt schon«, sagte der dritte, der bislang geschwiegen hatte. Gemeinsam verließen sie den Raum. Entsetzt blickte Trisha ihnen nach, plötzlich fürchtend, dass man sie allein zurückließ und vergaß. Sie stieß erstickte Laute aus und zappelte hilflos, doch nur einer drehte sich kurz um, bevor er die Tür schloss.

Trisha wollte schreien und betteln, aber sie konnte nicht. Weil sie mit gespreizten Armen an das Bettgestell gefesselt war, hatte sie keine Chance, an das Klebeband auf ihrem Mund zu kommen.

Genau das hatte ihr Dad immer verhindern wollen – dass ihr etwas zustieß. Dass sie entführt wurde. Gelungen war es ihm nicht.

Plötzlich war es totenstill im Keller. Trisha hielt inne, und als ihre erste kopflose Panik nachgelassen hatte, begann sie den Raum in Augenschein zu nehmen.

Das Bettgestell befand sich an der Wand, die der Tür gegenüberlag. In Trishas Sichtfeld stand ein klappriger Stuhl, auf dem Boden vor dem Bett lag eine Lampe. Von dort kam das Licht.

Mehr gab es nicht zu sehen. Nichts außer kahlen, grob verputzten Wänden und der Tür. Kein Fenster.

Für einen Augenblick glaubte sie, Platzangst zu bekommen. Aber als sie sich wieder aufs Atmen konzentrierte, ließ der Druck auf ihrem Brustkorb nach.

Sie musste die ganze Zeit an Edmund denken. Wie unbefangen sie mit ihm geplaudert, noch vor einer Stunde an so banalen Unsinn wie einen Französischtest gedacht hatte.

Dann der Knall. Edmund, der zu Boden ging. Der Ausdruck in seinen Augen … Er war tot. Das war so sinnlos.

Sie drehte den Kopf zur Seite und blickte zur Tür. Die Männer würden doch irgendwann wiederkommen? Ihr etwas zu trinken und zu essen geben und sie losbinden, wenn sie pinkeln musste?

Sie musste pinkeln. Höllisch dringend. Fast hätte sie sich schon im Auto vor Angst in die Hose gemacht.

Ihr Kopf schmerzte. Die Haare klebten an der Stelle, wo sie mit dem Kopf aufgeschlagen war, an der Haut. Da war Blut getrocknet.

Hoffentlich taten sie ihr nicht mehr weh.

Verzweifelt dachte sie an ihren Freund Andrew. Sie hatte ihn auf einem Konzert kennengelernt. Seine aufgeweckte, ungezwungene Art hatte ihr gefallen. Da sie in Armeehose und Kapuzenpulli vor ihm gestanden hatte, hatte er auch nicht gemerkt, dass sie aus reichem Hause stammte. Das hatte sie ihm erst erzählt, als er vorgeschlagen hatte, sich ihren Eltern vorzustellen. Das war ihm wichtig. Er hatte tolle Manieren und kannte sich in der normalen Welt aus. Mit Mutter und Stiefvater wohnte er in einem bescheidenen Reihenhaus und war Gitarrist einer kleinen Rockband, die auf den großen Durchbruch hoffte.

Von Anfang an hatte er Trisha so genommen, wie sie war. Ihr Hintergrund hatte ihn nicht abgeschreckt und ihn auch nicht interessiert. Er interessierte sich nur für sie persönlich und hatte ihr immer ein Gefühl von Liebe und Geborgenheit gegeben.

Beim Gedanken an Andrew kamen ihr erneut die Tränen. Sie hasste sich dafür, weil sie nicht ständig heulen wollte, aber sie hatte Angst. Ihr war kalt. An der Schulter juckte es ganz fürchterlich, aber gefesselt konnte sie sich nicht kratzen. Deprimiert starrte sie an die Decke und hoffte, dass diese Männer sie nicht töteten. Nicht wie Edmund …

Was würde jetzt passieren? Hoffentlich ließen die Männer sie frei, wenn sie bekamen, was sie wollten.

Jede Minute zog sich endlos hin. Die Ungewissheit machte Trisha verrückt. Zwar wollte sie nicht, dass die Männer zurückkehrten, aber allein hatte sie auch Angst. Allein in einem düsteren Keller …

Wenn sie ihr bloß nichts Schlimmes antaten. Und dabei dachte sie nicht nur daran, dass die Männer sie vielleicht töteten.

Sie schob den Gedanken beiseite und zerrte an den Handschellen. Allmählich wurden ihre Hände kalt und taub. Die ganze Zeit bewegungslos daliegen zu müssen, war quälend für sie. Und sie musste doch unbedingt pinkeln.

Als die Tür geöffnet wurde, blickte sie hoffnungsvoll auf. Einer der Männer betrat mit einer Flasche Wasser, etwas Toilettenpapier und einem Eimer in der Hand den Raum und ließ die Tür offen. Er trug immer noch die Maske auf dem Kopf. So erkannte Trisha nicht viel von ihm, sah nur, dass er ein großer, muskulöser Mann war.

»Alles okay?«, fragte er. Trisha wusste nicht, was sie hätte antworten sollen, wenn sie das Klebeband nicht ohnehin am Sprechen gehindert hätte.

»Hier ist etwas Wasser für dich, und du kannst pinkeln, wenn du musst. Musst du?«

Sie nickte hastig, so dass er alles abstellte und zu ihr kam. »Solltest du irgendeinen Unsinn machen, wirst du es bereuen. Ist das klar?«

Wieder nickte sie. Sie hatte nicht vor, Ärger zu machen.

Nacheinander löste er die Fesseln und erlaubte ihr, das Klebeband abzunehmen. Trisha atmete befreit durch.

»Danke.« Vorsichtig setzte sie sich auf und sah ihn zögerlich an.

»Hier.« Er hielt ihr das Toilettenpapier hin.

»Kann ich allein … ich meine …«, stammelte sie verlegen.

Bevor er antworten konnte, tauchte ein weiterer Mann auf. An seiner Statur erkannte Trisha, dass er derjenige sein musste, der sie gefesselt hatte.

»Wieso bist du allein hier und hast sie losgebunden? Bist du irre?«, pflaumte er seinen Kumpanen an.

»Mein Gott, jetzt stell dich nicht so an«, erwiderte der andere.

»Kein Risiko!«

»Sie ist kein Risiko …«

»Weißt du das? Meine Güte!«, schnaubte der Mann und wandte sich zu Trisha. »Na los, worauf wartest du?«

Mit großen Augen erwiderte sie seinen Blick. »Ich kann doch nicht …«

»Du pinkelst so oder gar nicht, ist das klar?«, schnitt er ihr das Wort ab.

Hilflos blickte Trisha zu den Männern, doch der Nette, der zuerst gekommen war, sagte nichts. Sie schluckte hart und schämte sich schon jetzt in Grund und Boden.

»Können Sie sich wenigstens umdrehen?«, fragte sie kaum hörbar. Vor lauter Angst wagte sie nicht, lauter zu sprechen.

»Na gut«, sagte der zweite Mann gönnerhaft. Nahe der Tür drehten sie sich um.

Trisha schluckte wieder, aber dann hockte sie sich über den Eimer, schloss die Augen und versuchte, an nichts zu denken. Nicht daran, dass sie entführt worden war und da zwei Männer vor ihr standen, während sie …

»Wird's bald?«, schnauzte der Mann.

Mühsam kämpfte sie mit den Tränen. »Ich kann nicht! Moment …«

»Liebe Güte«, stöhnte er, aber sie warteten ab. Wenigstens drehten sie ihr immer noch den Rücken zu.

Endlich konnte sie pinkeln. Hastig und zitternd tastete sie nach dem Toilettenpapier und zog sich so schnell sie konnte wieder an. »Fertig.«

»Na endlich. Dann komm her. Setz dich auf den Stuhl.«

Der nette Mann holte den Eimer und brachte ihn aus dem Zimmer, während der andere Trisha mit einem weiteren Paar Handschellen in der Hand erwartungsvoll ansah. Sie überlegte kurz, was wohl passieren würde, wenn sie nicht gehorchte. Aber dann ließ sie den Gedanken wieder fallen und setzte sich auf den Stuhl.

Der nette Mann war zurück, als der andere ihre Arme über die Stuhllehne auf ihren Rücken zog und fesselte. Er tat es so, dass sie an der Stuhllehne festgebunden war und vornübergebeugt dasaß. Keuchend blickte sie auf. Jetzt hatte der nette Mann eine Kamera in der Hand. Der andere kniete gleich vor ihr, packte sie an den Haaren und drückte ihren Kopf in den Nacken.

»Also, Folgendes, Trisha: Wir werden deinem Vater ein Video von dir schicken, in dem du ihm erklärst, was wir von ihm verlangen. Hörst du auch gut zu?«

»Mhm«, machte sie ängstlich und nickte, als er sie losließ.

»Gut. Du sagst deinen Eltern, dass du entführt wurdest und es dir gut geht. Wenn sie wollen, dass das so bleibt, dann müssen sie für deine Freilassung sechs Millionen Pfund bezahlen. Das Geld muss morgen Mittag da sein. Wenn deine Eltern Ärger machen, das Geld nicht da ist oder sonst was, werdet ihr es alle bereuen. Wir haben keine Skrupel, dir wehzutun. Klar? Sie müssen spuren, wenn sie dich nicht in Stücken zurückhaben wollen. Verstanden?«

Unter Tränen blickte Trisha zu ihm auf und schluckte. »Was?«

»Verdammt, bist du taub? Hast du alles verstanden?«

»Ich … ich kann das nicht …«, stammelte sie.

Er stöhnte laut. »Also nochmal. Du wurdest entführt, es geht dir gut, deine Freilassung kostet sechs Millionen Pfund. Du gehst drauf, wenn sie nicht tun, was wir sagen. Also?«

»Ich hab Angst …«

»Verdammt!«, brüllte er ihr ins Gesicht. »Kriegst du das hin?«

»Jetzt hör doch mal auf, sie anzubrüllen, sonst wird das nie was«, sagte der andere von hinten.

»Und du halt dich da raus!«, schnappte sein Kumpan über die Schulter. Er legte einen Finger unter ihr Kinn, bevor er sie eindringlich mit seinen kalten blauen Augen ansah. »Versuchst du es?«

»Okay«, sagte Trisha und nickte hastig. Der Mann trat zurück, woraufhin der andere ihr ein Zeichen gab, dass sie anfangen konnte. An der Kamera leuchtete ein kleines Lämpchen.

Zitternd blickte Trisha auf und versuchte, sich an das zu erinnern, was sie sagen sollte. In einzelnen Satzfetzen gab sie wieder, was ihr noch einfiel.

»Es geht mir gut. Damit das so bleibt, müsst ihr tun, was sie sagen …«

Sie schaffte es nicht, in die Kamera zu sehen, weil sie sich so elend fühlte. Zumindest in diesem Moment. Ihre Angst war so groß, dass sie von selbst Edmund erwähnte und irgendwann doch flehend in die Kamera blickte, damit ihr Vater verstand, dass er alles tun musste, um ihr zu helfen.

Schließlich fiel ihr nichts mehr ein, der Mann beendete die Aufnahme.

»Sehr schön«, lobte der andere zufrieden und strubbelte ihr wie einem kleinen Kind durchs Haar. Unwirsch blickte sie zu ihm auf, als er die Handschellen wieder löste.

»Du bist ja ein richtiges Naturtalent, Trisha. Aber trotzdem musst du dich jetzt wieder hinlegen.«

»Nein, bitte nicht«, sagte sie flehentlich. »Bitte nicht wieder fesseln, ich mache auch keinen Ärger …«

»Halt die Klappe und leg dich hin!«, brüllte er. Trisha zuckte zusammen und stolperte rücklings zum Bett.

»Aber ich habe Durst«, murmelte sie.

»Okay, dann trink was. Setz dich, die Beine da unten hin. Los!«, herrschte er sie an. Auf dem Bett sitzend sah sie ihm dabei zu, wie er ihre Füße mit Handschellen unten ans Bett band, während sie trank. Der nette Mann stand daneben und sah zu.

»Fertig?«, fragte der andere. Als sie nickte, nahm er ihr die Flasche wieder weg. »Hinlegen. Arme hoch.«

»Nein, bitte …«

Feindselig starrte er sie an. »Wenn du das nicht sofort tust, wirst du es bereuen.«

»Okay …« Ängstlich legte sie sich hin und beobachtete ihn mit wachsender Panik dabei, wie er sie erneut fesselte. Dann drehte er sich zu dem anderen um. »Das Klebeband. Wo ist es?«

»Moment.«

Der Mann stöhnte. »Muss man denn hier alles allein machen?«

»Reg dich ab, verdammt«, kam es von draußen.

»Und du sei nicht so vorlaut!«

Der Nette kehrte mit der Rolle Klebeband zurück, die der andere ihm eilig abnahm, um ein großes Stück davon abzureißen.

»Nein«, flehte Trisha mit erstickter Stimme. »Ich schreie auch nicht, bitte …«

»Ist mir scheißegal«, sagte er, packte sie an den Haaren und drückte ihr mit der anderen Hand das Klebeband auf den Mund. Eine Träne löste sich aus Trishas Auge, doch das kümmerte ihn nicht.

29. August, 17:15 Uhr

In der U-Bahn lauschte Andrea unfreiwillig dem Technogehämmer aus den Kopfhörern ihres Sitznachbarn. Nach ihrer Zeit in Norwich war London der reinste Kulturschock für sie. Die Stadt war riesig, laut und voll. Weil ihre Wohnung in der Nähe einer Station der Metropolitan Police lag, hörte sie selbst nachts die Sirenen. In solchen Momenten sehnte sie sich doch nach Norwich zurück – etwas, womit sie zuvor nicht im Entferntesten gerechnet hatte.

Auf der Heimfahrt fühlte sie sich plötzlich einsam. Ein Gefühl, das sie lange nicht mehr gespürt hatte. Vielleicht war sie nur frustriert, weil sie mit ihren Ermittlungen nicht nennenswert vorangekommen waren. Nach und nach waren die ersten Infos über die Angestellten der Bank eingetroffen, doch sie hatten niemanden gefunden, der ihnen verdächtig erschienen wäre. Deshalb hatten Joshua und Andrea schließlich unverrichteter Dinge die Michaels-Villa verlassen, um nach Hause zu fahren. Gordon war noch geblieben.

Eigentlich war die Arbeit im Profilerteam ihr Traumjob. Aber es stimmte, was die anderen ihr prophezeit hatten – man nahm die Arbeit mit nach Hause. Man brauchte einen Ausgleich, um damit zurechtzukommen. Und momentan ging es nur um ein entführtes Mädchen, nicht um zerstückelte Kinder oder verstümmelte Frauen. Andrea machte sich jedoch keine Illusionen: Das würde noch kommen.

Für diesen Job war sie zwei Monate zuvor nach London gezogen. Der Umzug hatte sie nicht abgeschreckt. Sie nicht und auch ihren Mann Gregory nicht, der gleichzeitig mit ihr seinen Abschluss gemacht und sich eine Stelle in London als Innenarchitekt gesucht hatte. Er war ebenfalls zufrieden in London, auch wenn er ein wenig Heimweh nach Norwich und seiner Familie hatte. Das allerdings hätte er niemals zugegeben. Andrea fehlten seine Mutter Anna, sein Bruder Jack und dessen Freundin Rachel jedoch genauso. Und ihre Freundin Sarah, aber sie hatte Norwich ebenfalls verlassen und eine Stelle in Leicester angetreten.

Inzwischen hatte Andrea sich in London eingelebt. Mit Gregory bewohnte sie eine kleine Wohnung in Fulham, sie fuhren oft übers Wochenende zur Familie. Anna hatte ihnen extra ein Gästezimmer in ihrem Haus eingerichtet. Dort fühlte Andrea sich sehr wohl.

Eigentlich hatte sie allen Grund, glücklich zu sein.

Auf den Straßen in Fulham herrschte reges Treiben, in der Luft lag das Rauschen des Verkehrslärms. Ein schwarzes Taxi hupte einen Fußgänger an, der vor dem Wagen über die Straße huschte. Andrea hörte Stimmen und Gelächter und roch den verheißungsvollen Duft von Pizza, der von einem Imbissstand herüberwehte. Der sanfte Wind war angenehm, denn die Spätsommersonne brannte auf der Haut.

Müde und erschöpft schloss sie die Tür auf, als sie endlich ihr Haus erreicht hatte. Auf dem Weg nach oben zur Wohnung fragte sie sich, ob Greg bereits zu Hause war, doch sie wurde enttäuscht.

Eine Sache hatte sich auch in London nicht geändert: Sie hasste es, allein zu sein. Sie hasste es unsäglich. Mit einem Gefühl der Unsicherheit betrat sie die Wohnung.

Die gespenstische Stille machte sie verrückt. Unruhig lief

sie in der Wohnung herum, umkreiste die letzten Umzugskartons und versuchte erfolglos, gegen die Erinnerungen anzukämpfen, die in ihr erwachten. Sie kamen immer dann, wenn sie sich allein und schutzlos fühlte.

Leider waren die bösen Erinnerungen nicht in Norwich zurückgeblieben. In ihrer dortigen Wohnung hatte Andrea sich nie mehr wirklich sicher gefühlt, und schuld daran war ihre Entführung durch den Campus Rapist Jonathan Harold.

Sie hatte damals gerade erst ein Jahr in Norwich gelebt, als ein Serienvergewaltiger begonnen hatte, sein Unwesen auf dem Campus der University of East Anglia zu treiben. Er hatte alle in Angst und Schrecken versetzt und deshalb den Namen Campus Rapist erhalten. Das hatte Andrea jedoch nicht daran gehindert, den Mann mit einem Ast anzugreifen, als er die Biologiestudentin Caroline Lewis überfallen und vergewaltigt hatte.

Es war ihr gelungen, ihn in die Flucht zu schlagen, aber sie hatte ihren Mut hinterher noch oft genug bereut. Dem Täter waren die Vergewaltigungen auf dem Campus zu riskant geworden – und sie hatten ihm auch nicht mehr genügt. Also hatte er seine nächsten Opfer entführt. Er hatte sie tagelang in seinem Keller sadistisch gequält, vergewaltigt und schließlich erwürgt. Alle Leichen wurden später außerhalb der Stadt im Nationalpark der Broads gefunden.

Nach der Ermordung seines dritten Opfers hatte er klargemacht, wer auf seiner Liste ganz oben stand: die Studentin, die ihn angegriffen und vertrieben hatte. Rückblickend betrachtete Andrea es als die schlimmste Zeit ihres Lebens. Sie hatte sich verfolgt gefühlt, wochenlang unter Polizeischutz gestanden, die schlimmsten Ängste durchlitten – sie ebenso wie Gregory. Wenn sie nur daran dachte, kamen ihr erneut die Tränen.

Und trotzdem war es dem Rapist gelungen, sie zu entführen. Er hatte erst ihre Freundin Caroline Lewis verschleppt und war zwei Tage später bei ihr und Gregory eingebrochen.

Der Blutfleck im Teppich am Eingang zum Arbeitszimmer war nie wieder ganz verschwunden. Er hatte sie immer daran erinnert, dass Gregory den erfolglosen Versuch, sie zu schützen, beinahe mit dem Leben bezahlt hätte. Jonathan Harold hatte die Polizisten vor der Tür niedergestochen, dann Gregory fast den Schädel zertrümmert und Andrea gefesselt. Er hatte sie verschleppt, in seinen Folterkeller gesperrt und achtzehn Stunden lang seine sadistischen Spielchen mit ihr getrieben. Dazu hatte auch gehört, Caroline vor ihren Augen zu erwürgen.

Ernsthaft verletzt hatte er Andrea nicht. Die Polizei war gerade rechtzeitig eingetroffen, um zu verhindern, dass er sie vergewaltigte. Und trotzdem träumte sie manchmal davon, es wäre geschehen. Sie träumte davon, wie er ihr die Kleidung vom Leib schnitt. Wie er sie ansah, berührte, mit ihr sprach. Verzweifelt versuchte sie, das Bild zu unterdrücken, das in ihr aufstieg. Jonathan Harold saß neben ihr, sie lag gefesselt da, und er überlegte wie selbstverständlich, ob er sie nicht vielleicht gnädigerweise doch am Leben ließ …

Der Horror hätte schier kein Ende genommen. Wäre Greg nicht aufgetaucht … Sie wollte gar nicht darüber nachdenken.

Die kalten Hände schmerzhaft fest zu Fäusten geballt, versuchte sie, ruhig zu atmen. Jetzt bloß keinen Flashback.

Sie wollte diese Gedanken verdrängen, doch es war bereits zu spät. Die Welt verschwamm vor ihren Augen, und sie bekam schlagartig keine Luft mehr.

Ihr Herz raste, ihre Hände zitterten. Als sie spürte, wie ihr übel wurde, schloss sie die Augen und zwang sich, ruhig und gleichmäßig zu atmen, obwohl ihre Kehle wie zugeschnürt war. Sie richtete ihr gesamtes Bewusstsein darauf, dass sie gerade zu Hause war, in ihrer eigenen Wohnung. In Sicherheit.

Am ganzen Körper zitternd stolperte sie ins Bad zum Waschbecken, um sich eiskaltes Wasser ins Gesicht zu spritzen. Es war nur ein Flashback. Nicht der erste. Das geht wieder vorbei, dachte sie verbissen.

Und es ging vorbei. Allmählich beruhigte sie sich und rubbelte sich das Gesicht mit ihrem Handtuch trocken, bis es ganz rot war. Das fühlte sich gut an.

Aufs Waschbecken gestützt, stand sie da und musterte sich nachdenklich im Spiegel. Sie war immer noch sie selbst. Das hatte er ihr nicht genommen, auch wenn er es versucht hatte. Sie lebte noch, und er war tot, erschossen von Gregory, der ihr zwei Wochen später einen Heiratsantrag gemacht hatte. Die Hochzeit lag inzwischen ein Jahr zurück.

Andrea hoffte, dass diese Flashbacks aufhörten. Sie brauchte nur Geduld. Das hatte Gordon damals auch gesagt. Vergessen würde sie das Ganze nie, aber sie würde damit leben können.

Sie konnte schöne, sonnige Tage erleben, war glücklich mit Greg, hatte ihren Traumjob bekommen. Joshua kannte ihre Geschichte und wusste durch die gemeinsame Aufarbeitung, warum sie so versessen darauf war, als Psychologin Verbrecher zu jagen. Er hatte ihr diese Chance gegeben.

Andrea hörte, wie die Wohnungstür geöffnet wurde, und lugte aus dem Bad. Als sie Gregory in der Tür entdeckte, lief sie zu ihm und umarmte ihn stürmisch.

»Hey, du tust ja so, als hättest du mich ewig nicht gesehen«, sagte er und erwiderte ihre Umarmung. Aber er hatte ja keine Ahnung, was es ihr in diesem Moment bedeutete, ihn zu sehen.

Als er sie küsste, fuhr Andrea ihm mit den Fingern durch sein krauses dunkles Haar und fühlte sich sicher in seinen Armen. Er war groß und hatte immer noch eine athletische Figur, auch wenn er längst keinen Sport mehr trieb. Seufzend lehnte sie den Kopf an seine Schulter und spielte mit den Fingerspitzen an seiner Krawatte herum.

Er bedeutete ihr alles. Stumm blickte sie auf und sah in seine freundlichen braunen Augen. Mit einem Lächeln küsste er sie erneut auf die Stirn.

»Bist du schon länger hier?«, fragte er.

»Nein, das nicht«, sagte sie und räusperte sich. »Aber du bist auch früh. Wie war dein Tag?«

Sie lösten sich voneinander, und Gregory zog seine Schuhe aus. »Wir haben einen neuen Auftrag bekommen«, sagte er. »Und bei dir?«

»Mein erster richtiger Fall. Eine Millionärstochter wurde entführt, und die Polizei hat uns um Hilfe gebeten.«

Gregory staunte. »Das klingt ja aufregend. Konntet ihr etwas herausfinden?«

»Nein, noch nicht. Die Täter haben uns fast nichts über sich verraten«, begann Andrea und erzählte, was sich den Tag über ereignet hatte.

Während er zuhörte, lief Greg in die Küche und kramte in

den Schränken herum. Er holte Töpfe heraus, nahm das Fleisch aus dem Kühlschrank und begann damit, das Abendessen zuzubereiten. Andrea liebte es, einen Mann zu haben, der gern kochte. Ihr Magen grummelte bereits vernehmlich.

»Das klingt ja alles richtig aufregend«, fand er. »Aber ich weiß, du wirst das meistern. Wenn nicht du, wer sonst?«

Sein Stolz ließ sie innerlich wachsen. Sie bezweifelte, dass ihm klar war, was er ihr eigentlich bedeutete. Er war alles, was sie brauchte – Familienersatz, Freund, Beschützer. Er war immer für sie da. Dass sie ihn zwei Jahre zuvor auf einer Studentenparty kennengelernt hatte, erschien ihr inzwischen beinahe unwirklich, denn es fühlte sich so an, als würden sie sich viel länger kennen. Ins Gespräch gekommen waren sie, weil sie ihn mit seinem Bruder Jack Deutsch hatte sprechen hören. Das hatten die beiden von ihrer Mutter gelernt. Mit Andrea tat Gregory es meistens, um so für ein wenig Heimatgefühl bei ihr zu sorgen. Und sie mochte seinen leichten Akzent; er sprach die Worte nicht so hart aus. Das fand sie sehr reizvoll.

»Gut gekocht«, sagte sie, als die beiden zum Essen am Tisch saßen.

Er erwiderte das Kompliment mit einem Lächeln. »Das brauche ich jetzt aber auch. Unser aktueller Kunde ist ein schwerreicher Russe, der für sich und seine Freundin hier ein Liebesnest einrichten will. Das passende Penthouse mit Sauna und Whirlpool hat er schon. Zur Diskussion stand, ob man nicht im Schlafzimmer etwas mit rosa Plüsch machen könnte.«

»Ist nicht dein Ernst.« Belustigt schaute Andrea von ihrem Teller auf; froh darüber, dass sie mit Greg über etwas reden konnte, das sie ablenkte.

»Doch. Ich warte auf den Moment, in dem er vorschlägt, eine Stange für eine Runde Poledance zu installieren.«

Sie prustete erstickt. »Das klingt wie ein Klischee.«

»Ist aber mein völliger Ernst. Ich habe bisher nur ihn kennengelernt, seine Freundin noch nicht. Bin mal gespannt, ob sie es schaffen, die Katzenfrau zu toppen.«

Andrea erinnerte sich gut. Sein erster Auftrag hatte darin bestanden, ein Apartment für eine wohlhabende Katzenbesitzerin einzurichten. Er hatte Andrea hinterher die Fotos gezeigt – die Wohnung war eher für die Katzen als für ihre Besitzerin geeignet, aber das hatte die Frau so gewollt. An allen möglichen und unmöglichen Stellen standen Kratzbäume, an den Wänden hingen Kratzmatten, in den Ecken standen Körbchen, und überall trieben die sechs Katzen der Frau ihr Unwesen. Doch damit nicht genug, auch die Dekoration hatte auf Katzen ausgerichtet sein müssen. Einer von Gregs Kolleginnen war es gelungen, eine Bordüre mit Katzenköpfen aufzutreiben.

Der Fall hatte das gesamte Architekturbüro amüsiert. Und jetzt hatte er es mit einem Russen mit ungehemmter Libido zu tun. Das konnte noch lustig werden.

Er verstand etwas von dem, was er tat. Auch ihrer eigenen Wohnung hatte sein Können gutgetan. Das Wohnzimmer war weitläufig und offen, alles wirkte schick und geräumig. Greg war ein wahrer Platzkünstler. Er wusste, wie man das Beste aus einem Raum herausholte. Genau wie Andrea hatte er einen Beruf gefunden, der gleichzeitig Berufung war.

Andrea brauchte diese Normalität. Sie brauchte sie wie die Luft zum Atmen. Nach ihrer Entführung hatte sie lange mit sich gerungen, ob es wohl so klug war, sich auch noch beruflich mit den abscheulichsten Abgründen der menschlichen Psyche zu beschäftigen. Aber für sie gab es nur zwei Möglichkeiten: Flucht oder Konfrontation. Andrea hatte die Konfrontation gewählt. Sie wollte verstehen, was hinter den grausamsten Verbrechen steckte. Sie wollte verstehen, was die Straftäter dazu getrieben hatte.

Aber daneben brauchte sie Greg, der sie erdete. Der sie daran erinnerte, dass es auch noch ein normales Leben da draußen gab. Und das tat er. Sobald sie nach Hause kam, fühlte sie sich befreit.

Nachdem sie in der Küche alles aufgeräumt hatten, machten die beiden es sich auf dem Sofa gemütlich und verfolgten die Nachrichten im Fernsehen. Zum Glück hatte noch niemand Wind von Trisha Michaels' Entführung bekommen. Alles, was den Ermittlern jetzt noch fehlte, war ein großer Medienrummel.

Gregs Wärme an sich zu spüren, machte Andrea schläfrig. Sie hatte sich seitlich an ihn geschmiegt und den Kopf auf seine Brust gebettet, was nicht nur bequem, sondern auch sehr beruhigend war. Sein ruhiger, gleichmäßiger Herzschlag entspannte Andrea. Verträumt strich sie mit einer Hand über seine Brust. Er hatte seine Hand in ihrem rotbraunen Haar vergraben und spielte mit einer Strähne.

Einem plötzlichen Impuls folgend, reckte sie den Kopf und küsste ihn zärtlich, aber auch ein wenig herausfordernd. Er ließ sich bereitwillig darauf ein, drückte sie an sich und gab ihr schließlich einen Kuss auf die Stirn.

»Ich liebe dich«, sagte er.

Das konnte sie nur erwidern. Mit einem verschwörerischen Blick drückte sie ihn an die Sofalehne und setzte sich auf seinen Schoß. Ihr war vollkommen bewusst, wie gemein es von ihr war, mit ihrem ganzen Gewicht auf ihm zu sitzen – und sie tat es mit purer Absicht. Sie war verrückt nach ihm.

Wortlos sahen die beiden einander an. Andrea zog ihn dicht an sich heran und küsste ihn erneut. Gregory schlang die Arme um sie und arbeitete sich unter Küssen ihren Hals entlang nach unten vor, wo er den Kopf kurz zwischen ihren Brüsten vergrub. Ungeduldig zog er ihr das T-Shirt aus und streichelte sie sanft. Andrea schloss die Augen und genoss jede seiner Berührungen. Als er eine Hand zwischen ihre Beine schob, überlief sie ein Schauer. Sie ballte die Hände zu Fäusten.

»Am liebsten würde ich dir jetzt alles vom Leib reißen und …« Er brachte den Satz nicht zu Ende, aber dem frechen Glitzern in seinen Augen entnahm Andrea auch so, was er meinte.

»Na los«, sagte sie augenzwinkernd und stand auf, damit er überhaupt eine Chance hatte, ihr die Hose auszuziehen.

Im Handumdrehen trug sie keinen Fetzen Stoff mehr am Leib. Nun machte sie sich daran, Gregory langsam alles auszuziehen. Schon ohne T-Shirt sah er zum Anbeißen aus. Sie wünschte sich in seine muskulösen Arme, aber noch war es nicht so weit. Langsam und unter Küssen zog sie ihm die Hose aus, immer mit ihrer eigenen Ungeduld kämpfend. Beim Anblick seiner Lendengegend hätte sie sofort über ihn herfallen mögen.

Sie wollte schon den Vorschlag machen, ins Schlafzimmer umzuziehen, aber Gregory erstickte jeden ihrer Versuche, etwas zu sagen, mit einem leidenschaftlichen Kuss und beförderte sie zurück aufs Sofa. Sie fuhr ihm durchs Haar und sah ihn mit einer Mischung aus Verlangen und Sehnsucht an.

Er ließ sich nicht zweimal bitten. Mit einem Ruck zog er sie näher an sich heran, so dass sie nur noch auf der Kante saß. Unwillkürlich gruben sich ihre Finger in seine Arme, als sie ihn spürte. Automatisch stellte sich das herrliche warme Kribbeln im Bauch ein. Andrea schloss die Augen, um sich ganz auf das Gefühl zu konzentrieren, das sie bis in die kleinste Faser ihres Körpers erfüllte. Ihr Herz schlug schneller.

Als sie in diesem Moment in Gregorys braune Augen blickte, war sie glücklich. Sie schlang die Arme um ihn und krallte sich in seinen Haaren fest. Er erwiderte ihren Blick auf eine Weise, die sein Begehren verriet. Ihm nah zu sein, war das Schönste, was sie sich vorstellen konnte. Jetzt erinnerte sie sich wieder, warum, denn er wusste genau, auf welche Art er sie berühren musste. Schwer atmend küsste er sie und zog sie dichter an sich.

Es gelang ihm mühelos, Andrea vollkommen um den Verstand zu bringen. Schließlich lehnte sie zitternd und keuchend an ihm, weil ihre Gliedmaßen ihr nicht mehr gehorchten. Gregory hielt sie fest, als er sich von ihr löste, und brachte sie dazu, sich aufs Sofa zu legen. Noch bevor er auf die Suche nach seinen Shorts ging, holte er die Wolldecke und breitete sie über Andrea aus.

»Danke.« Mit einem Lächeln blickte sie zu ihm auf.

»Hm?«, machte er. »Meine Frau fällt über mich her und bedankt sich noch bei mir?«

»Doch nicht deshalb. Wegen der Decke.«

»Ach so.« Er zwinkerte ihr zu und ging in die Küche. Andrea hörte, wie er den Kühlschrank öffnete.

Genau genommen hätte er sich bei Gordon für die Therapie bedanken müssen, dass so etwas überhaupt wieder möglich war. Es hatte in der Vergangenheit Augenblicke gegeben, in denen sie sogar Gregorys Nähe gefürchtet hatte.

29. August, 17.25 Uhr:

Sie war ganz allein mit sich und ihrer Angst. Todesangst. Der letzte Besuch eines ihrer Entführer lag inzwischen Stunden zurück, und neben der Angst verspürte sie Hunger und Durst – aber vor allem Schmerzen.

Seit einer gefühlten Ewigkeit lag sie in derselben Position auf dem Bett, ohne sich bewegen zu können. Ihre Arme und Beine waren so stramm ans Bett gebunden, dass sie nicht den geringsten Bewegungsspielraum hatte. Ihr Rücken tat weh, ihre Gliedmaßen waren taub. Frustriert und verzweifelt zugleich zerrte sie an ihren Fesseln und stieß erstickte Schreie aus, immer in der Hoffnung, dass die Männer es hörten und zu ihr kamen, nach ihr sahen. Sie endlich erlösten.

Aber es kam niemand. Kehrten sie überhaupt je zurück?

Völlig verängstigt begann sie zu weinen. Sie wusste sich nicht mehr zu helfen. Warum nur taten die Männer ihr das an?

Trisha schloss die Augen und versuchte, gegen die Tränen anzukämpfen, weil sie fürchtete, bald erneut keine Luft mehr zu bekommen. Aber sie konnte nicht. Die Tränen strömten ihr über die Wangen, und sie wimmerte gequält, aber niemand erhörte sie.

Ihre Hände waren kalt und gefühllos. Bei jedem Zucken der Muskeln protestierte ihr Rücken. Trisha sah nur noch Tränen.

Resigniert und lethargisch lag sie da und dachte an gar nichts. Das Alleinsein war zermürbend. Das und die Ungewissheit, was die Entführer mit ihr vorhatten.

Da ging auf einmal die Tür auf. Trisha glaubte, den netten Entführer zu erkennen, und entspannte sich ein wenig.

»Alles okay?«, fragte er und kam näher. Als er ihre Tränen sah, zog er ihr das Klebeband vom Mund. »Was ist denn los?«

»Mir tut alles so weh«, stieß Trisha gepresst hervor. »Bitte, bitte, machen Sie mich los! Bitte …«

Er nickte und löste die Handschellen, so dass Trisha sich langsam und mit einem gequälten Stöhnen aufsetzen konnte und ihn mit einem scheuen Lächeln ansah. »Danke.«

»Vielleicht müssen wir dich ja nicht mehr festbinden«, sagte er.

Hoffnungsvoll blickte sie auf. »Meinen Sie? Oh, bitte, ich mache Ihnen keinen Ärger, wirklich nicht …«

»Hier.« Er hielt ihr eine Wasserflasche hin, bevor er sich zur Tür wandte. »Kommt ihr mal?«

Trisha wich zurück und wagte es nicht, etwas zu trinken. Augenblicke später erschienen die beiden anderen Männer in der Tür.

»Müssen wir sie unbedingt so ans Bett fesseln?«, begann der nette Entführer. »Sie war gerade völlig fertig.«

»Was ist dein Vorschlag?« Das war der Mann, der bislang kaum in Erscheinung getreten war.

»Sie einfach fesseln, aber nicht so festbinden. Sie macht uns schon keinen Ärger.«

»Das glaubst du«, sagte der Dritte – der Gemeine.

»Was soll sie denn machen?«

»Das ist mir scheißegal! Meinetwegen binde ihr nicht die Füße fest, aber mit den Händen wird sie ans Bett gefesselt!«

»Nein, bitte, Mister …«, wagte Trisha sich von der Seite einzumischen.

»Und du hältst die Klappe!«, brüllte er sie an. »Wer hat dich gefragt?«

»Entschuldigung«, murmelte sie kleinlaut.

»Also, alle Unklarheiten beseitigt?«

Weil niemand mehr etwas sagte, verschwanden die beiden, die der nette Entführer gerufen hatte. Er nickte Trisha zu, so dass sie sich nun doch traute, etwas zu trinken. Er brachte ihr auch Eimer und Toilettenpapier und wartete vor der Tür, ohne dass sie etwas hätte sagen müssen. Als sie fertig war, reichte er ihr ein fertiges Sandwich aus dem Supermarkt und einen Apfel. Heißhungrig machte sie sich darüber her, denn es war das Erste seit dem Morgen, was sie aß. Er setzte sich gegenüber auf den Stuhl und beobachtete sie dabei, wie sie sich vor dem Bett die Füße vertrat.

»Sonst alles in Ordnung?«, fragte er.

»So in Ordnung, wie es sein kann«, erwiderte Trisha.

»Ja, schon klar. Aber mach dir keine Sorgen, dir will niemand etwas tun. Morgen holen wir uns das Geld von deinem Vater, und dann lassen wir dich wieder frei.«

»Wirklich?«

Er nickte. »Ehrenwort. Hab keine Angst.«

Trotzdem bat er sie, sich wieder hinzulegen, als sie mit dem Essen fertig war. Sie tat es, um nicht ihren einzigen Verbündeten gegen sich aufzubringen, und ließ sich von ihm fesseln. Glücklicherweise band er tatsächlich nur ihre Hände fest. Allerdings war er kaum fertig, als der Gemeine hinter ihm in der Tür erschien.

»Hast du nicht was vergessen?«, fragte er, die Rolle mit Klebeband in der Hand.

»Nein!«, flehte Trisha erneut, aber es hatte keinen Zweck. Er kam persönlich und klebte ihr den Mund zu. Trisha versuchte, die Tränen zurückzuhalten, doch es fiel ihr schwer.

Wenn doch nur schon alles vorüber wäre …

30. August, 9:10 Uhr

Mit einem unsicheren Gefühl folgte Andrea Joshua ins Wohnzimmer, in dem sich neben Trishas Eltern bereits sämtliche Polizisten und Gordon eingefunden hatten. Weil niemand etwas sagte, wirkte die Atmosphäre gespenstisch.

Auf dem Sofa neben Richard Michaels stand eine große Reisetasche. Darin lagen sechs Millionen Pfund, hübsch geordnet.

»Haben Sie schon einen Verdächtigen?«, fragte Joshua an Barley gerichtet.

Der Inspector schüttelte den Kopf. »Nichts, was uns helfen würde. Mit den Mitarbeitern der Bank sind wir durch, auch mit den ehemaligen. Jetzt überprüfen wir deren näheres Umfeld.«

Das war die Suche nach der buchstäblichen Nadel im Heuhaufen. Damit würden sie niemals rechtzeitig fertig werden.

Trishas Eltern wirkten an diesem Morgen überraschend gefasst. Richard Michaels vermittelte einen regelrecht entschlossenen Eindruck. Glücklicherweise war er nicht mehr so unbeherrscht wie am Vortag und hatte sich auch mit Gordons Anwesenheit angefreundet.

Im Flüsterton teilte Andrea Joshua diese Beobachtung mit, woraufhin er vielsagend grinste. »Gordon war gestern Abend noch lang hier. Auf dem Heimweg hat er mich angerufen. Seitdem ist der Vater wohl friedlich.«

Andrea lächelte. »Das ist gut.«

»Komm, wir helfen den Polizisten beim Durcharbeiten der

Informationen«, sagte Joshua. Andrea folgte ihm an den Tisch zu Barley, wo eine Unmenge an Faxen, Kopien und Ausdrucken herumlag. So chaotisch das wirkte, es war tatsächlich geordnet. Auf einem Stapel lagen alle fraglichen Personen mit Vorstrafen. Um nichts zu übersehen, bat Joshua Andrea, alles noch ein zweites Mal zu überprüfen. Ihr entging nicht, dass Richard Michaels mit einem anderen Polizisten über die Anbringung eines Peilsenders an der Tasche mit dem Lösegeld diskutierte. Der Vater war dagegen, einen solchen Sender zu verwenden, entzog der Polizei damit jedoch sämtliche Ermittlungsgrundlagen.

Irgendwann drehte Barley sich um. »Ich will die Typen auch schnappen, aber mit einem Sender setzen wir das Leben des Mädchens auf Spiel.«

»Außerdem geht es hier nicht um das Geld«, stellte Mr. Michaels fest. »Ich bestreite das aus meinem Privatvermögen und es ist mir egal, ob ich es zurückbekomme oder nicht. Trisha ist mir wichtiger.«

Andrea versuchte, sich ihr ungläubiges Staunen nicht anmerken zu lassen. Sie bewegte sich hier in Kreisen, mit denen sie nie zuvor in Kontakt gekommen war. Joshua ließ nicht erkennen, ob er sich dabei ähnlich unbehaglich fühlte.

Schweigend überprüfte Andrea alle Personen, deren Unterlagen er ihr zuschob, kam aber auch nur zu denselben Schlüssen wie er. Nachdem sie eine Stunde so dagesessen hatten, hielt Andrea plötzlich inne und ließ das Blatt in ihrer Hand sinken.

»Ganz im Ernst, vielleicht denken wir verkehrt«, sagte sie.

»Warum?«, fragte Joshua.

»Wir gehen davon aus, dass die Täter in irgendeiner Beziehung zu Mr. Michaels stehen müssen. Oder zur Bank. Einfach weil sie wissen, wie das mit der Hauspost funktioniert. Aber wenn ich mir überlege, wie gezielt sie die Entführung durchgezogen haben, frage ich mich, ob sie nicht einfach nur ihre Hausaufgaben verdammt gut gemacht haben. Vielleicht wollen sie uns absichtlich in die Irre führen und sind echte Profis.«

Mit Joshuas schnellem Nicken hatte sie nicht gerechnet. »Da kannst du recht haben«, sagte er, »aber das hilft uns nicht weiter. Wenn das Profis sind, haben wir überhaupt keinen Ansatzpunkt mehr. Natürlich kann das sein – wenn man sich Mühe gibt, dann findet man das mit der Hauspost heraus, und auch den Tagesablauf von Trisha schienen sie zu kennen. Aber wo sollen wir da ansetzen?«

Sie musste zugeben, dass er recht hatte. Dass sie eine persönliche Beziehung im weitesten Sinne postuliert hatten, half ihnen dabei, überhaupt in irgendeine Richtung ermitteln zu können. Mr. Michaels fiel niemand ein, der ihm persönlich Böses wollte, und die Hausangestellten waren sauber.

Vielleicht machten die Entführer das nicht zum ersten Mal und waren der Polizei schon einmal ins Netz gegangen.

Das half ihnen nicht. Überhaupt nicht. Andrea stand auf und lief nachdenklich im Wohnzimmer herum. Der Polizeitechniker saß gelangweilt an seinem Laptop, der an die Telefonanlage angeschlossen war. So konnte er jeden möglichen Anruf aufzeichnen.

Aber es rief niemand an. Joshua legte die Unterlagen beiseite und begab sich hinüber zu Trishas Eltern. Er versuchte erneut sein Glück.

»Mr. Michaels, sollte diesmal jemand anrufen, ist es wahrscheinlich immer noch am klügsten, wenn Sie das Gespräch entgegennehmen.«

Trishas Vater nickte. Er wirkte erstaunlich zugänglich. »Was soll ich tun?«

»Bestehen Sie auf einem Lebenszeichen von Trisha. Wahrscheinlich ist es am besten, wenn Sie grundsätzlich alle Forderungen annehmen. Und bleiben Sie ruhig. Sollte etwas Unvorhergesehenes eintreten, helfe ich Ihnen. In Sachen Polizei dürften sie höchstens fordern, dass sie sich aus der Übergabe heraushält – sagen Sie das ruhig zu.«

»Denken Sie, es geht Trisha gut?«, fragte Mrs. Michaels hoffnungsvoll.

»Ich habe keinen Grund, von etwas anderem auszugehen«, erwiderte Joshua. »Sie ist bestimmt bald wieder zu Hause.«

Das hofften sie alle. Kurz darauf gesellte Joshua sich erneut zu Andrea.

»Geht das alles für eine Entführung eigentlich schnell?«, fragte sie.

»Das kann man so nicht sagen. Je länger es dauert, desto riskanter ist es natürlich für die Entführer, von daher empfiehlt es sich für sie, den Ablauf zu beschleunigen.«

Das fand Andrea nachvollziehbar. Bisher hatten die Entführer noch keinen Fehler gemacht. Aber Joshua hatte gut daran getan, Trishas Vater klarzumachen, dass sie es mit Menschen zu tun hatten, die keinen Spaß verstanden. Trisha schwebte eindeutig in Lebensgefahr.

Viertel vor elf. Andrea war ein zu ungeduldiger Mensch für so etwas. Wie mussten sich da erst die Eltern fühlen?

Die Haushälterin brachte Getränke und Kekse für alle. Das fand Andrea sehr aufmerksam, obwohl ihr nicht nach

Süßigkeiten zumute war. Erstaunlich genug, dass die Presse noch nicht Wind von alldem bekommen hatte. Bei dem Fuhrpark vor der Villa hätte längst jemand etwas merken müssen. Und in Trishas Schule war erstaunlicherweise auch noch nichts durchgesickert. Das konnte alles nicht mehr lange dauern. Eigentlich.

Das Telefon klingelte. Sofort waren alle Anwesenden wie elektrisiert. Der Techniker drückte ein paar Knöpfe und hob den Daumen zum Zeichen, dass es losgehen konnte. Richard Michaels nahm das Gespräch entgegen und meldete sich mit Namen.

»Haben Sie das Geld?«, fragte eine verzerrte Stimme ohne jede Begrüßung. Sie schallte aus den Lautsprechern durchs Wohnzimmer.

»Ja«, erwiderte Trishas Vater nervös. Ellen Michaels hatte das Gesicht halb hinter den Händen vergraben.

»Sie nehmen das Geld und fahren damit nach Covent Garden. Sie betreten den Markt um Punkt zwölf Uhr mittags. Nehmen Sie Ihr Mobiltelefon mit, dann erhalten Sie weitere Anweisungen. Verstanden?«

Anstatt zu antworten, sagte Mr. Michaels: »Erst will ich mit Trisha sprechen.«

Joshua nickte anerkennend. Dennoch war er sichtlich angespannt, so wie alle anderen.

»Sie haben keine Forderungen zu stellen! Haben Sie verstanden?«, grollte die verzerrte Stimme.

»Lassen Sie mich mit meiner Tochter sprechen. Ich will wissen, ob sie lebt.«, beharrte Mr. Michaels tapfer.

»Das tut sie – es sei denn, Sie halten nicht endlich die Klappe! Zwölf Uhr Covent Garden!«

Die Verbindung war unterbrochen. Die Ermittler wechselten unsichere Blicke.

»Die verarschen uns«, sagte Barley. »Warum holen sie Trisha nicht an den Apparat, es sei denn …«

Es sei denn, sie war tot. Niemand wagte es gegenüber den Eltern auszusprechen, denn Mr. Michaels war ohnehin schon völlig am Ende, doch Joshua versuchte zu beschwichtigen.

»Die demonstrieren nur, dass sie das Sagen haben. Sie haben gestern noch aufwendig ein Video mit Trisha gedreht. Ich glaube nicht, dass sie nicht wohlauf ist. Sie zeigen nur ihre Überlegenheit.«

Das glaubte Andrea auch, aber den nervösen und aufgewühlten Eltern half es nicht. Richard Michaels begann zu schwitzen, während er mit den Polizisten darüber diskutierte, was nun zu tun war. Die Beamten wollten ihn nicht allein und unbeobachtet losschicken, sondern die Tasche mit einem Peilsender versehen, aber er lehnte das weiterhin ab. Als Vorschlag zur Güte kam schließlich von Gordon, Richard Michaels durch die Videoüberwachung zu beobachten, die im Markt von Covent Garden ohnehin vorhanden war. Verwanzen ließ der Vater die Tasche um keinen Preis. Er erklärte sich nur bereit, sich ein kleines Mikrofon anzustecken, damit die Ermittler hören konnten, worüber er am Telefon sprach.

Allzu viel Zeit für Diskussionen blieb ohnehin nicht, denn um sicherzugehen, dass er pünktlich eintraf, wollte Richard Michaels so früh wie möglich aufbrechen.

»Bitte geh kein Risiko ein«, sagte Ellen Michaels nachdrücklich zu ihrem Mann.

»Das habe ich nicht vor.«

»Die werden alles tun, um die Polizei abzuschütteln«, sagte Joshua zu Andrea. Dem armen Vater stand eine Hetzjagd durch die Stadt bevor. Eine Geldübergabe in London … ungesehen war das nicht zu bewerkstelligen.

Joshua und Andrea beobachteten schweigend, wie die Polizisten dem Vater letzte Instruktionen mitgaben, bevor er sich auf den Weg machte. Der Techniker kümmerte sich darum, die Kameras von Covent Garden auf den Schirm zu bekommen. Zu diesem Zweck tätigte Barley ein paar Anrufe, dann stand die Verbindung, und sie konnten am Laptop das Treiben in dem Markt verfolgen.

Zwar war Covent Garden nicht mehr der Markt, der er einmal gewesen war, sondern inzwischen eher eine Touristenattraktion und ein Einkaufszentrum mit vielen kleinen Läden und Händlern. Aber für den Startpunkt einer Geldübergabe war er genial. Zwischen den vielen Menschen konnte man sich wunderbar verstecken. Der überdachte Markt lag mitten in London in einem Viertel, in dem sich auch die Oper und diverse Musicaltheater befanden. Andrea kannte die Gegend.

Schließlich war Richard Michaels fort, und sie saßen unsicher im Wohnzimmer der Villa. Zehn nach elf. Der Banker würde viel zu früh vor Ort sein.

Mrs. Michaels wusste nichts mit sich anzufangen. Sie lief unruhig herum, ging der Haushälterin zur Hand und versuchte, den Blick auf die Uhr zu vermeiden. Die Frau tat Andrea leid. So hatte sie selbst sich damals gefühlt, als der Campus Rapist seine Opfer eins nach dem anderen entführt hatte. Donnerstags waren sie verschwunden, und der Countdown bis zu ihrem Tod hatte zu laufen begonnen. Sonntags war jedes Opfer ermordet worden. Sie hatten gefahndet, die Medien informiert, gesucht und gehofft – doch immer umsonst. Keins der Opfer hatte gerettet werden können – nur Andrea selbst. Sie hatte keinen einzigen Tod verhindern können, hatte immer nur dagesessen und gehofft, dass ein Wunder geschah.

So auch jetzt.

»Die haben bestätigt, was wir gestern gesagt haben«, raunte sie ihren Kollegen zu.

»Was meinst du?«, fragte Gordon.

»Die Art des Anrufs. Die wollten keinen Dialog. Ich wette, die haben nur angerufen, um sicherzugehen, dass die Botschaft ankommt. Denn der Pfad über die Hauspost ist ja nun versperrt.«

»Ganz im Ernst«, sagte Joshua mit gesenkter Stimme, »dass sie Trisha nicht ans Telefon gelassen haben, ist nicht gut.«

»Dass sie fähig wären, sie zu ermorden, haben sie mit dem Fahrer bewiesen«, stimmte Gordon zu. Andrea zog unwillkürlich die Schultern hoch.

»Aber was hätten die Eltern tun sollen? Nicht zahlen?«, fragte sie stirnrunzelnd.

Das war natürlich auch ausgeschlossen. Leider war der Anruf nicht lang genug gewesen, um etwas über seine Herkunft sagen zu können. Er hatte keine fünfzehn Sekunden gedauert.

Sie saßen auf dem Trockenen. Das war enorm frustrierend. Andrea versuchte die ganze Zeit, nicht an Trisha zu denken, doch es gelang ihr nicht. Dafür wusste sie zu gut, wie Trisha sich fühlen musste, allein und hilflos …

»Denkt ihr, das geht gut?«, murmelte sie.

Joshua zuckte mit den Schultern. »Keine Ahnung. Hab kein gutes Gefühl.«

Ellen Michaels saß inzwischen wieder auf dem Sofa. Barley vergewisserte sich, dass Beamte in Zivil sich in der Nähe des Marktes von Covent Garden bereithielten, um im Bedarfsfall eingreifen zu können.

Halb zwölf. Auf einem der Kamerabilder erschien Richard Michaels mit der Tasche in der Hand. Er stand vor dem Haupteingang zum Markt und schaute sich um. Wartete. Und alle anderen mit ihm.

Gemeinsam mit Joshua stand Andrea hinter dem Techniker und beobachtete Trishas Vater auf dem Monitor, während Gordon sich zur Mutter gesetzt hatte. Jetzt wollte die Zeit erst recht nicht mehr vergehen.

Fünf nach halb zwölf. Zwanzig vor. Barley tigerte unruhig durch den Raum, die Fäuste in die Hüften gestemmt. Das gefiel ihm alles gar nicht.

Die Menschen liefen an Richard Michaels vorüber. Eine Gruppe Japaner, deren Reiseführer mit einem Fähnchen vorausging, brachte alle unwillkürlich zum Schmunzeln. Auch Richard Michaels beobachtete die Reisegruppe interessiert.

Viertel vor zwölf. Andrea behielt Ellen Michaels im Blick. Sie sprach seelenruhig mit Gordon über Rosensorten – das war Absicht, so viel war klar. Gordon versuchte, die Frau vor dem Durchdrehen zu bewahren.

Er hatte Andrea irgendwann erzählt, warum er sich zum Therapeuten hatte ausbilden lassen. Er arbeitete schon seit fünfzehn Jahren mit der Polizei zusammen – erst nur als Psychologe, dann als ausgebildeter Profiler. Ihn hatten jedoch bei vielen Fällen die Angehörigen und die überlebenden Opfer nicht losgelassen. Er hatte eine junge Frau erlebt, die das Opfer eines ähnlichen Täters wie des Campus Rapist geworden war. Nach Wochen in Gefangenschaft wurde sie befreit, und es dauerte nicht lange, da brachte sie sich um. Das hatte Gordon so sehr bewegt, dass er sich zum Traumatherapeuten ausbilden ließ. Er hatte immer das Gefühl gehabt, dass die Angehörigen und Opfer von den Ermittlern nicht genug Hilfe bekamen, deshalb kümmerte er sich nun darum. Er betreute Ellen Michaels, und er würde sich auch um Trisha kümmern, falls sie zurückkehrte.

Genauso, wie er es bei Andrea am Tag nach ihrer Befreiung getan hatte. Er hatte bei ihr und Greg vor der Tür gestanden und die achtzehn Stunden ihrer Entführung mit Andrea aufgearbeitet. Und obwohl Andrea damals ihren Abschluss in Psychologie noch nicht hatte, war die Aufarbeitung auf Augenhöhe passiert. Er hatte ihr bewusst gemacht, dass ihr Handeln richtig gewesen war. Zum großen Teil hatte sie sich auch selbst gerettet.

Seufzend wandte Andrea sich wieder dem Laptop zu. Zwischen den Säulen vor dem Eingang des Marktes von Covent Garden drückten sich Teenager in Schuluniform herum, die Richard Michaels wie hypnotisiert beobachtete. Trisha hatte auch eine solche Uniform getragen.

Zehn vor zwölf. Andrea fuhr sich durchs Haar und holte ihr Wasserglas vom Tisch. Joshua lief an ihr vorüber, die Zigarettenpackung in der Hand. Er wirkte so abwesend, dass Andrea ihre Idee, sich ihm anzuschließen, verwarf. Sie hätte nicht gewusst, was sie ihm sagen sollte.

Dabei ging sie inzwischen davon aus, dass sie und Joshua so etwas wie Freunde waren. Zwar war sie ihm, anders als

Gordon, erst bei der Vorbesprechung des Profiler-Seminars begegnet, aber da hatte er schon gewusst, wer sie war und was sie wenige Monate zuvor erlebt hatte. Darüber hatte er mit Gordon gesprochen. Noch vor dem Beginn der Weiterbildung hatte er sie um ein Gespräch gebeten, um sich selbst ein Bild zu machen und herauszufinden, ob Gordons Einschätzung stimmte. Anders als Gordon war er anfänglich nicht davon überzeugt gewesen, dass Andrea mit dieser Vorgeschichte gut im Profiler-Seminar aufgehoben war.

Doch sie hatte Joshua schon nach kurzer Zeit eines Besseren belehrt. Sie brachte nicht nur ein großes Wissen mit in den Unterricht, sondern auch einen untrüglichen Instinkt und die nötige Abgeklärtheit. Irgendwann hatte er es gewagt, mit ihr und Gordon zusammen über Jonathan Harold zu sprechen. Sie waren den gesamten Fall gemeinsam durchgegangen, und Andrea hatte ihm bewiesen, dass sie schon als Studentin das Zeug zur Profilerin hatte.

Pünktlich um fünf vor zwölf kehrte Joshua ins Wohnzimmer zurück und lächelte Andrea zu, als er merkte, wie sie ihn ansah. Für einen kurzen Moment fühlte sie sich ertappt, aber dann sagte sie sich, dass dazu kein Grund bestand.

Wie hypnotisiert starrten sie alle auf die Uhr und schoben in Gedanken den Zeiger vorwärts. Zwischendurch beobachtete Andrea immer wieder auf dem Bildschirm Mr. Michaels, weil sie wissen wollte, ob er sein Handy herausnahm. Er hatte das Mikrofon an seinem Kragen nicht eingeschaltet, deshalb hörten sie die ganze Zeit noch nichts.

Zwölf Uhr. Niemand achtete mehr auf die Uhr, alle starrten nur noch auf den Monitor. Gebannt beobachteten sie Richard Michaels, der den Markt betrat und nun von einer anderen Kamera aufgenommen wurde. Um ihn herum drängten sich die Menschen, ohne zu ahnen, welches Vermögen er in seiner Reisetasche bei sich trug.

Er schaute sich um. Blickte auf das Handy in seiner Hand. Klingelte es? Alle warteten darauf, dass er es ans Ohr hielt.

Aber das tat er nicht. Er stand da, betrachtete die Menschen um sich herum, bewegte sich jedoch nicht. Das Handy schwieg.

Zwei Minuten nach zwölf. Ellen Michaels stand gleich neben Andrea und beobachtete ihren Mann noch nervöser. Schließlich brach sie das Schweigen.

»Warum geschieht da nichts?«

Darauf hatte niemand eine Antwort. Entführer verspäteten sich nicht.

Vier nach zwölf. Es tat sich überhaupt nichts. Richard Michaels stand da und trat von einem Bein aufs andere, doch davon klingelte das Handy auch nicht.

Sieben nach zwölf. Inzwischen war das kein Zufall mehr. Kein Versehen. Keine Ungenauigkeit.

»Die rufen nicht an«, sprach Detective Inspector Barley aus, was alle schon seit fünf Minuten dachten. Obwohl es Andrea gar nicht persönlich betraf, klopfte ihr das Herz bis zum Hals.

Plötzlich knisterte es in den Lautsprechern. Richard Michaels hatte das Mikrofon an seinem Kragen eingeschaltet und holte einen kleinen Ohrstecker aus der Tasche, den er noch mitgenommen hatte, um auch die Polizisten verstehen zu können.

»Ist zu Hause etwas passiert?«, fragte er besorgt.

Barley trat vor und drückte einen Knopf. »Nein, hier ist alles ruhig. Tut sich bei Ihnen nichts?«

»Nein«, sagte Richard Michaels mit Blick auf die Uhr. »Was soll ich jetzt machen?«

»Warten Sie noch.«

»Das könnte Absicht sein«, warf Joshua von der Seite ein. Er sagte das nicht nur, um Zuversicht zu verbreiten; so gut kannte Andrea ihn inzwischen.

Zehn nach zwölf. Mr. Michaels stand mit einer beachtlichen Ruhe mitten zwischen den Besuchern des Marktes, ohne dass sich etwas rührte. Ellen Michaels hatte eine Hand über den Mund gelegt und starrte ebenso wie alle anderen auf den Bildschirm.

Zwölf nach. Da passierte nichts mehr. Tapfer und geduldig stand Trishas Vater da und wartete. Mrs. Michaels hingegen gingen allmählich die Nerven durch. Sie setzte sich wortlos aufs Sofa, und erst als Andrea sich zu ihr umdrehte, sah sie, dass die Mutter stumm weinte. Sie konnte es ihr nachfühlen.

Die Ungewissheit war quälend. Andrea wusste nicht, ob sie hoffen durfte oder ob das der richtige Moment war, der grausamen Wahrheit ins Auge zu blicken. Trisha konnte tot sein. Vielleicht war das ein abgekartetes Spiel, und die Entführer kannten Trishas Vater doch persönlich. Vielleicht war das ein Racheakt.

Viertel nach zwölf. Barley begann zu telefonieren und fragte die in der Nähe postierten Zivilbeamten, ob ihnen etwas aufgefallen war – nichts. Während Mrs. Michaels laut zu schluchzen begann und Gordon sich zu ihr setzte, stand Mr. Michaels immer noch in Covent Garden, starrte auf sein Handy und wartete. Hoffte.

»Das muss nichts heißen«, sagte Gordon zu Trishas Mutter.

»Es wäre nicht das erste Mal, dass eine erste Geldübergabe scheitert. Das heißt nicht, dass es Trisha nicht gut geht, glauben Sie mir.«

Netter Versuch, dachte Andrea stumm. Barley sprach mit Trishas Vater. Als um kurz vor halb eins immer noch nichts passiert war, beschlossen sie gemeinsam, dass Richard Michaels mit dem Geld in die Villa zurückkehren sollte. Andrea blickte zum Telefon, als wolle sie es hypnotisieren, aber es rief niemand an.

»Was ist hier los?«, fragte sie Joshua mit gesenkter Stimme.

»Wenn ich das wüsste.« Schulterzuckend erwiderte er ihren Blick. Bislang hatte sie ihn noch nie so ratlos erlebt. Und das wollte etwas heißen, denn sie kannte Joshua als jemanden, der auf alles eine Antwort hatte.

»Denkst du, es ist etwas schiefgegangen?«, fragte sie.

»Ja, das denke ich«, gab er zu. »Wer entführt ein Mädchen und verlangt sechs Millionen Pfund, um die dann nicht zu holen, wenn sie bereitstehen?«

»Aber gestern Morgen hat Trisha noch gelebt. Sie haben noch das Video mit ihr gedreht. Also ist ihr zumindest bei der Entführung selbst nichts passiert.«

»Das stimmt. Wer weiß, was sich danach ereignet hat.«

Das konnte alles Mögliche sein. Und wenn sich die Entführer nicht bald wieder meldeten ... dann konnte das eigentlich nur eins bedeuten.

Trishas Mutter war das klar, denn sie war bereits jetzt nervlich am Ende. Das wurde auch nicht viel besser, als kurz darauf ihr Mann eintraf. Er stellte die Tasche mit dem Geld achtlos neben die Tür und ging zu seiner Frau. Wortlos setzte er sich zu ihr und umarmte sie, dann vergaßen beide den Rest der Welt. Man sah ihn nicht weinen, die Frau jedoch hörte man deutlich.

Barley wirkte rat- und hilflos zugleich. Mit Joshua und Andrea im Schlepptau machte er sich auf den Weg in die Eingangshalle, so dass sie vom Wohnzimmer aus niemand mehr hören konnte.

»Haben Sie irgendeinen tollen Profiler-Rat?«, fragte er und raufte sich die Haare.

»Nein«, sagte Joshua. »Tut mir leid.«

»Haben wir etwas falsch gemacht? Was ist da passiert? Denken Sie, die rufen wieder an?«

Während Joshua immer noch keine Antwort wusste und mit den Schultern zuckte, sagte Andrea vorsichtig: »Ich wüsste nicht, was wir falsch gemacht hätten. Ich glaube auch nicht, dass wir der Grund dafür sind. Der Grund wird bei den Entführern selbst liegen. Wenn sie nochmal anrufen, ist es okay. Aber wenn nicht …«

Barley nickte, bevor sie den Satz überhaupt zu Ende gebracht hatte. »Ja, schon klar. Dann ist Trisha wahrscheinlich tot.«

»Davon ist auszugehen«, sagte Joshua. »Sonst hätten sie Trisha vorhin problemlos ans Telefon lassen können.«

»Aber warum rufen sie überhaupt noch an, wenn sie tot ist?«, fragte Barley.

»Um uns zu täuschen. Sich einen Vorsprung zu verschaffen. Am besten achten wir jetzt auf jede Meldung über einen Leichenfund. Wenn ein junges blondes Mädchen tot aufgefunden wird, dann wissen wir, was passiert ist.«

»Scheiße!«, fluchte Barley. »Verdammt, wie konnte das passieren?«

30. August, 11:15 Uhr

Trisha hatte kaum geschlafen. Jedes Mal, wenn sie sich drehen wollte, war sie aufgewacht. Ihre Hände waren immer wieder eingeschlafen, fühlten sich nun taub an und kribbelten. Es tat weh. Manchmal war sie auch aufgewacht, weil sie fast keine Luft mehr bekommen hatte. Dann hatte sie verzweifelt versucht, irgendwie das Klebeband von ihrem Mund zu lösen, sich verrenkt und bemüht, es mit der Hand zu erreichen oder anderweitig abzustreifen.

Aber es war ihr nicht gelungen. Der Gemeine wollte sie damit nur schikanieren, so viel war klar.

So kam es, dass sie bereits wach war, als der Nette mit einem Sandwich zum Frühstück den Raum betrat und ihr wie üblich ein paar Minuten abseits des Bettes zugestand, in denen sie herumlief und essen durfte. Ihre Lebensgeister erwachten. In dem Keller war es unangenehm kalt.

Aber jetzt lag sie wieder da, gefesselt und geknebelt und mit brennenden Augen. Diesmal nur aufgrund von Müdigkeit, nicht weil sie geweint hatte. Sie konnte ja nicht immer weinen. Damit machte sie sich nur das Atmen schwer und erreichte nichts.

Plötzlich flog die Tür auf. Sie wandte matt den Kopf und erkannte die Umrisse eines der Männer. Erst, als er zu ihr kam, stutzte sie. Zwar trug er dieselbe schwarze Kleidung wie am Vortag – aber er hatte seine Maske nicht übergezogen. Vor sich sah sie das Gesicht eines jungen Mannes, vielleicht ein paar Jahre älter als sie. Blond, ein Gesicht mit überraschend weichen Zügen, schmalen Lippen, blauen Augen. Geschäftig kam er zu ihr, beugte sich über sie und löste das erste Paar Handschellen, während Trisha ihn unentwegt geschockt anstarrte.

Zuerst fiel es ihm gar nicht auf. Er machte sich nur an den Handschellen zu schaffen. Aber als er merkte, wie sie ihn ansah, stierte er genauso durchdringend zurück.

Es dauerte einen Moment, bis er begriff, warum sie das tat.

»Scheiße.« Er ließ den Schlüssel fallen und tastete mit beiden Händen über sein unmaskiertes Gesicht. Entsetzt erwiderte er Trishas Blick. Sie versuchte irgendwie, sich verständlich zu machen, gab erstickte Laute von sich.

»Scheiße, verdammt«, wiederholte er und machte zwei Schritte zur Tür, dann wieder zurück zu Trisha. Kopflos lief er umher und wusste nicht, was er tun sollte. Trisha versuchte verzweifelt, ihm begreiflich zu machen, dass er ihr das Klebeband abnehmen solle. Sie wollte ihm sagen, dass sie ihn nicht verriet. Er sollte gehen, seine Maske anziehen und es vergessen.

Aber zu spät.

Der Gemeine betrat den Raum.

Wortlos blickten die beiden Männer einander an. Der Gemeine trug natürlich eine Maske. Er stand reglos da.

»Fuck, ist dir klar, was du da gerade versaut hast?«, sagte er gefährlich leise.

»Ja, Mann. Ich hab nicht dran gedacht, verdammt nochmal …«

»Ja, verdammt nochmal«, äffte der Gemeine ihn nach. »Das ist verdammter Bullshit, Mann, die Kleine kann dich jetzt beschreiben!«

»Was ist denn hier los?« Der Nette war in der Tür erschienen.

»Das ist los!«, brüllte der Gemeine und zeigte auf den unmaskierten Mann.

»Oh nein. Das ist nicht gut.«

»Nein, das ist alles andere als gut!«, tobte der Gemeine weiter. Trisha legte den Kopf in den Nacken und blickte auf die Handschellen, an denen der Blonde sich zu schaffen gemacht hatte. Sie waren immer noch da. Sie konnte nichts tun.

»Jetzt haben wir ein Problem.« Der Gemeine hatte sich vordergründig beruhigt. »Ein echtes Problem, ist euch das klar? Sie hat einen von uns gesehen.«

»Mhmm!«, machte Trisha hilflos, während sie an ihren Handschellen zerrte. Alle drei sahen sie kurz an, doch es rührte sich keiner.

»Was sollen wir denn jetzt tun?«, fragte der Blonde.

»Ja, das ist eine verdammt gute Frage. Die hält niemals dicht.«

Trisha zappelte und versuchte, irgendwelche Laute von sich zu geben. Doch, natürlich würde sie dichthalten. Sie wollte einfach nur nicht sterben.

»Was soll das heißen?«, fragte der Nette. »Was willst du tun – sie umbringen? Das ist Wahnsinn! Das kannst du nicht!«

»Klar kann ich! Schon den Fahrer vergessen?«

Tränen schossen Trisha in die Augen. Da war die Todesangst wieder. Ihre Kehle schnürte sich zu, ihr Magen verkrampfte sich. Der Schlüssel der Handschellen lag neben ihrem Ellenbogen, für sie unerreichbar weit weg. Sie hatte keine Knochen aus Gummi.

»Die lochen uns ein, wenn die Kleine singt. Das ist viel zu gefährlich«, sagte der Gemeine.

»Aber was ist mit dem Geld?«, fragte der Blonde.

»Das sagst ausgerechnet du. Du hast doch alles versaut! Aber wir könnten sie erschießen und trotzdem das Geld holen.«

Nein!, wollte Trisha rufen, aber die Männer vernahmen nur einen erstickten Schrei. Sie schloss die Augen, zerrte wie wild an den Handschellen, kämpfte mit dem Klebeband auf ihrem Mund. Sie musste mit den Männern sprechen. Sofort. Bevor sie sich entschieden, sie zu töten. Und das würden sie. Trishas Herz raste, ihr war furchtbar heiß.

»Wir können sie nicht erschießen. Sie wird nicht singen«, sagte der Nette. Trishas Wangen waren tränenüberströmt. Keuchend starrte sie auf den Schlüssel, den sie nicht erreichen konnte.

»Ich riskiere doch nicht alles für eine verwöhnte Göre!«, brüllte der Gemeine. Als er eine Waffe zog, quiekte Trisha in heller Panik. Sie wich so weit an die Wand zurück, wie sie konnte, aber es waren nur ein paar Zentimeter. Hilflos lag sie da, konnte nicht einmal sprechen. Sie wimmerte und schluchzte in Todesangst und zog verzweifelt an den Handschellen. Schmerzhaft schnitten sie ihr ins Fleisch, aber sie spürte es kaum.

Sie dachte nur daran, dass sie nicht sterben wollte.

»Also, wer ist dafür?«, fragte der Gemeine und richtete die Waffe auf Trisha.

»Ich«, sagte der Blonde. »An das Geld kommen wir ja trotzdem.«

Mit geweiteten Augen blickte Trisha zu den Männern und schrie erstickt. Der Gemeine entsicherte seine Waffe.

30. August, 14:40 Uhr

»Wir sollten an die Presse gehen«, schlug Joshua ins allgemeine Schweigen hinein vor. Ellen Michaels blickte mit rotgeweinten Augen auf. Ihr Mann hielt eine ihrer Hände fest, ebenfalls sichtlich verunsichert.

»Vielleicht stiften wir die Entführer zu einer Reaktion an, wenn wir es publik machen. Verlieren können wir jetzt eigentlich nichts mehr. Wir könnten Hinweise erhalten und provozieren hoffentlich eine Reaktion. Vielleicht lassen die Entführer Trisha frei.« Joshua vermied es absichtlich, von der Möglichkeit zu sprechen, dass Trisha tot war.

»Hat jemand Einwände?«, fragte Barley. Niemand hatte welche, doch Ellen und Richard Michaels sahen sich in diesem Moment noch nicht in der Lage, vor eine Kamera zu treten. Joshua, Gordon und Andrea versuchten gemeinsam, ihnen Ratschläge zu geben, und Barley veranlasste alles Nötige für eine Pressekonferenz.

Die Statistik sprach für sich. So, wie sich bislang alles entwickelt hatte, bestand keine große Hoffnung, Trisha noch lebend zu finden. Irgendetwas war schiefgelaufen. Vielleicht hatte Trisha zu fliehen versucht und war getötet worden. Vielleicht hatten die Entführer aus Angst vor Entdeckung einen Rückzieher gemacht. Vielleicht hatten sie eine Zeugin beseitigt.

Alles war denkbar. Andrea fühlte sich so unnütz und hilflos angesichts der verzweifelten Eltern. Eigentlich war sie dort, um ihnen zu erklären, was geschehen war. Um ihnen zu helfen. Aber ihnen konnte niemand helfen. Gordon tat sein Möglichstes, und Andrea war froh, dass er vor Ort war. Seine ruhige, besonnene Art war genau das, was die Eltern in diesem Moment brauchten – beide. Es gelang ihm auch diesmal, zu verhindern, dass die Eltern die Nerven verloren. Sie sahen sich schließlich dazu in der Lage, zur Polizei zu fahren, wo die Pressekonferenz stattfinden sollte. Dort würden sie vor die Kameras treten und die Entführer um eine Kontaktaufnahme bitten.

Mehr konnten sie, so schlimm das auch war, nicht tun. Hilflosigkeit war ein scheußliches Gefühl, das musste niemand Andrea erklären. Unablässig bemühte sie sich, nicht an Trisha zu denken – an das, was ihr vielleicht zugestoßen war. Sie stellte sich immer den finsteren Keller vor, das hilflose Mädchen. Es durfte einfach nicht zu spät sein.

Die Ermittler versuchten, nicht den Teufel an die Wand zu malen, als sie sich schließlich in einem Tross von Wagen auf den Weg zur Polizeistation machten. Einzig der Techniker blieb zurück, damit bei einem eventuellen Anruf jemand da war.

Aber niemand rechnete ernsthaft mit diesem Anruf.

Noch hatte die spätnachmittägliche Rushhour nicht eingesetzt, so dass sie problemlos das Polizeirevier erreichten. In der Stadt ging das Leben wie gewohnt weiter, Männer in Anzügen und mit Aktentaschen in der Hand waren unterwegs, Touristengruppen, normale Leute, die hier lebten. Die Sonne schien ihnen warm ins Gesicht.

Mehrere Übertragungswagen vom Fernsehen, BBC und andere Sender, standen bereits vor der Polizeistation. Sie brachten den Weg ins Innere des Gebäudes jedoch unbehelligt hinter sich.

Barley hatte ganze Arbeit geleistet; zahllose Reporter waren anwesend. Sie hatten auf den für sie aufgestellten Stühlen in dem nüchtern grauen Raum Platz genommen. Gemurmel wurde laut, als die ersten Journalisten das Ehepaar Michaels erkannten. Mit Blick auf die Uhr stellte Barley fest, dass es noch nicht an der Zeit war anzufangen. Geduldig wartete er darauf, dass der vereinbarte Zeitpunkt näher rückte, denn es trafen noch weitere Reporter ein. Die Stimmung war zivilisert, alle hielten sich mit ihrer Neugier zurück. Das hatte Andrea in der Vergangenheit schon anders erlebt.

Schließlich ging es los. Barley trat ans Mikrofon. »Ich freue mich, dass Sie es alle so kurzfristig hierhergeschafft haben. Wir haben eine Mitteilung zu machen, die keinen Aufschub mehr duldet. Gestern Morgen hat sich ein Vorfall ereignet, über den wir die Öffentlichkeit nun informieren wollen. Auf ihrem Schulweg ist die siebzehnjährige Bankierstochter Trisha Michaels entführt worden.«

Barley machte eine Pause, als ein aufgeregtes Raunen durch den Raum ging.

»Der Fahrer der Familie, Edmund Keeley, hat das Mädchen wie jeden Morgen zur Schule gebracht. Bei einem absichtlichen Überfall wurde der Wagen ausgebremst, und eine Gruppe von zwei oder mehr Tätern hat Keeley und das Mädchen mit Waffengewalt unter ihre Kontrolle gebracht. Trisha wurde entführt, der Fahrer erschossen. Den Grund kennen wir noch nicht. Gestern Mittag erhielten wir eine Videobotschaft der Entführer, aus der hervorging, dass Trisha wohlauf war.«

Trishas Eltern gaben sich gefasst, während der Inspector souverän vor den Journalisten sprach.

»Heute Morgen wurden wir telefonisch kontaktiert, und es wurde eine Geldübergabe für die Mittagszeit anberaumt. Trishas Vater befand sich zur verabredeten Zeit am vereinbarten Ort, doch die Entführer haben keinen Kontakt zu ihm oder uns aufgenommen.« Er machte eine kurze Pause und drehte sich zu den Eltern. Sie tauschten die Plätze, und Richard Michaels versuchte, ebenso souverän in die Kameras zu blicken wie der Inspector.

»Mein Name ist Richard Michaels, das ist meine Frau Ellen«, begann er. »Wie Sie gerade gehört haben, wurde gestern unsere Tochter Trisha entführt.« Er hielt ein großes Foto des blonden Mädchens hoch. »Das verlangte Geld wurde bereitgestellt. Ich wollte es den Männern übergeben, die meine Tochter in ihrer Gewalt haben. Bitte hören Sie, wir wollen nur unsere Tochter zurück! Sie ist doch fast noch ein Kind. Sollten wir etwas zu Ihrem Missfallen getan haben, tut es uns leid. Aber bitte lassen Sie das nicht an Trisha aus. Bitte nehmen Sie wieder Kontakt mit uns auf!«

Nun trat Ellen Michaels vor. »Trisha ist unser Ein und Alles. Wir machen uns solche Sorgen um sie. Bitte lassen Sie unsere Tochter frei. Wir gehen auf jede Ihrer Forderungen ein. Nur bitte tun Sie Trisha nichts. Rufen Sie uns wieder an! Wir würden alles dafür tun, Trisha wohlbehalten zurückzubekommen. Bitte glauben Sie uns.«

Das klang gefasster, als Andrea erwartet hatte. Die Eltern machten ihre Sache sehr gut. Barley trat wieder vor, um die Fragen der Journalisten zu beantworten.

»Wieso wenden Sie sich erst jetzt an die Medien?«, fragte der erste Reporter.

Barley versuchte, seinen Ärger über die Frage zu verbergen.

»Bislang hatten wir noch keine Veranlassung, die Medien zu informieren.«

»Um welche Lösegeldsumme geht es?«, fragte ein anderer Journalist mit hochgehaltenem Diktiergerät.

»Sechs Millionen Pfund. Richard Michaels stellt die Summe aus eigenen Mitteln bereit. Sie steht immer noch für die Entführer seiner Tochter zur Verfügung. Nächste Frage!«

»Haben Sie bereits einen Verdacht, um wen es sich bei den Entführern handelt?«, wollte eine junge Frau wissen.

»Dazu kann ich nichts sagen, ohne die Ermittlungen zu gefährden«, wich Barley diplomatisch aus.

»Denken Sie, dass Trisha noch lebt?«, setzte sie nach.

»Davon gehe ich so lange aus, bis das Gegenteil bewiesen ist«, sagte Barley unbeeindruckt.

Er schlug sich wacker. Trotzdem waren alle erleichtert, als es vorbei war, auch wenn sie durch die Pressekonferenz neuen Mut geschöpft hatten. Die Entführer würden davon erfahren, und dann standen die Chancen gut, dass sie sich meldeten – vorausgesetzt, es hinderte sie nichts daran.

Aber daran wollte Andrea nicht denken. Nicht, solange sie keinen Beweis dafür hatten, und das sahen die anderen genauso.

Durch die Nachrichtensendungen würde das ganze Land von Trishas Entführung erfahren. Sie alle hofften, danach nützliche Hinweise zu erhalten. Vielleicht wurde den Entführern das Pflaster zu heiß.

»Wir werden Ihnen auch morgen noch zur Seite stehen«, sagte Joshua, als sie mit Trishas Eltern zum Ausgang gingen.

»Das ist sehr nett«, erwiderte Richard Michaels. »Das sagt mir, dass Sie unsere Tochter noch nicht aufgegeben haben.«

»Nein!«, protestierte Joshua vehement. »Der Fall ist nicht abgeschlossen. Sie dürfen die Hoffnung nicht aufgeben.«

»Wenn Sie das sagen«, sagte Ellen Michaels.

Joshua nickte und gab sich betont zuversichtlich. Daran änderte sich auch zunächst nichts, als das Ehepaar abgefahren war. Doch für die Profiler war Feierabend – so lange, bis sich möglicherweise jemand meldete und sie gebraucht wurden.

Die Hände in den Hosentaschen vergraben, stand Joshua mit Andrea vor dem Eingang des Polizeigebäudes und blickte dem Wagen nach. »Ich kann gut lügen, was?«

Verdutzt sah sie ihn an. »Wie meinst du das?«

»Dass die Eltern die Hoffnung nicht aufgeben dürfen. Da habe ich ihnen vorhin dreist ins Gesicht gelogen.«

»Meinst du?«

Er nickte. »Machen wir uns nichts vor. Es kann nur einen plausiblen Grund dafür geben, warum die nicht mehr angerufen haben. Die verarschen uns. Trisha war schon heute Morgen tot, als sie sich gemeldet haben.«

»Das wissen wir doch gar nicht.«

»Im Gegensatz zu den Eltern will ich mir keine Hoffnung machen. Dass Trisha unversehrt nach Hause zurückkehrt, ist mehr als unwahrscheinlich geworden.«

Diese Sichtweise deprimierte Andrea, denn Joshua würde es wissen. Er besaß mehr Erfahrung.

Gemeinsam machten sie sich auf den Weg zur U-Bahn, um nach Hause zu fahren. Für sie war der Arbeitstag gelaufen. Sie hatten bisher überhaupt nichts Sinnvolles zu dem Fall beitragen können. Aber das gehörte wohl auch zum Job, dachte Andrea nüchtern.

»Dabei sind Entführungsfälle eigentlich eine gute Sache für uns Profiler«, sagte Joshua ins Schweigen hinein.

Andrea grinste überrascht. »Wie meinst du das?«

»Die Regeln sind meist klar, es gibt nicht so viele Variablen. Man hat einen Täter mit einem klaren Motiv, das Opfer ist bekannt – und das Wichtigste: Wir stoßen nicht erst dazu, wenn schon alles gelaufen und das Opfer tot ist. Häufig gelingt es, das Entführungsopfer lebend zu finden. Die Aufklärungsquote ist hoch, der Täter wird fast immer gefasst. Zur Festnahme kommt es meist bei der Geldübergabe. Aber die hatten wir ja nicht.«

»Nein, das stimmt«, sagte Andrea. Sie unterbrachen das Gespräch für einen Moment, als die U-Bahn einfuhr und sie in einen Wagen einstiegen.

»Das alles gilt natürlich in der Hauptsache für Entführungsfälle, in denen Geld das maßgebliche Motiv ist«, fuhr Joshua fort. »Damals in Norwich hattet ihr keine Chance, weil der Täter die Frauen mit dem festen Vorsatz entführt hat, sie zu töten.«

Andrea wunderte sich darüber, dass er den Campus Rapist ihr gegenüber nicht beim Namen nannte, sagte aber nichts dazu. »Trotzdem frage ich mich immer noch, ob wir ihn nicht hätten finden können, wenn ihr bei den Ermittlungen geholfen hättet.«

Joshua schüttelte den Kopf. »Nein. Wir hätten keine andere Arbeit leisten können als du. Die Datenlage war bescheiden.« Er beugte sich vor und knetete seine Finger, suchte jedoch Andreas Blick. »Ich habe dir das noch nie gesagt, aber in der Hauptsache hast du es dir selbst zu verdanken, dass du noch lebst. Du hast zwei Dinge richtig gemacht: Du hast deinen Mann gerettet, der die zielführende Personenbeschreibung abgeben konnte. Er hat den Täter gesehen. Und du hast dem Täter in der Zwischenzeit die Stirn geboten, so dass er beschlossen hat, dich nicht umzubringen.«

Andrea schluckte hart und beobachtete die anderen Fahrgäste aus dem Augenwinkel, doch niemand achtete auf sie.

»Das ist einfach passiert«, sagte sie. »Ich wollte natürlich nicht, dass er Greg umbringt … und er hätte es getan, das wusste ich. Aber ich wusste auch, dass nur Greg mir helfen konnte. Und was mich und Jonathan Harold angeht … das ist auch einfach passiert. Ich hatte sein komplettes Psychogramm im Kopf, und ich wusste, ich musste ihn manipulieren, wenn ich mir irgendwelche Hoffnungen machen wollte. Bewusst geplant habe ich das aber nicht.«

»Nein, natürlich nicht. Aber damit hast du dich gerettet. Ich vermute, dass er sich für dich ursprünglich etwas Extremeres überlegt hat als für die anderen Mädchen. Und dann hast du ihn so sehr beeinflusst, dass er dich schließlich gar nicht mehr umbringen wollte.«

»Das war nur Instinkt«, wandte Andrea ein, während sie das unangenehme Kribbeln auf der Haut zu ignorieren versuchte.

»Sicher, aber aus diesem Grund bist du doch heute hier. Das brauchen wir im Team.« Er lächelte und stand auf, denn sie hatten die Station erreicht, an der er umsteigen musste. Andrea wusste gar nicht, was sie erwidern sollte, und winkte ihm nur zum Abschied. Gedankenversunken blickte sie ihm hinterher.

Er hatte sich noch nie so geäußert. Weder über Jonathan Harold noch über sie selbst. Sie hatte sich immer gefragt, warum er sie so stark förderte, obwohl sie eine so schwierige Vorgeschichte mitbrachte. Allmählich verstand sie, dass das der eigentliche Grund war. Er hatte sie nicht trotz ihrer Vergangenheit gewollt, sondern gerade deshalb.

***

Es dauerte nicht mehr lange, bis sie Fulham erreicht hatte. Andrea wartete an der Tür darauf, aussteigen zu können. Nervös trat sie von einem Fuß auf den anderen, denn sie musste dringend auf die Toilette. Sie hätte die Gelegenheit bei der Polizei nutzen sollen, doch jetzt war es zu spät.

Mit hastigen Schritten lief sie nach Hause. Dort angekommen, legte sie nur ihren Schlüssel beiseite, zog nicht einmal die Schuhe aus und lief ins Bad.

Endlich ließ der Druck auf der Blase nach. In Gedanken war sie immer noch bei Joshua und dem, was er gesagt hatte. Seufzend rieb sie sich über die Stirn und ließ den Blick schweifen. Er fiel auf den Pillenstreifen, der auf der Kommode neben dem Waschbecken lag. Plötzlich stutzte sie. Eigentlich hätte er nur noch zwei Pillen enthalten dürfen – es waren aber vier.

Unsicher griff sie nach dem Streifen und drehte ihn um. Auf der Rückseite waren die Wochentage aufgedruckt. Darauf achtete sie sonst nie, sie nahm einfach die nächste Pille.

Was sie sah, bestätigte ihren ersten Gedanken. Es waren tatsächlich zwei Pillen zu viel. Es war Donnerstag, doch die Pillen für Mittwoch und Dienstag waren noch da.

Alarmiert schloss Andrea die Augen und überlegte angestrengt. In den letzten Tagen war nichts Außergewöhnliches passiert. Noch am Vorabend hatte sie die Pille genommen, das wusste sie sicher.

Der erste Tag, der sie stutzen ließ, war der Abend vor über einer Woche, an dem sie mit Gregory ins Kino gegangen war. Plötzlich wurde ihr heiß. Vielleicht hatte sie nach ihrer Rückkehr doch die Pille vergessen. Sie war schrecklich müde gewesen, hatte sich zwar die Zähne geputzt, aber …

Sie hatte die Pille nicht geschluckt.

Andrea fuhr sich über die Stirn, während sie sich bemühte, das Hämmern ihres Herzens zu ignorieren. In ihrem Bauch ballte sich ein merkwürdiges Gefühl der Unsicherheit zusammen.

Da war noch ein Abend in derselben Woche, der anders als sonst verlaufen war. Greg hatte für sie beide gekocht, danach hatte er sie nach allen Regeln der Kunst verführt. Andrea musste nur daran denken, und schon verdrängte ein warmes Kribbeln kurz das Gefühl des Unbehagens in ihrem Bauch. Wenn sie sich seine Lippen auf ihrer Haut vorstellte …

Später war sie einfach eingeschlafen, ohne an die Pille zu denken.

Das alles war mitten im Zyklus passiert. Hektisch suchte sie die Packung und las im Beipackzettel nach – in der illusorischen Hoffnung, dass das nichts zu bedeuten hatte. Sie war fassungslos und wütend auf sich selbst.

Erwartungsgemäß gab der Beipackzettel keine Entwarnung. Im Gegenteil – wenn davon auszugehen war, dass eine Schwangerschaft vorlag, musste sie die Pille absetzen.

Sie würde ja sehen, was dann geschah. Wenn sie in einigen Tagen ihre Regel bekam, hatte sie Glück gehabt.

Und wenn nicht …

Sie fuhr sich mit den Fingern durchs Haar und sank in sich zusammen. Nicht auch das noch. Nicht jetzt. Sie waren erst vor kurzem umgezogen, und sie hatte ihren ersten Job vor gerade mal sechs Wochen angetreten.

Nervös wackelte sie mit dem Fuß und überlegte, ob sie es Greg sagen sollte – und wie er reagieren würde. Ja, er wollte Kinder. Er liebte Kinder. Sie hatten darüber gesprochen - und es auf später verschoben.

Schnell räumte sie die Packung wieder weg, legte den Pillenstreifen an seinen Platz und beschloss, die letzten vier nicht mehr zu nehmen. Dann bekam sie bestimmt bald ihre Regel. Hoffentlich.

Sie entschied, das abzuwarten, bevor sie Greg etwas sagte. Niemandem war geholfen, wenn sie ihn auch noch in helle Aufregung versetzte.

An der Wohnungstür rappelte es ganz plötzlich, so dass sie zusammenzuckte. Ihr Puls schnellte für einen Augenblick in astronomische Höhen, doch als sie das Knirschen des Schlosses hörte, beruhigte sie sich wieder. Mit möglichst neutraler Miene verließ sie das Bad und setzte ein Lächeln auf, um Gregory zu begrüßen.

»Hallo, meine Hübsche«, sagte er, nachdem er die Tür hinter sich geschlossen hatte. »Und schon wieder bist du vor mir hier.«

»Noch nicht lang«, behauptete Andrea und versuchte, möglichst normal zu wirken.

»Vorhin wart ihr in den Nachrichten.« Gregory sagte es nicht ohne einen gewissen Stolz.

»Schon?«

»Es wurde kurz erwähnt, dass es eine Pressekonferenz gegeben hat, die sich um euren Entführungsfall drehte. Sie sagten, ihr hättet keine Spur von dem Mädchen oder ihren Entführern.«

»Nein«, sagte Andrea seufzend und erzählte, was vorgefallen war. »Joshua glaubt, sie sei tot.«

Gregory reagierte bestürzt. »Oh nein … das ist ja furchtbar.«

»Ich hoffe, er hat unrecht.«

»Was glaubst du denn?«

Andrea zuckte mit den Schultern. »Ich weiß es nicht. Der ganze Fall ist seltsam. Sie gehen anders vor, als man erwarten würde. Es ist durchaus möglich, dass das Hinhalten Teil ihrer Taktik ist. Aber so richtig glaube ich das auch nicht.«

»Also hätte Joshua recht.«

»Ich fürchte es fast. Es muss etwas passiert sein, das den ursprünglichen Plan der Entführer durchkreuzt hat. Ich kann mir beim besten Willen nicht vorstellen, dass der so ausgesehen hat.«

»Nein, das würde wenig Sinn ergeben. Und ihr kommt nicht weiter?«

Andrea schüttelte den Kopf. »Die Datenlage ist zu dünn. Wir haben keinerlei Anhaltspunkte.«

Sie sprachen nicht weiter, während sie gemeinsam das Abendessen zubereiteten. Andrea war im Kopf vollauf mit ihrer beunruhigenden Entdeckung beschäftigt. Falls sie wirklich schwanger war, würde sich auf einen Schlag alles ändern. Sie bekam es mit der Angst zu tun.

Im Radio wurde kurz darauf ein Mitschnitt der Pressekonferenz ausgestrahlt, den sie beide aufmerksam verfolgten. Dadurch gelang es Andrea, ihre Geistesabwesenheit zu verbergen. Erneut hörte sie das Ehepaar Michaels um Trishas Leben flehen.

»Irgendwie seltsam, zu wissen, dass du hautnah dabei bist«, sagte Gregory anschließend. »Das ist so … groß. Nicht, dass ich dir das nicht zutraue, aber sonst sieht man so etwas immer nur im Fernsehen. Und jetzt bist du ein Teil des Ganzen.«

»Ich finde das auch seltsam«, erwiderte Andrea. »Das sind so reiche Leute, die leben in einer ganz anderen Welt. Aber nicht einmal das hilft ihnen jetzt.«

Gregory sagte dazu nichts, warf seiner Frau nur einen mitfühlenden Blick zu.

Nach dem Essen setzte er sich vor den Computer, um Jack anzurufen. Für diesen Zweck hatten die beiden sich sogar Webcams zugelegt. Andrea holte sich etwas zu trinken, während Gregory bereits mit seinem Bruder sprach.

»Hey, Jack«, sagte Andrea, als sie sich hinter Gregory stellte. Auf dem Bildschirm war ein kleines Fenster zu sehen, das Jack vor seinem Rechner zeigte. Im Hintergrund erkannte Andrea eins seiner Poster. Jack wirkte müde. Sein blondes Haar stand an manchen Stellen wirr ab, der Kragen seines T-Shirts saß schief. Er war ein liebenswerter Chaot.

»Andrea«, sagte er. »Schön, dich zu sehen, auch wenn du meinen Bruder nach London entführt hast.«

»Du wirst es überleben«, sagte Greg trocken.

»Wenigstens kommt ihr regelmäßig her.«

Gregory tauschte einen gequälten Blick mit Andrea. Selbst wenn Jacks Eifersucht nur gespielt war, überraschte sie die beiden. Besonders Gregory war irritiert. Er verstand nicht, warum sein Bruder ihn so sehr vermisste. Zumal Jack so tat, als läge London am anderen Ende der Welt. Bestimmt fehlte ihm nur eine Zielscheibe für seinen Spott.

»Wie geht es Rachel?«, fragte Andrea.

»Sie ist noch arbeiten. Spätschicht. Aber es gibt da eine Sache, wegen der ich mir ehrlich gesagt Sorgen mache. Seit kurzem rennt ihr so ein Typ nach. Sie findet, ich übertreibe, aber ich halte ihn für einen Stalker«, erzählte Jack.

»Im Ernst?« Andrea war sofort voll bei der Sache.

»Absolut. Der Typ ist ein Patient, der gerade entlassen wurde. Er hat sie schon im Krankenhaus belästigt, wollte ihre Nummer und so was … dass es mich gibt, hat ihn nicht interessiert.«

»Super«, sagte Gregory sarkastisch. »Und jetzt?«

»Jetzt hole ich sie jeden Tag ab. Ich will, dass der Kerl meine Existenz zur Kenntnis nimmt. Er kennt ihren Dienstplan und wartet immer auf sie. Ich sage euch …« Jack brummte. »Andrea, hast du kein Patentrezept gegen Stalker? Du bist doch hier der Psycho-Experte.«

Sie spürte, wie die Röte ihr ins Gesicht stieg. »Wichtig ist, dass sie nicht auf ihn eingeht. Stalker wollen Beachtung finden. Sie darf ihm maximal noch ein letztes Mal deutlich sagen, dass er sie in Ruhe lassen soll, weil sie ansonsten zur Polizei geht. Und genau das muss sie dann auch tun.«

»Was, tatsächlich?«

Andrea nickte. »Der Stalker will Aufmerksamkeit. Er interpretiert ihre Reaktionen völlig falsch. Er denkt, sie will ihre Gefühle nur nicht zeigen. Deshalb ist es wichtig, von Anfang an sehr konsequent zu sein und seinen Ideen keinen Nährboden zu bieten. Die meisten Stalker hören auf, wenn sie merken, dass ihr Opfer Ernst macht und plötzlich die Polizei vor ihrer Haustür steht.« Und wenn das nicht reichte, war es umso wichtiger, die Polizei mit im Spiel zu haben, aber das sprach Andrea nicht laut aus.

»Also darf man ihm kein Futter bieten«, folgerte Jack.

»Ganz genau. Sprecht ruhig mit Christopher. Und wenn wir am Wochenende da sind, können wir das auch nochmal durchgehen.« Andrea war sich nämlich nicht sicher, ob das noch in seinen Aufgabenbereich fiel, denn ihr Freund Christopher war inzwischen Detective Sergeant McKenzie. Seit seinen Ermittlungen im Rapist-Fall war er nicht mehr nur einfacher Police Sergeant, sondern öfter an kriminalpolizeilichen Ermittlungen beteiligt – ganz offiziell.

»Das ist nett, danke«, sagte Jack. »Bin froh, dass ihr vorbeikommt.«

»Klar«, erwiderte Andrea. »Ich gehe dann mal duschen.«

Gregory nickte und sprach allein weiter mit Jack. Bei Männergesprächen wollte Andrea nicht stören. Die Brüder hatten ein wenig Privatsphäre verdient, solange sie nicht über die Frauen lästerten. Mit Rachel führte Jack seine bisher längste Beziehung. Als Krankenschwester war sie genau die richtige Frau für ihn, denn sie ließ ihm zwangsläufig viele Freiheiten. Nur das war wohl der Grund dafür, dass die Beziehung überhaupt so lange bestand. Andrea hätte das nicht genügt, aber die beiden kamen hervorragend zurecht. Rachel war ihr sehr sympathisch.

Andrea wollte duschen gehen, um den Kopf freizubekommen. Das hatte sie in dem Moment nötig, denn sie ärgerte sich noch immer über ihre eigene Dummheit. Die Pille vergessen … das war ihr noch nie passiert.

Als sie sich ausgezogen hatte und vor der Dusche stand,

legte sie eine Hand auf ihren Bauch und lauschte für einen kurzen Moment in sich hinein. Natürlich war das idiotisch, ihr Innerstes sprach nicht zu ihr und würde ihr auch nicht verraten, ob etwas passiert war. Aber genau das hätte sie jetzt gebraucht.

Wie hatte das nur geschehen können? Sie verstand sich selbst nicht mehr. Der Umzug? Die Arbeit? Das war doch alles Unsinn!

Seufzend betrat sie die Dusche. Das entspannte sie immer. Warmes Wasser, angenehm duftendes Duschgel … Ihre Laune stieg schlagartig. Sie rief sich zur Ordnung und beschloss, den Gedanken an die vergessenen Pillen wegzuschieben. Wahrscheinlich war gar nichts passiert, und sie kam mit einem blauen Auge davon. Was sein würde, wenn dem nicht so war, wollte sie sich lieber nicht vorstellen.

Als sie kurz darauf das Bad verließ, fand sie Greg vor dem Fernseher wieder.

»Schon zu Ende?«, fragte sie überrascht.

Er drehte sich zu ihr um. Seine unwirsche Miene entging ihr nicht. »Ja, wir waren ziemlich schnell fertig vorhin.«

»Was ist denn los?« Andrea setzte sich neben ihn.

Er machte eine wegwerfende Handbewegung, doch sie beschloss, nicht lockerzulassen. Etwas war ihm auf die Stimmung geschlagen.

»Wir hatten da mal ein Gespräch, Jack und ich«, begann er schließlich. »Letztes Jahr. Es war kurz nach dem Heiratsantrag. Er fragte mich, ob ich mir da wirklich sicher sei … ob ich jemanden heiraten wolle, der so schlimme Dinge erlebt hat. Ob ich dächte, dass wir eine glückliche Beziehung führen könnten. Weißt du, er hat wirklich nichts gegen dich.

Wahrscheinlich hatte er nur Angst, dass wir schon bald vor der ersten Ehekrise stehen.«

»Bitte was?«, fragte Andrea entgeistert.

»Ich war damals schon ziemlich sauer auf ihn. Und jetzt … Es passt ihm nicht, dass wir hier in London sind. Er versteht nicht, warum dein Beruf dir so wichtig ist und dass du ihn nur hier ausüben kannst. Er glaubt … er hat Angst, dass es schiefgeht wie damals mit Livia und ich dann deinetwegen nach London gezogen bin und vor dem Nichts stehe. Dabei weiß ich, dass es anders ist. Klar, wir hätten nicht gleich heiraten müssen, aber ich habe dir absichtlich zwei Wochen später den Antrag gemacht. Ich bin nicht feige. Ich kneife nicht. Als würde ich dich damit allein lassen!«

»Das weiß ich doch«, sagte sie.

»Manchmal ist Jack ein echter Idiot.« Greg fuhr sich über die Stirn und seufzte. Es sah so aus, als wolle er etwas sagen, aber dann tat er es doch nicht.

»Was denn?«, hakte Andrea nach.

»Nichts.«

»Sag schon.«

»Ach … er meinte damals schon, du seist … ein Freak.«

Ein Freak also. Das saß.

»Wie hat er das gemeint?«, fragte sie zögernd.

»Ich weiß es nicht. Sei ihm nicht böse – es reicht, wenn ich das bin. Aber du sollst wissen, dass ich immer für dich da bin.«

»Danke.« Sie gab ihm einen Kuss und schmiegte sich zufrieden an ihn. »Das rechne ich dir hoch an, Greg. Du hast schon so viel für mich getan.«

»Das hast du auch verdient.« Was er damit meinte, erläuterte er nicht näher.

Ziemlich zeitig kamen sie überein, ins Bett zu gehen. Wie in Zeitlupe putzte Andrea sich müde die Zähne, als Greg sie in den Nacken küsste und das Bad in Richtung Schlafzimmer verließ. Verträumt blickte sie ins Leere, wurde jedoch unruhig, als sie kurz darauf das Licht löschte. Nur aus dem Schlafzimmer schimmerte noch ein dämmriger Lichtschein in ihre Richtung. Alles war still.

Andrea schluckte. Für einen Moment stand sie wie angewurzelt da und lauschte in die Stille, dann riss sie sich zusammen.

Die Erinnerung kam jedes Mal so plötzlich. In der dunklen und stillen Wohnung wurde sie furchtbar nervös. Sie glaubte immer, Jonathan Harold zu hören, wie er herumschlich und ihr näher kam.

Hastig kroch sie zu Gregory ins Bett. Dabei versuchte sie, sich ihre Unruhe nicht anmerken zu lassen. Es war albern genug, dass immer ein Licht eingeschaltet bleiben musste – wie bei kleinen Kindern. Andrea wollte nicht im Dunkeln schlafen, konnte es gar nicht. Eine Zeit lang hatte sie es versucht, aber wenn sie aus einem Alptraum hochgeschreckt war und nichts gesehen hatte, war sie in Panik geraten. Gregory kannte den Grund dafür, deshalb störte ihn das Licht nicht.

Bei einem ihrer Gespräche hatte Gordon ihr erzählt, dass es fast drei Stunden gewesen waren, in denen Jonathan Harold sie nach ihrer Panikattacke allein gelassen hatte – gefesselt, blind und hilflos. Das hatte ihm die Aufzeichnung verraten, die Jonathan Harold angefertigt hatte.

»Gute Nacht, Liebes«, riss Gregory Andrea aus ihren Gedanken und küsste sie zärtlich. Er hatte nichts gemerkt.

»Gute Nacht.« Sie schmiegte sich an ihn. Als er den Arm

um sie legte, fiel ihr Blick auf die lange schmale Narbe auf seinem Unterarm. Ganz im Gegensatz zu ihr hatte Greg sichtbare Narben von Jonathan Harold zurückbehalten. Der Anblick stimmte sie traurig. Dabei hatten nicht einmal seine Verletzungen ihn davon abgehalten, nach ihr zu suchen.

Ihre Hand klammerte sich fester um Gregorys. Sie spürte ihn in ihrem Rücken, schützend und liebevoll. Ihr Atem ging jedoch stoßweise, und ihr Herz raste.

Greg bewegte seine Finger. Sie lockerte ihren Griff, wollte sich nicht verraten. Doch es war zu spät.

»Alles in Ordnung?«, fragte er. Ihre Unruhe blieb ihm nie lang verborgen.

»Alles gut«, behauptete sie.

»Du sagst es mir doch, wenn etwas nicht stimmt?«

Andrea drehte sich um. »Was soll denn nicht stimmen?«

Sie kam sich albern vor. Doch sie wollte nicht, dass Greg es wusste, weil er sich nur schuldig gefühlt hätte.

»Ich meine nur«, sagte er. »Manchmal denke ich auch daran, ohne es zu wollen.«

»Oh.« Andrea wusste nicht, was sie sagen sollte. Das durfte doch nicht wahr sein.

»Was soll's. Gute Nacht«, murmelte er.

Sie lächelte angestrengt und drehte sich wieder um. Nicht auch noch er …

Bald war er eingeschlafen, aber sie lag immer noch wach und starrte im Schein der kleinen Lampe an die Decke.

30. August, 11:19 Uhr

Ein ohrenbetäubender Knall zerriss die Luft. Trisha zuckte zusammen und kreischte in heller Panik, bis sie begriff, dass der Schuss nicht ihr gegolten hatte, sondern dem Gemeinen. Mit einem dumpfen Aufprall ging er zu Boden.

»Bist du irre?«, schrie der Blonde und wollte ebenfalls zu seiner Waffe greifen, doch da drückte der Nette noch einmal ab. Weinend schloss Trisha die Augen, wähnte sich dem Ersticken nah. Ihre Atemzüge gingen schwer und pfeifend. Davon abgesehen war es still.

Als sie vorsichtig blinzelte, sah sie den Blonden und den Gemeinen reglos am Boden liegen. In der Tür stand der Nette, die Waffe hoch erhoben. Er blickte ebenfalls auf das, was er da angerichtet hatte, und steckte die Waffe langsam weg. Dann sah er zu Trisha.

Sie begann zu hyperventilieren, was er instinktiv begriff. Er riss das Klebeband von ihrem Mund, so dass sie befreit nach Luft schnappte und hustete. Weil sie so heftig weinte, verschluckte sie sich und bekam erneut keine Luft mehr.

Hektisch löste der Mann ihre Handschellen und zog sie hoch. Als sie aufrecht saß, legte er eine Hand auf ihre Schulter und wartete, bis sie sich beruhigt hatte. Sie wischte sich zitternd über die Wangen und konzentrierte sich nur aufs Atmen.

»Alles ist gut«, sagte er und strich ihr über die Schulter. »Dir passiert nichts. Niemand tut dir etwas, Trisha.«

Da weinte sie nur noch lauter. Plötzlich war ihr eiskalt. Ihr Magen rebellierte. Als sie zu würgen begann, sprang sie auf und stürzte an dem Mann vorbei zur Tür. Kein Eimer. Aber weil er sie würgen hörte, begriff er und gab ihr einen sanften Schubs bis vor die Tür. Der Eimer stand daneben auf dem Flur. Trisha sackte vor ihm auf die Knie und übergab sich wimmernd. Der Mann blieb neben ihr stehen und legte wieder seine Hand auf ihre Schulter.

»Alles gut, Trisha. Ich tue dir nicht weh. Und die jetzt auch nicht mehr.«

Sie wischte sich über die Lippen und blickte mit verweinten Augen zu ihm auf. »Aber warum?«

Er zuckte mit den Schultern. »Ich wollte nicht, dass sie dich töten, nur weil sie selbst einen Fehler gemacht haben. Sie haben sowieso schon so viele falsche Dinge getan … das mit dem Fahrer gestern. Das war nicht nötig. Und so hart mit dir umzugehen. Das war alles nicht nötig.«

»Aber … aber Sie …« Trisha konnte kaum atmen und schon gar nicht sprechen.

»Beruhige dich erst einmal. Dir passiert ja nichts.«

Trisha versuchte es. Sie kämpfte sich wieder hoch und ging, ohne nachzudenken, in den Kellerraum zurück, wo sie sich mit wackeligen Knien aufs Bett fallen ließ und die Arme um den Körper schlang. Erst dann blickte sie wieder zu ihm auf, die Leichen am Boden ignorierte sie. Er stand vor ihr, immer noch maskiert. Sie wussten beide nicht recht, was sie nun tun sollten.

»Danke«, murmelte Trisha erstickt. »Ohne Sie wäre ich jetzt tot.«

»Dafür habe ich jetzt die beiden auf dem Gewissen«, erwiderte er betroffen.

»Aber das haben Sie nur getan, um mich zu beschützen!«

Er atmete hörbar tief durch, wusste jedoch nichts zu erwidern.

»Was war hier überhaupt los?«, fragte Trisha. »Was wollte er machen?«

»Wir haben vorhin deinen Vater angerufen und ihn zur Geldübergabe bestellt.« Der Mann kratzte sich durch die Maske hindurch. »Das können wir jetzt wohl vergessen.«

»Und … und was wollen Sie jetzt tun? Mit mir?«

Er zuckte mit den Schultern. »Gute Frage.«

Da hatte die kleine Trisha Michaels aber wirklich eine gute Frage gestellt. Das hatte er sich natürlich nicht überlegt. Er hatte nur etwas dagegen gehabt, dass Charlie und Tom ständig Menschen erschossen.

So hatte das alles nicht laufen sollen. Eigentlich wäre das ein todsicheres Ding gewesen. Sie hatten die kleine Bankerstochter wochenlang beschattet, um herauszufinden, wann und wie man sie am besten kidnappen konnte. Am ehesten hatte sich der morgendliche Schulweg angeboten. So hatten sie ein ausgeklügeltes Szenario entwickelt und durchgezogen.

Bis Charlie es für nötig befunden hatte, einfach so den Fahrer zu erschießen. Damit waren sie jetzt nicht nur Kidnapper, sondern auch Mörder.

Dave hatte sich vorher nicht überlegt, wie es sein würde, ein panisches siebzehnjähriges Mädchen zu bewachen. Ihre Angst ließ ihn nicht kalt. Charlie hatte natürlich wieder den Sadisten raushängen lassen und sie mehr schikaniert als nötig. Das hatte ihm gestunken.

Aber jetzt lag Charlie tot am Boden. Tom auch.

Jetzt war er mit Trisha allein. »Lassen Sie mich frei?«, fragte Trisha vorsichtig.

»Damit du jedem erzählst, dass ich die umgebracht habe?«, erwiderte er.

»Nein … Sie haben die nicht umgebracht. Sie haben mir das Leben gerettet.«

Es schmeichelte ihm, dass sie das sagte. »Trotzdem. Ich brauch die verdammte Kohle.«

Die Tür stand immer noch offen. Trisha hätte versuchen können zu fliehen, aber erstens hatte er eine Waffe, die er vielleicht doch auf sie richten würde – und außerdem hatte sie das Gefühl, dass sie ihm zu Dank verpflichtet war. Er hatte ihretwegen zwei Männer ermordet.

»Mister?«, fragte sie.

»Ja?«

»Aber Sie stehen doch nicht auf mich, oder?«

Der Mann grinste. »Nein, keine Sorge. Ich bin kein Triebtäter.«

»Muss ich hierbleiben?«

Seufzend sah er sie an. Allein konnte er das nicht durchziehen. Er hatte keinen Plan mehr. Er wollte Trisha behalten, um Lösegeld für sie zu erpressen. Aber er wollte ihr das Leben nicht schwer machen.

»Sechs Millionen wollten wir haben. Und die will ich immer noch. Ich brauche sie.« Er spielte demonstrativ mit der Schusswaffe in der Hand herum. »Hilfst du mir dabei?«

Trisha schluckte. »Ich muss, oder? Wenn ich jetzt sage, dass ich freigelassen werden will …«

Er begriff. Er konnte das bestimmen. »Richtig. Komm schon, hilf mir dabei. Ich tu dir ja nichts. Ich behandle dich auch gut, das weißt du doch.«

Trisha antwortete nicht. Sie dachte zwar daran, dass die Tür offen stand, aber sie wagte es nicht, einen Fluchtversuch zu riskieren. Er würde sie erschießen, bevor sie zur Tür raus war.

Aber wenn er sie gut behandelte … und das würde er. Er hatte ihretwegen seine Komplizen erschossen.

»Na gut«, sagte sie. Als ob sie eine Wahl gehabt hätte.

»Gut. Ich muss mir einen neuen Plan überlegen. Irgendwie muss ich die beiden wegschaffen.« Er deutete auf die zwei Toten und sagte: »Ich werde dich solange mit einer Hand hier festbinden.«

»Hm«, machte Trisha unbestimmt, ließ sich aber mit den Handschellen ans Bett fesseln. Mit großen Augen beobachtete sie, wie der Nette die Leichen packte und nacheinander aus dem Raum schleifte. Auf dem Boden blieben Blutschlieren zurück.

»Das mache ich gleich noch weg«, sagte er.

»Mister?«

Er hielt inne. »Was denn?«

»Es ist so langweilig hier. Bekomme ich einen Fernseher oder ein Buch oder so?«

»Klar«, sagte er. »Wir werden uns schon arrangieren.«

»Okay.« Damit konnte sie leben. Angst hatte sie keine vor ihm – Respekt allerdings schon. Wenn sie es schaffte, sich mit ihm irgendwie zu einigen, dann konnte sie mit dem Rest leben.

Endlich waren die Toten nicht mehr im Raum. Dafür ging der Mann los und machte sich tatsächlich daran, ihr einen Fernseher zu besorgen.

Allmählich ließ Trishas Anspannung nach. Sie war immer noch gefangen, aber so ließ sich das aushalten.

31. August, 9:05 Uhr

»Nichts«, sagte Barley enttäuscht und kratzte sich im Nacken. »Kein Anruf, nichts dergleichen. Wir haben auch keinerlei hilfreiche Hinweise erhalten. Es haben eine Menge Wichtigtuer und Spinner bei der Polizei angerufen, aber leider kein wirklicher Zeuge.«

»Bislang auch kein Leichenfund?«, fragte Joshua. Er war gerade in der Villa eingetroffen und hörte, genau wie Andrea, aufmerksam zu. Trishas Eltern wirkten übernächtigt und verzweifelt. Sie waren nicht mehr so gefasst wie am Vortag, was Andrea sehr leidtat.

»Auch kein Leichenfund«, sagte Barley. »Zum Glück nicht. Aber so kommen wir nicht weiter. Wir haben nichts. Keinen Hinweis auf die Täter, gar nichts.«

»Das gibt es nicht«, sagte Joshua genervt. Für alle Beteiligten war das keine angenehme Situation.

Wenigstens wurde das Haus nicht komplett von der Presse belagert. Einige Reporter und ein Wagen vom Fernsehen hatten in der Straße gestanden, aber Barley hatte den Journalisten am Vortag zu verstehen gegeben, dass er sie auf Stand bringen würde, wenn sich etwas ereignete. Trisha zuliebe hielten sie sich an die Abmachung und ließen die Ermittler ihre Arbeit machen.

Es gab keine Leiche. Keinen Hinweis. Sie hatten nichts in der Hand. Das erinnerte Andrea an ein Fallbeispiel aus ihrer Ausbildung – einen Fall, an dem der bekannte Psychologe Paul Britton mitgearbeitet hatte. Ein Mann hatte eine Gelegenheitsprostituierte entführt und einen Erpresserbrief an die Polizei in Leeds gerichtet. Darin forderte er die Zahlung von 140.000 Pfund, andernfalls drohte er mit der Ermordung seines Opfers.

Der Geldbetrag hatte Britton verraten, dass es dem Entführer um etwas ganz Spezielles gehen musste. Er hatte einen speziellen Hass auf den Staat, der sich auch darin zeigte, dass er der Polizei seine Überlegenheit beweisen wollte.

Allerdings konnten weder Britton noch die Polizei ahnen, dass das Opfer schon zu dem Zeitpunkt, als die Polizei das Erpresserschreiben erhielt, nicht mehr am Leben war. Der Mann hatte die Ermordung der Frau von Anfang an geplant, um zu demonstrieren, dass man ihn ernst nehmen musste. Dennoch war auch in diesem Fall die Geldübergabe gescheitert.

Und der Mann machte weiter – er erpresste British Rail und entführte im Zuge dessen erneut eine Frau, die jedoch mit dem Leben davonkam.

Das brachte Andrea auf eine Idee. »Was, wenn es den Entführern gar nicht um Trisha oder das Geld geht, sondern sie etwas anderes kaschieren wollen?«

»Hm, aber was?«, fragte Joshua. »Wie kommst du darauf?«

»Der Fall Julie Dart. Ich habe gerade überlegt, welche anderen Fälle es gibt, in denen die Geldübergabe gescheitert ist. Und was das bedeuten könnte.«

Joshua warf ihr einen eindringlichen Blick zu, wie um ihr zu sagen, dass sie auf gar keinen Fall den Tod des Opfers erwähnen sollte. Aber das hatte Andrea gar nicht vor.

»So weit sind wir auch schon«, sagte Barley. »Wir haben gestern Abend alle möglichen Szenarien durchgespielt und uns gefragt, wer ausgerechnet Trisha entführt und dann die Geldübergabe platzen lässt. Aber das alles bringt uns nicht weiter.«

Plötzlich stand die Haushälterin in der Tür zum Wohnzimmer. »Da hat gerade der junge Mann geklingelt, Andrew …«, begann sie, ohne den Satz zu Ende zu bringen. Irritiert runzelte Andrea die Stirn, doch als ihr klar wurde, wer Andrew aller Wahrscheinlichkeit nach war, wusste sie auch, warum die Frau sich so verhielt.

»Andrew?«, fragte Mr. Michaels. »Was will er denn hier?«

»Er sagte, er mache sich Sorgen um Trisha.«

»Ja, die machen wir uns alle.« Richard Michaels ließ nicht erkennen, dass ihn die Angelegenheit in irgendeiner Weise interessierte.

»Das ist doch der Freund Ihrer Tochter«, stellte Barley fest.

»Ja, das ist er«, sagte Ellen Michaels.

»Bitten Sie ihn herein«, wandte Barley sich an die Haushälterin, ohne sich um Trishas Eltern zu kümmern.

»Was wollen Sie denn vom Freund unserer Tochter?«, fragte Mr. Michaels. Sein Tonfall brachte deutlich sein Missfallen zum Ausdruck. »Seine Überprüfung war doch ergebnislos.«

»Vielleicht hat er trotzdem Hinweise für uns«, sagte Barley.

»Das hat uns gerade noch gefehlt …«

Augenblicke später erschien die Haushälterin mit dem Jungen, den Andrea mit Trisha auf einem Foto in deren Zimmer gesehen hatte. Wie auf der Aufnahme trug er einen Kapuzenpulli, hatte die Hände in den Taschen seiner Jeans vergraben und die Schultern hochgezogen. Sein braunes Haar war recht lang, wirkte aber nicht ungepflegt. Er sah genauso aus, wie sie ihn sich vorgestellt hatte – ein normaler Londoner Jugendlicher.

Eingeschüchtert schaute er sich um. »Hallo.«

»Du musst Andrew sein«, sagte Detective Inspector Barley und begrüßte ihn herzlich. Andrew wusste, was sich gehörte, und stellte sich auch den anderen Anwesenden vor; vor allen anderen begrüßte er Trishas Eltern.

»Ich habe gestern aus den Nachrichten erfahren, was passiert ist«, sagte er niedergeschlagen.

»Weißt du vielleicht irgendetwas über das Verschwinden deiner Freundin?«, erkundigte sich Barley.

Andrew schüttelte den Kopf. »Nein, schön wär's … ich mache mir Sorgen, und vorhin dachte ich, ich komme einfach mal her, um mich zu erkundigen.«

Seinen schwarz umrandeten Augen war anzusehen, dass er kaum geschlafen hatte. Diesbezüglich stand er Trishas Eltern in nichts nach.

»Hat Trisha jemals erwähnt, dass sie sich verfolgt fühlte?«, fragte Barley weiter. »Hatte sie Angst vor einer Entführung? Hat ihr jemand nachgestellt?«

»Nein, nichts. Ich weiß es nicht«, stammelte Andrew. »Ich wollte doch nur fragen, ob Sie etwas über ihren Verbleib wissen. Ich habe total Angst, dass es ihr nicht gut geht …«

»Wenn du irgendetwas weißt, solltest du es uns sagen«, mischte Richard Michaels sich ein.

»Nein, ich weiß nichts. Ich will auch gar nicht stören, ich mache mir nur Sorgen.« Andrew verzog das Gesicht. »Große Sorgen.«

»Das ist nett von dir, aber das hilft uns im Augenblick

nicht weiter. Wir haben hier zu tun«, sagte Trishas Vater. Andrew zog den Kopf ein und wandte sich zum Gehen. Wie auf Kommando beschlossen Barley, Joshua und Andrea, ihm nachzulaufen. Mit hängenden Schultern trottete der Junge zum Ausgang und blickte erst auf, als die drei ihn eingeholt hatten. Barley brach das Schweigen, als sie draußen vor der Tür standen.

»Verstehst du dich nicht gut mit den Eltern deiner Freundin?«

Andrew lachte sarkastisch. »Das haben Sie doch gerade gesehen. Für Trishs Dad bin ich bloß ein armer Schlucker, der es auf ihr Geld abgesehen hat.«

»Er hatte gar kein Interesse daran, dich hereinzulassen. Ich aber sehr wohl.«

»Ich hatte sowieso nicht damit gerechnet, dass mir jemand die Tür aufmacht«, murmelte Andrew.

Andrea fühlte sich solidarisch mit dem Jungen, der nur ein paar Jahre jünger war als sie selbst. Allein dass er sich hierhertraute, um nach Trisha zu fragen, verriet ihr, dass er sie sehr gernhatte. Es ärgerte sie, dass niemand daran dachte, wie es in Trishas Freund aussah. Er hatte auch Angst.

Barley stellte Joshua und Andrea vor. Andrew war sichtlich beeindruckt, als er hörte, dass sie Profiler waren.

»Und Sie wissen gar nichts von Trisha?«

Joshua verneinte bedauernd. »Leider haben wir nicht den geringsten Anhaltspunkt. Deshalb hatten wir gehofft, du könntest uns helfen.«

»Das würde ich gern, aber ich habe auch keine Ahnung. Absolut keine.« Andrew seufzte unglücklich. »Ich habe Angst, dass sie tot ist. Das hörte sich gestern nicht gut an.«

Die Ermittler wussten nicht, was sie erwidern sollten. Noch hatte Andrea keine Meinung zu dem Jungen und konnte nicht abschätzen, ob er das verkraften würde.

Doch er ließ nicht locker. »Denken Sie, sie kommt zurück? Oder haben die Trisha umgebracht?«

»Schwer zu sagen«, behauptete Joshua.

»Was glaubst du denn?«, fragte Andrea.

Er zuckte mit den Schultern. »Weiß nicht. Ehrlich gesagt habe ich keine große Hoffnung. Ich bin hergekommen, weil ich gehofft hatte, etwas Positives zu erfahren. Dass mir hier jemand sagt, Trisha käme zurück. Aber das wird sie wohl nicht.«

»Wir müssen wieder rein«, sagte Joshua und wandte den Kopf in Andreas Richtung. »Machst du das allein?«

Sie war überrascht, nickte aber. Joshua überließ ihr aus irgendeinem Grund das Feld. »Kein Problem.«

»Bis gleich.« Joshua zog Barley mit, so dass Augenblicke später nur noch Andrew und Andrea draußen auf der Treppe standen.

»Wahrscheinlich störe ich hier bloß, oder?«, sagte Andrew resigniert und starrte auf seine Turnschuhe. Er interpretierte Joshuas Reaktion falsch, doch Andrea berichtigte ihn nicht.

»Im Moment weiß niemand so genau, was zu tun ist. Das letzte Lebenszeichen haben wir am Montag von Trisha bekommen. Als die Entführer gestern angerufen haben, konnten wir Trisha nicht hören. Deshalb wissen wir nicht, ob sie da noch lebte. Danach ist die Geldübergabe geplatzt, und seitdem hat sich niemand gemeldet.«

»Also ist sie tot.« Andrew blickte mit feuchten Augen auf und schluckte hart. »Sorry.«

»Kein Problem«, sagte Andrea. »Dich betrifft das doch auch.«

»Finden Sie?« Schniefend starrte er an ihr vorbei. »Trishas Eltern mögen mich nicht so. Von daher wundert es mich auch nicht, dass mir niemand Bescheid gesagt hat. Wer bin ich schon? Ich bin ja bloß ihr Freund. Wir sind jetzt seit fast fünf Monaten zusammen. Das ist doch nichts.«

»So darfst du nicht denken«, sagte Andrea.

»Aber die tun das! Ich bin ein Niemand. Interessiert die doch nicht, wie es mir dabei geht.«

»Aber mich interessiert es. Vielleicht haben sie es nicht mal böse gemeint«, behauptete Andrea, um ihn aufzumuntern. »Gestern war hier die Hölle los.«

»Ja, aber aus dem Fernsehen zu erfahren, dass die eigene Freundin entführt und der Fahrer erschossen wurde …« Er machte eine unbestimmte Handbewegung. »Ich weiß, ich darf nicht erwarten, dass jemand da an mich denkt. Aber es ist hart.«

Andrea verstand genau, was er meinte. Natürlich fühlte sich ein Neunzehnjähriger, der seit ein paar Monaten eine Beziehung mit Trisha hatte, in diesem Moment übergangen. Aus eigener Erfahrung wusste Andrea, dass die äußeren Umstände und die emotionale Betroffenheit nicht unbedingt auf gleichem Niveau sein mussten. Sie hatte Gregory bei ihrer Entführung auch erst ein paar Monate gekannt, aber ihn hatte zum Glück jeder ernst genommen. Er hatte für sie gekämpft wie ein Löwe, und man hatte ihm Freiheiten zugestanden, die weit übers normale Maß hinausgingen.

Andernfalls wäre sonst was passiert …

Andrea griff zu ihrem Portemonnaie und drückte Andrew ihre Karte in die Hand. »Du kannst mich anrufen, wenn du etwas auf dem Herzen hast.«

»Toll. Danke.«

Sie zwinkerte ihm zu. »Profiler sehen das große Ganze.«

Er lächelte kurz. »Was denken Sie? Ist Trisha tot?« Als Andrea nicht gleich antwortete, fügte er hinzu: »Ganz ehrlich. Ich verkrafte das. Aber ich muss es wissen. Diese Ungewissheit macht mich krank.«

Das konnte sie ihm nachfühlen. »Nun, wir wissen überhaupt nichts, Andrew. Aber ich muss ehrlicherweise zugeben, dass es nicht gut aussieht. Wir alle fürchten, dass sie tot ist.«

»Okay«, sagte er gepresst und rang krampfhaft um Fassung. »Danke …«

Er wandte sich schon ab und wollte gehen, doch sie hielt ihn auf. »Andrew?«

»Ja?« Mit Tränen auf den Wangen wandte er sich um.

»Du kannst mich immer anrufen. Auch wenn du nur reden willst.«

»Danke.« Wieder lächelte er scheu. »Warum sagen Sie das?«

»Ich war in Trishas Zimmer und habe dort auch ein Foto von euch gesehen. Du warst wichtig für Trisha. Bist es – ich weiß es nicht.« Andrea überlegte kurz. »Jedenfalls denke ich, es ist wichtig, dass du nicht allein damit bleibst.«

»Das ist wirklich nett von Ihnen. Danke.« Diesmal lächelte er nicht mehr ganz so verhalten und winkte ihr. »Wiedersehen.«

»Mach's gut, Andrew. Tut mir leid, dass ich dir nicht mehr sagen kann.«

Er zuckte mit den Schultern und ging zum Tor. Augenblicke später war er verschwunden, und auch Andrea wandte sich um, um wieder ins Haus zu gehen. Drinnen fing Joshua sie auf dem Flur ab.

»Er hat also noch mit dir gesprochen«, stellte er fest.

»Ja, warum?«

»Ich dachte, dass du wahrscheinlich den besten Draht zu ihm hast.«

»Wie kommst du darauf?«, fragte Andrea stirnrunzelnd.

»Der Junge ist neunzehn, richtig? Du bist nicht so viel älter als er. Das macht viel aus. Deshalb dachte ich, Barley und ich lassen dich mal lieber mit ihm allein. Was hat er gesagt?«

»Er fühlt sich übergangen«, berichtete Andrea.

»Hm«, machte Joshua. »Kann ich ihm nicht verübeln.«

»Na ja. Wir haben uns bislang gar nicht für Trisha und ihren Freund interessiert.«

»Stimmt. Gordon hat sich als Seelsorger auch nur um die Eltern gekümmert.« Nachdenklich lief Joshua neben ihr her zum Wohnzimmer. Andrea wusste, niemand hatte aus bösem Willen gehandelt, aber Andrew tat ihr leid.

»Im ersten Moment habe ich ihn als potenziellen Verdächtigen gesehen«, gab Joshua lachend zu.

»Im Ernst? Und jetzt nicht mehr?«, fragte Andrea.

»Nein. Dieser Junge wäre doch zu dem, was da passiert ist, gar nicht in der Lage.«

Das glaubte Andrea auch. Gemeinsam betraten sie das Wohnzimmer, wo Barley sich gerade mit Richard Michaels stritt.

»Natürlich müssen Sie hier Ihre Arbeit machen, aber dass Sie einfach bestimmen, wer mein Haus betritt …«, donnerte Trishas Vater.

»Herrgott nochmal, Sie tun ja so, als wäre der Freund Ihrer Tochter ein Verbrecher!«

»Nein, aber im Augenblick wollen wir uns damit nicht belasten. Unsere Tochter ist vielleicht tot, verstehen Sie? Das ist alles, was mich gerade interessiert.«

Ellen Michaels vergrub das Gesicht in den Händen.

»Noch haben wir keine Leiche gefunden«, sagte Barley. Andrea schloss die Augen und versuchte, sich nicht anmerken zu lassen, wie unüberlegt sie diese Äußerung fand. Er hatte es gut gemeint, aber der Satz ging nach hinten los. Ellen Michaels sprang auf und verließ hastig das Zimmer.

»Wunderbar, das haben wir jetzt davon!«, regte Trishas Vater sich auf. »Sie haben also noch keine Leiche gefunden. Was wird das hier? Schließen wir Wetten darauf ab, ob mein Kind noch lebt?«

»Mr. Michaels, jetzt beruhigen Sie sich doch! Wir tun unser Möglichstes …«

»Sie haben überhaupt nichts in der Hand! Sie stehen hier nur herum und versuchen, mich zu beschwichtigen, aber ich bin nicht dumm! Mir ist auch klar, dass Trisha höchstwahrscheinlich tot ist, und Sie haben absolut nichts getan, um das zu verhindern!«

»Ich bitte Sie, sehen Sie sich doch um. Selbst Profiler sind vor Ort.«

»Die auch nichts beizutragen haben!«

»Mr. Michaels …«, mischte sich nun Gordon ein. Andrea tauschte einen vielsagenden Blick mit Joshua. Er hielt seine Packung Zigaretten hoch. »Kommst du mit?«

Andrea nickte und folgte ihm nach draußen vors Haus. Ihm jetzt bei seiner Raucherpause Gesellschaft zu leisten, war genau das, was sie brauchte. Joshua steckte sich eine Zigarette an und scharrte mit dem Fuß im Kies herum. Er hatte sich selbst als Stressraucher bezeichnet – und er war wütend.

»Solche Typen kenne ich«, sagte er und blickte verkniffen in die Sonne. »Dir erzähle ich ja nichts Neues, wenn ich sage, dass Männer manchmal wie Tiere sind.«

Erstaunt runzelte Andrea die Stirn. »Wie kommst du jetzt darauf?«

»Manche Männer halten sich für völlig unfehlbar. So einer ist er auch. Er denkt, weil er stinkreich ist, ist er über alles erhaben. Wer Macht oder Geld hat, setzt das auch gern ein.«

»Aber wie sollen wir weiterkommen?«

»Vielleicht sollten wir mal seine Frau fragen.«

Andrea fand die Idee gut. Hoffentlich hatte Ellen Michaels sich bis dahin beruhigt.

»Mir geht das aber auch nah«, gab Andrea zu.

»Ja, natürlich geht einem das nah. Das kenne ich.« Joshua nahm noch einen Zug. »Als ich hier vor fünf Jahren angefangen habe, hatten wir den Sexualmord an einem kleinen Jungen auf dem Tisch. Das war entsetzlich, kann ich dir sagen. Der Mörder war ein ganz Verrückter, ungefähr so wie Jonathan Harold. Vielleicht schlimmer, ich weiß es nicht. Er hat den Jungen entführt und über Wochen gefangen gehalten. Als die Leiche gefunden wurde, waren die Spuren der Unterernährung deutlich zu sehen. Er hat Videos von dem Jungen gedreht und ziemlich krankes Zeug mit ihm angestellt. Am Ende hat er ihn auch verstümmelt – genau genommen sogar ausgeweidet.« Joshua seufzte. »Er wäre ein Serientäter geworden, wenn wir ihn nicht gefasst hätten. Der Kleine war sein erstes Opfer. Er war sieben. Aber wir haben den Typen gefasst und hinter Gitter gebracht. Der kommt nie mehr raus.«

»Ist doch gut«, sagte Andrea.

»Ja, sicher. Wir haben weiteres Leid verhindert. Das Schlimme war nur, dass der Sohn meines älteren Bruders damals fünf Jahre alt war. Er stand kurz vor der Einschulung, und das Mordopfer war auf dem Schulweg entführt worden. Du kannst dir nicht vorstellen, was ich ausgestanden habe. Als ich meinen Neffen kurz darauf auf einer Familienfeier sah, kam mir erst einmal das Frühstück wieder hoch, weil ich die schlimmen Bilder auf ihn übertragen habe. Ich musste mich mit Mühe davon abhalten, meinen Neffen auf seinem Heimweg zu bewachen. Niemand aus meiner Familie kennt die Geschichte. Aber ich sage dir, Andrea, diese Sachen machen einem etwas aus.«

»Ja, natürlich«, sagte sie. »Weißt du, was ich an unserem Fall so schlimm finde?«

Joshua schüttelte den Kopf.

»Ich stelle mir immer vor, dass Trisha …« Unsicher machte Andrea eine Pause. »Wie sie in einem Kellerraum sitzt oder … liegt … und dass es dunkel ist. Welche Angst sie hat. Ich sehe sie gerade in dem Keller, den ich kennenlernen musste.«

Joshua nickte ernst. »Solche Assoziationen bleiben nicht aus.«

»Ja, aber ich wurde befreit. Was ist mit ihr? Sie wurde vielleicht ermordet, Josh. In so einem Keller. Ich mache diesen Job, um das zu verhindern, und wie man sieht, bin ich gleich zu Anfang großartig gescheitert.«

»Das gehört dazu«, erwiderte er nüchtern.

»Natürlich, aber es ist so frustrierend.«

»Sicher.«

Stumm blickte sie zu Joshua. Er hatte wenigstens eine Zigarette, an der er sich festhalten konnte. Andrea hatte nichts. Wenigstens musste sie so nicht pausenlos daran denken, dass sie sich vielleicht durch ihre eigene Dummheit etwas eingebrockt hatte, das sich so ohne Weiteres auch nicht lösen ließ. Die Pille vergessen … Stur starrte sie geradeaus. Sie hielt diese Unsicherheit nur aus, weil sie sich einredete, dass es gutgegangen war. Das musste es einfach.

Joshua trat die Zigarette auf dem Kies aus und marschierte entschlossen ins Haus. Glücklicherweise wusste die Haushälterin, wo sich die Dame des Hauses befand. Sie hatte sich in ein Kaminzimmer zurückgezogen, in dem sie einfach nur am Fenster saß und hinaus auf den Vorplatz der Villa und die Straße blickte.

»Mrs. Michaels«, sagte Andrea leise, nachdem sie an den Türrahmen geklopft hatte.

»Kommen Sie herein. Ich halte es nur nicht aus, unten zwischen Polizisten und Computern zu sitzen«, erwiderte Trishas Mutter, ohne aufzusehen.

Joshua und Andrea folgten ihrer Aufforderung. Sie drehte sich um und deutete auf das Sofa, das ihr gegenüberstand. Die beiden nahmen Platz.

»Wie kann ich Ihnen helfen?«, fragte Ellen Michaels. Sie weinte nicht mehr.

Andrea hatte fest damit gerechnet, dass Joshua das Wort ergreifen würde, aber das tat er nicht. Er überließ ihr das. Sie sollte eine Brücke von Frau zu Frau schlagen.

»Wir stecken fest«, gab Andrea zu. »Wir kommen einfach nicht weiter.«

»Sagen Sie es ruhig. Trisha ist tot.« Ellen Michaels sprach die Worte gefasst aus.

»Das wissen wir nicht.«

»Aber Sie müssen doch davon ausgehen. Genau wie wir. Eine geplatzte Geldübergabe und kein Lebenszeichen meiner Tochter. Sie ist tot. Es muss so sein.« Eine Träne löste sich aus dem Auge der verzweifelten Mutter.

Glücklicherweise fiel Joshua in diesem Moment etwas ein, was er sagen konnte. »Solange wir Trisha nicht tot oder lebendig vor uns haben, sollten wir von gar nichts ausgehen.«

»Aber ich möchte von etwas ausgehen«, begehrte Trishas Mutter auf – genau wie Andrew. »Dieses Hoffen nimmt mir jede Kraft. Das halte ich nicht aus. Ich will etwas wissen, verstehen Sie? Ich will wissen, ob sie tot ist oder lebt. Und ich kann einfach nicht glauben, dass sie noch lebt. Das ist so unwahrscheinlich ...«

Darauf konnten die Profiler nichts erwidern. Die Erfahrung, vielmehr die Statistik, bestätigte dies. Jetzt noch davon auszugehen, dass Trisha lebte, war illusorisch.

»Aber vielleicht können Sie uns helfen«, sagte Joshua. Mrs. Michaels nickte sofort. »Wissen Sie etwas über Feinde Ihres Mannes?«

»Oh, die hat er mit Sicherheit«, erwiderte sie. »Aber er würde es nicht so sehen. Er sieht viele Dinge nicht so, wie sie sind. Für die Bank ist er unentbehrlich, weil er knallhart Verhandlungen führen kann. Die menschliche Seite vergisst er allzu gern.«

Andrea versuchte, sich ihre Überraschung nicht anmerken zu lassen. Ellen Michaels war bislang ihrem Mann nicht in den Rücken gefallen. Joshua saß gespannt wie eine Feder neben seiner Kollegin.

»Ich habe ihn mit neunzehn kennengelernt. Damals verdiente er schon gutes Geld bei der Bank. Ich arbeitete zu dieser Zeit als Sekretärin bei einem seiner Kollegen. Als wir ein Paar wurden, bat er mich, diese Arbeit aufzugeben. Erst später habe ich verstanden, dass es dabei wohl um Eifersucht ging. Aber sollte ich mich beschweren? Ich hatte doch alles. Ich musste gar nicht arbeiten gehen. Er hat auch so für genug Zerstreuung gesorgt. Und als Trisha da war, habe ich mich um sie gekümmert. Sie ist mein Ein und Alles …« Schluchzen erstickte ihre Stimme, doch sie fing sich schnell wieder. Gequält sah sie die Profiler an.

Plötzlich hörten sie hektische Schritte auf dem Flur. Atemlos erschien Barley in der Tür und gab den Profilern einen Wink. Joshua und Andrea standen auf und gingen zu ihm.

»Was ist passiert?«, fragte Ellen Michaels nervös.

Barley antwortete nicht. Er wartete, bis die anderen bei ihm auf dem Flur standen, und wisperte: »Die Leiche eines blonden Mädchens wurde am Themseufer angespült.«

Weder Joshua noch Andrea wussten, was sie sagen sollten. Schweigend erwiderten sie Barleys Blick und dachten das Gleiche.

»Was ist los?«, fragte Ellen Michaels. »Haben Sie sie gefunden? Ist sie tot?«

Barley überlegte noch, ob er antworten sollte, aber sein Blick allein sprach Bände. Trishas Mutter stieß einen furchtbaren Schrei aus und sank schluchzend in sich zusammen.

31. August, 17:10 Uhr

Sie war nicht mehr gefesselt. Geknebelt erst recht nicht. Er ließ sie in dem kleinen Kellerraum nach Lust und Laune herumlaufen und hatte ihr einen alten Röhrenfernseher mit Zimmerantenne hineingestellt. Im Fernsehen hatte sie ihre Eltern gesehen, verzweifelt und verängstigt. Deshalb hatte sie den Mann gefragt, wann er sie freilassen würde. Schließlich musste ja noch eine Übergabe stattfinden. Aber er hatte gesagt, dass er noch keinen neuen Plan habe.

Sie kam gut mit ihm zurecht. Er schaute sehr regelmäßig nach ihr und ließ sie auch nicht mehr in den Eimer pinkeln. Wenn sie zum Klo musste, verband er ihr die Augen und führte sie durchs Haus bis zu einer winzigen Kammer, wo sie zur Toilette gehen konnte. Das war ein Anfang.

Was mit seinen toten Komplizen geschehen war, hatte er ihr nicht verraten.

Er öffnete die Tür und kam mit der Speisekarte eines Pizzalieferdienstes herein. »Lust?«

»Pizza?«, erwiderte Trisha entgeistert.

»Such dir eine aus.« Er schloss die Tür, hielt ihr die Speisekarte hin und setzte sich neben sie.

Trisha hatte ihre Wahl schnell getroffen. »Quattro Stagioni.«

»Sehr gut.« Er stand auf. »Dann werde ich bestellen.«

»Warten Sie«, sagte Trisha. Er drehte sich zu ihr um. »Haben Sie meine Eltern immer noch nicht angerufen?«

»Nein, noch nicht. Ich finde, dein Dad hat es nicht verdient, dass ich mich beeile. Aber das erzähle ich dir gleich.«

Trisha nahm kaum zur Kenntnis, dass er sie wieder einschloss. Ohne an irgendetwas Bestimmtes zu denken, verfolgte sie weiter das Fernsehprogramm. Es war seltsam, ihre Eltern zu sehen. Man suchte sie. Man vermisste sie. Aber irgendwie war das alles so weit weg. Sie war immer noch in diesem Keller bei diesem Mann. Und er hatte immer noch die Waffe.

Es dauerte gar nicht lange, bis er zurückkehrte. Auf dem Arm trug er zwei Pizzakartons und in der anderen Hand eine Flasche Cola. Ihr war egal, dass er sich wohl beliebt bei ihr machen wollte. Sie bekam Pizza und konnte den ganzen Tag fernsehen – das war in Ordnung.

Er leistete ihr beim Essen Gesellschaft. Das sah ziemlich verrückt aus – sie saß mit einem Maskierten auf dem Bett und aß Pizza. Die Tür war abgeschlossen. Er ließ keinen Zweifel daran, dass er das Sagen hatte und dass sie, so nett er auch zu ihr war, seine Gefangene war.

Ein unangenehmer Zeitgenosse war er glücklicherweise nicht. Vielmehr wirkte er wie ein ganz normaler Mann, nicht wie ein Verbrecher.

»Hast du eine Lieblingsserie?«, fragte er unvermittelt.

Sie nickte. »Dr. House.«

»Tatsächlich?«

»Der tut, was er will. Das finde ich klasse. Könnten sich einige Leute mal eine Scheibe von abschneiden; meine Mutter zum Beispiel.«

Sie aßen schweigend weiter. Als sie fertig waren, sah er Trisha an.

»Dein Vater ist ein ganz mieser Kerl.«

Trisha stutzte überrascht. »Wie meinen Sie das?«

»Weißt du, wir haben dich wochenlang beobachtet. Dich und

deine Eltern. Wir haben auch das Telefon abgehört«, sagte er. »Weißt du, warum er eure Haushälterin entlassen hat?«

Trisha nickte. »Sie hat geklaut. Sie war unzuverlässig.«

»Nein, war sie nicht. Wir haben gehört, was wirklich passiert ist.«

»Und was ist passiert?«, fragte sie stirnrunzelnd. Jetzt war sie gespannt.

Er seufzte bedeutungsvoll. »Er hatte etwas mit ihr.«

»Wirklich?« Geschockt und fassungslos sah sie ihn an und überlegte. Das wäre nicht die erste Affäre ihres Dads. Vor einigen Jahren hatte Trisha einmal einen Streit ihrer Eltern belauscht. Ihre Mutter war außer sich gewesen, weil ihr Dad etwas mit seiner Sekretärin hatte. Also konnte es doch sein, dass er und Elisa …

»Mein Vater kann so scheiße sein«, sagte Trisha hart.

»Und ich hätte gern sechs Millionen von ihm. Was meinst du? Habe ich die verdient?«

Trisha nickte sofort. »Mein Dad hat ja genug. Das wird ihn kaum kratzen.«

»Das denke ich auch.« Der Mann machte eine Pause. »Denkst du, ich kann dir vertrauen?«

Da musste Trisha nicht lange überlegen. »Natürlich.«

31. August, 15:10 Uhr

Die Atmosphäre im Haus war aufgeladen. Alle Beteiligten fühlten sich, als säßen sie auf einem Pulverfass. Immer wieder starrten sie auf das Telefon und beschworen es zu klingeln. Richard Michaels wirkte apathisch, seine Frau war es. Gordon hatte schließlich dafür gesorgt, dass die Frau ein Beruhigungsmittel erhielt, damit sie nicht endgültig durchdrehte.

Noch wusste niemand, ob es sich bei der Leiche um Trisha Michaels handelte. An eine Identifizierung durch die Eltern war gerade nicht zu denken. Die Identität der Toten sollte durch einen Abgleich mit Trishas Zahnstatus geklärt werden. Und das dauerte.

Inzwischen hatte Joshua keine Zigaretten mehr. Barley saß trübsinnig in einer Ecke. Ellen Michaels lag mit verweinten Augen unter einer Decke, Richard Michaels hatte Krawatte und Manschettenknöpfe abgelegt und focht innere Kämpfe aus.

Da klingelte das Telefon. Durch die Anwesenden ging ein Ruck. Barley stürmte zum Apparat und hob angespannt ab. Er schwieg, hörte nur zu. Dann schloss er plötzlich die Augen und lächelte gelöst. »Danke. Haben Sie vielen Dank.«

Die Blicke aller hingen an ihm, als er auflegte und tief durchatmete. »Sie ist es nicht. Der Abgleich …«

Was auch immer er hatte sagen wollen, es ging in einem Freudengeheul unter. Trishas Mutter weinte vor Erleichterung, ihr Vater fuhr sich durchs Haar und stützte sich zitternd an der Sofalehne ab.

»Ganz sicher?«, fragte er Barley.

»Ja. Abgleich mit Trishas Zahnarztunterlagen negativ. Wir wissen zwar noch nicht, wer sie ist, aber es ist nicht Trisha.«

Andreas Anspannung ließ schlagartig nach. Als Joshua sie in den Arm nahm, erwiderte sie die Geste lachend und sah ihn überrascht an.

»Nanu, einen solchen Gefühlsausbruch kenne ich ja gar nicht von dir.«

»Hör bloß auf«, sagte er genervt. »Ich hasse solche Situationen. Und ich brauche Zigaretten.«

»Du bist verrückt.« Ihr Grinsen wurde breiter. Sie ließ sich nur zu gern von der allgemeinen Erleichterung anstecken.

»Es ist mein Ernst. Das hält ja keiner aus.«

»Vor diesem Hintergrund habe ich irgendwie ein schlechtes Gewissen, was meine Fahrt nach Norwich angeht«, sagte sie leise.

»Ach was. Klar fährst du. Ob du nun in London bist oder nicht, das ändert auch nichts. Ich rechne nicht damit, dass übers Wochenende etwas geschieht, bei dem du helfen könntest. Aber ich weiß, ich kann auf dich zählen.«

»Immer«, betonte sie.

Er lächelte ihr zu und wandte sich an Barley. »Benötigen Sie am Wochenende Hilfe von mir oder meinen Kollegen?«

Barley überlegte kurz, winkte dann aber ab. »Nein, ich denke nicht. Es würde mir reichen, wenn ich Sie im Notfall anrufen kann.«

»Selbstverständlich«, erwiderte Joshua sofort.

»Und danke für Ihre bisherige Hilfe«, schloss Barley.

Joshua lachte kurz. »Was konnten wir schon ausrichten?«

»Niemand konnte viel ausrichten. Bis auf Ihren Kollegen Dr. Weaver vielleicht.«

»Das freut mich zu hören«, sagte Joshua. Er überlegte kurz, doch dann entschied er, sich auf den Weg zu machen. Andrea schloss sich ihm an. Im Augenblick gab es für sie wirklich nichts mehr zu tun.

Auf der Heimfahrt beruhigte Andrea sich allmählich wieder.

»Ich bin gespannt, ob sich am Wochenende etwas ergibt«, sagte Joshua in der U-Bahn. »Hoffentlich wird Trisha gefunden.«

»Es gibt doch bestimmt ungeklärte Entführungsfälle?«, fragte Andrea.

»Sicher gibt es die. Ich hoffe, unserer wird keiner von denen. Das glaube ich aber nicht.«

»Man weiß nie, was man sich wünschen soll«, sagte Andrea. »Man wünscht sich Gewissheit, wenn man sie nicht hat. Man wünscht sich aber auch, dass sie nicht tot ist.«

»Ich habe schon Menschen an Hoffnung zerbrechen sehen«, erwiderte Joshua. »Gewissheit ist besser.«

Andrea nickte, sagte aber nichts, bis Joshua sich von ihr verabschiedete und ausstieg. Auf ihrem weiteren Heimweg schob sie den Gedanken an die Arbeit beiseite. Es gab nichts, was sie im Augenblick noch tun konnte.

***

Zehn Minuten später erreichte sie ihr Haus und betrat die Wohnung. Die gepackte Tasche stand bereits im Flur, und Gregory war auch schon da, so dass sie sich kurz darauf auf den Weg zur Liverpool Street Station machten, einem der großen Londoner Bahnhöfe. Von dort fuhr der Zug nach Norwich. Eine zweistündige Fahrt lag vor ihnen, die Andrea dazu nutzen wollte, sich zu entspannen.

Gedankenversunken blickte sie aus dem Zugfenster auf die ländliche Gegend zwischen London und Norwich. Felder, Höfe, kleine Dörfer, so weit das Auge reichte. Das alles erschien ihr längst nicht mehr fremd. Die Felder erstreckten sich über sanfte Hügel, waren schon lange abgeerntet. Andrea fand den Kontrast zwischen den besiedelten Gegenden und der freien Natur als hoch, denn es konnte einem in England passieren, dass man kilometerweit über schlecht asphaltierte Straßen fuhr, ohne einem Zeichen von Zivilisation zu begegnen. Das gefiel ihr.

Noch bevor sie Norwich erreichten, rief Gregory seinen Bruder an und bat ihn, sie abzuholen. Das hatten die beiden wie immer so vereinbart.

»Er freut sich schon«, meinte Greg, als er das Handy wieder wegsteckte.

»Ich mich auch«, sagte Andrea, denn ihr Ärger auf Jack war verraucht. Wenn sie ehrlich war, konnte sie seine Bedenken verstehen. Hätte er von ihrem Pillenunfall gewusst, hätte er sich bestätigt gesehen.

Aber er wusste es ja nicht. Niemand wusste es.

Sie erreichten Norwich pünktlich. Jack lungerte bereits vor dem Bahnhofsgebäude herum und begrüßte sie überschwänglich. Er umarmte die beiden nacheinander und hielt Andrea galant die Tür auf.

»Und, was treiben die Londoner Killer?«, fragte er im Auto und tastete nach dem Radio. Als Bob Marley herausschallte, grinste Andrea.

»Nicht viel«, sagte sie. »Keine Serienmörder da.«

»Langweilig. Kommt doch wieder zurück«, feixte er. »Aber ich verstehe schon. Du richtest auch lieber irgendwelche schicken Penthouse-Wohnungen ein, nicht wahr, Greg?«

»Wenn ich muss, klar«, sagte Greg. »Es macht jedenfalls Spaß.«

»Das ist gut. Übrigens, ich muss gleich noch los, Rachel abholen. Aber ich setze euch zuerst bei Mum ab. Liegt auf dem Weg.«

»Kein Problem.«

Auf den Straßen war noch viel Verkehr, deshalb kamen sie nur langsam voran. Ein Stück weit folgten sie der Ring Road und überquerten eine Brücke. Jack trommelte mit den Fingern auf dem Lenkrad herum und hypnotisierte rote Ampeln mit Blicken. Zu Andreas Überraschung hatte Greg noch keinen bösen Kommentar zu Jacks Vehikel fallen lassen. Es war immer noch derselbe alte Nissan Bluebird Premium, den Jack schon hatte, als sie sich kennenlernten. Und Andrea wollte gar nicht wissen, wie viele Leute ihn davor schon gefahren hatten. Erstaunlich, dass der rollende Papierkorb überhaupt noch lief.

Es war nicht, dass Jack sich kein besseres Auto hätte leisten können. Manchmal hatte Andrea den Eindruck, er habe den Bluebird nur, um seinen Bruder zu ärgern.

Beim Blick aus dem Fenster packte Andrea das Heimweh nach der kleinstädtischen Atmosphäre. Heimweh nach der Stadt, in der sie nur drei Jahre gelebt und Unaussprechliches erlebt hatte.

Ihr Blick fiel auf den Friedhof. Beim bloßen Anblick wurde ihr innerlich ganz kalt. Auf diesem Friedhof hatten sie ihre letzte Ruhe gefunden – ihre Freundin Caroline Lewis und auch ihr Mörder, Jonathan Harold. Sein Grab war mittlerweile nicht mehr gekennzeichnet, da es wiederholt geschändet worden war.

Carolines Grab hatte Andrea regelmäßig besucht, besonders in der ersten Zeit nach ihrem Tod. Dazu hatte Gordon ihr geraten. Auch vor Jonathan Harolds Grab hatte sie schon mehrmals gestanden, um sich bewusst zu machen, dass er tot war und sie noch lebte.

Andrea wünschte, sie besäße Gregorys Optimismus. Dass er ihr den Heiratsantrag gemacht hatte, war mehr als mutig gewesen, und Jacks Bedenken konnte sie durchaus verstehen, denn damals war nicht abzusehen gewesen, ob alles zwischen Greg und ihr wieder würde wie zuvor.

Sie zog die Schultern hoch und verschränkte die Arme vor der Brust. Was die Brüder sagten, verstand sie nicht. Sie hörte es gar nicht. Der Friedhof hatte ihr das Bild der sterbenden Caroline wieder ins Gedächtnis gerufen, gefoltert und gequält, aber trotzdem nicht willens zu sterben. Wenigstens hatte sie Andrea dabei angesehen, war nicht allein mit ihrem Mörder gewesen.

Andrea brannten Tränen in den Augen, sie schluckte. In diesem Moment wünschte sie sich zurück nach London, aber sie sagte nichts. Vor Jack wollte sie sich keine Blöße geben, und Gregory wollte sie weder beunruhigen noch ihm die Freude daran vermiesen, dass er wieder zu Hause war. Das hatte er nicht verdient.

Jack parkte vor Annas Haus und begleitete sie noch bis zur Tür. Langsam folgte Andrea den Brüdern, denn sie fühlte sich immer noch unbehaglich.

»Greg!«, hörte sie Annas Stimme, nachdem die Tür geöffnet worden war. Ihre Schwiegermutter verschwand aufgrund ihrer geringen Größe hinter ihrem Sohn. Andrea sah nur ihre Arme, als sie Gregory an sich drückte. Erst, als er Platz machte, kam Anna zum Vorschein. Dass sie Mitte sechzig war, sah man ihr nicht an, obwohl sie inzwischen vollständig weißes Haar hatte. Das trug sie jedoch mit einer Selbstverständlichkeit, die Andrea bewunderte.

Sie schenkte ihrer Schwiegertochter ein strahlendes Lächeln. »Da bist du ja! Schön, dich zu sehen, Kind.«

»Hallo, Anna.« Andrea lächelte ebenfalls. Das Gefühl der Beklemmung verflog.

»Und was ist mit mir?«, beschwerte sich Jack.

»Dich habe ich doch erst vorgestern gesehen«, sagte Anna und zwinkerte ihm zu. Jack streckte ihr die Zunge heraus, stieg ins Auto und machte sich wieder auf den Weg.

»Sei nicht immer so gemein zu ihm«, sagte Greg zu seiner Mutter.

»Ich konnte nicht widerstehen«, gab Anna zu. »Er provoziert das immer so schön.«

»Wohl wahr.«

»Dann kommt mal herein.«

Gregory und Andrea betraten das Haus. Anna hatte schon vor ihrem Umzug die Gelegenheit genutzt, ein wenig zu renovieren, und das alte Schlafzimmer für die beiden als Gästezimmer hergerichtet. Sie konnten im alten Bett von Gregorys Eltern schlafen, denn Anna hatte ein anderes Zimmer bezogen. Andrea lief gleich nach oben, dicht gefolgt von Gregory, der die Tasche neben dem Bett fallen ließ und sich auf die Bettkante setzte. Stumm sah er Andrea an.

»Was ist los?«, fragte sie.

»Müde«, sagte er knapp. »Keine Ahnung, wie du diese Bahnfahrt ein ganzes Jahr lang jeden Samstag zweimal machen konntest. Komm mal her.«

Andrea setzte sich neben ihn, so dass er einen Arm um sie legen konnte. Mit der anderen Hand strich er über ihre Wange und küsste sie zärtlich. »Ich bin so froh, dass ich dich habe. Ich liebe dich.«

»Ich liebe dich auch.«

»Zu schade, dass wir später nicht allein im Haus sind«, fügte er leise hinzu.

Andrea lächelte. »Das wirst du doch überleben, oder?«

Er zuckte grinsend mit den Schultern. »Mal sehen.«

Wieder küsste er sie und zögerte einen verräterischen Augenblick zu lang, so dass sie grinsen musste, und schlug dann vor hinunterzugehen. Er befürchtete, sich sonst nicht losreißen zu können.

Je näher sie der Küche kamen, umso verführerischer duftete es. Andrea roch Speck und machte einen Umweg durch die Küche, um in den Ofen zu schauen. Quiche Lorraine. Sie liebte ihre Schwiegermutter.

Kurz darauf saßen sie am Tisch, und Anna trug die letzten Sachen auf. Sie hatte sich gerade dazu entschlossen, die Quiche aus dem Ofen zu holen, als es klingelte. Jack und Rachel waren da.

»Hey!«, rief Rachel fröhlich und umarmte die anderen. Jacks Freundin war eine bemerkenswert hübsche junge Frau mit langen, glänzenden dunklen Haaren, einem Gesicht mit Modelqualitäten und einer beinahe ebensolchen Figur. Dabei war sie sehr bodenständig – nicht umsonst arbeitete sie als Krankenschwester.

»Komm schon, Jack, wir fahren demnächst auch mal nach London und besuchen die beiden«, drängte Rachel. »Ich war ewig nicht mehr da.«

»Können wir machen«, sagte Jack zwischen zwei Bissen.

»Gefällt es euch dort immer noch?«, fragte Rachel. Gregory und Andrea nickten und erzählten von der Stadt und von ihrer Arbeit. Anschließend erfuhren sie, was sich in letzter Zeit in Norwich zugetragen hatte. Jack berichtete von seinen Projekten als Mediendesigner und von ihren Bemühungen, eine neue, größere Wohnung zu finden. Das alles wurde jedoch überschattet von seiner und Rachels Sorge wegen des Stalkers.

»Jack hat mir gesagt, was du geraten hast«, begann Rachel. »Ich hoffe, das hilft.«

»Konntest du es schon umsetzen?«, fragte Andrea.

Rachel nickte. »Ja, wir sind uns schon wieder begegnet. Ich habe ihm gesagt, dass er aufhören soll, weil ich sonst die Polizei einschalte.«

»Wie hat er reagiert?«

»Ich bin nicht sicher, aber ich glaube, er hat es nicht ernst genommen.«

»Dann ist es ja gut, dass Christopher morgen kommt«, sagte Andrea.

»Ja, ich bin so froh. Er muss mir unbedingt helfen.«

»Wichtig ist, dass du jetzt wirklich konsequent bist«, betonte Andrea. »Du musst ihn fortan ignorieren. Es ist jetzt Christophers Aufgabe, sich mit dem Mann zu befassen. Er darf keine Macht über dich haben.«

»Ist das nicht etwas mit Kanonen auf Spatzen geschossen?«, fragte Anna.

»Das hört sich vielleicht so an«, gab Andrea zu, »aber man weiß ja nie, mit wem man es zu tun hat. In jeder Reaktion sieht der Stalker ein Liebeszeichen, selbst in einer Ablehnung. Konsequent ignorieren und sich von der Polizei Hilfe holen, das ist wichtig. Ich habe schon zu Jack gesagt: Meistens reicht das aus. Die Präsenz der Polizei zeigt den meisten Tätern, dass sie eine Grenze überschritten haben.«

»Ich hoffe so sehr, dass das was nützt«, sagte Rachel.

»Das wird es bestimmt. Du wirst sehen.« Andrea lächelte ihr ermutigend zu.

»Ich habe dich gestern im Fernsehen gesehen«, sagte Rachel.

»Tatsächlich?«

»Ja, die Pressekonferenz zu diesem Entführungsfall. Du standest im Hintergrund. Das fand ich total abgefahren. Unglaublich, dass du jetzt so was machst.«

»Ja, so etwas gehört zu meinem Job«, erwiderte Andrea nüchtern.

»Und das Mädchen ist nicht wieder aufgetaucht?«

»Nein. Als heute eine Leiche gefunden wurde, dachten wir schon, sie wäre es … aber zum Glück war sie es nicht. Um ehrlich zu sein, ich befürchte trotzdem, dass sie tot ist.«

Einen Moment lang herrschte betretenes Schweigen. Für die anderen erschien ein solches Szenario fern. Das hatte es für Andrea auch erst getan, aber nun steckte sie mittendrin. Es war ihr ein wenig unangenehm, im Mittelpunkt des Interesses zu stehen, aber sie konnte die Neugier der anderen verstehen. Dass ausgerechnet sie diesen Beruf gewählt hatte, faszinierte die anderen.

1. September, 9:45 Uhr

Als er endlich kam und die Kellertür aufsperrte, war Trisha schon seit einer ganzen Weile wach. Er trug stets die Sturmhaube, aber daran hatte sie sich inzwischen gewöhnt. Es erschreckte sie nicht mehr.

»Frühstück ist fertig«, sagte er. Trisha erhob sich vom Bett und folgte ihm die Treppe hinauf. Er hatte in der Küche den Tisch gedeckt und sogar Eier und Würstchen gebraten.

Sie wusste, dass er die Türen abgeschlossen und das Telefon versteckt hatte. Das störte sie aber nicht, denn sie wollte nicht weglaufen oder Hilfe rufen. Wahrscheinlich hielten ihre Eltern sie für tot, aber das berührte sie nicht. Andrew war ihr in diesem Moment ebenfalls gleichgültig. Sie dachte nur daran, was ihr Vater der Haushälterin angetan hatte. Das sah ihm ähnlich.

Auf ihren Entführer war sie nicht wütend. Er ließ sie im ganzen Haus herumlaufen und sah mit ihr fern. Sie hatten sich unterhalten, fast so, als befänden sie sich in einer ganz gewöhnlichen Situation. Ein normales Kennenlernen. Dass er sich maskiert hatte, störte dabei nicht.

Und so frühstückten sie auch. Als er sich darüber beschwerte, dass die Marmelade ständig am oberen Rand der Mundaussparung seiner Maske hängen blieb, lachte Trisha sogar.

»Dann zieh sie doch aus«, sagte sie. »Ich verrate dich nicht.«

Er erwiderte nichts, kämpfte stattdessen weiter mit der Marmelade. Plötzlich war das Gespräch wie abgerissen.

Nach dem Frühstück fragte sie: »Kann ich duschen gehen?

Dafür würde ich sterben. Ich war seit Dienstagabend nicht mehr duschen. Bitte.«

»Natürlich«, sagte er. »Aber ich warte in der Nähe, und die Tür bleibt offen.«

»Okay.« Das störte Trisha nicht. Schließlich konnte sie keine Wunder erwarten.

Er brachte ihr ein T-Shirt und eine Hose, von denen er hoffte, dass sie ihr passten. Beides war zu weit, aber die Hose hatte einen Gummizug und eine Kordel. Das genügte Trisha, denn wichtig war ihr nur, dass sie frische Kleidung trug.

»Ich stecke deine Uniform später in die Waschmaschine«, sagte er.

»Und meine Unterwäsche«, schob sie hinterher. »Viel wichtiger!«

Er schluckte und versuchte, seine Unsicherheit zu kaschieren. »Klar. Ich kann alles waschen.«

»Sag mal, wieso entführt eigentlich jemand, der ein Haus hat, eine Millionärstocher?« Im Türrahmen stehend, musterte Trisha den Mann und wartete gespannt auf seine Antwort.

»Das kann ich dir verraten«, sagte er. »Das hier war das Haus meiner Eltern. Ich habe es geerbt. Aber mein momentanes Problem ist, dass ich keinen Job habe. Und meine Kumpels hatten auch keinen. Da sind wir auf die Idee gekommen.«

»Glorreich«, sagte Trisha trocken.

Sie ging ins Bad, zog ihre Kleidung aus und wickelte sich in das große Handtuch, das er ihr zuvor gegeben hatte. Dann brachte sie ihm all ihre Sachen, damit er sie waschen konnte. Wortlos verschwand sie wieder im Bad und betrat die Duschkabine. Er stand noch immer mit ihrer Kleidung auf dem Arm vor der Tür und lauschte.

»Das ist herrlich!«, rief Trisha unter dem laufenden Wasser. »Und es tut so gut. Danke.«

***

Er erwiderte nichts. Hätte er ihr sagen sollen, wie süß er sie fand? Er hatte ihr versichert, dass er keinerlei Absichten in diese Richtung hegte. Tat er auch nicht. Aber Trisha war so hübsch und für eine Millionärstochter überraschend nett.

Er ging hinunter in die Küche und stellte die Waschmaschine an. Als er nach oben zurückkehrte, hörte er Trisha unter der Dusche pfeifen. Nachdenklich setzte er sich neben der Tür auf den Boden und tastete mit den Händen an seiner Maske herum.

Trisha hatte keine Angst mehr vor ihm. Und er hatte keine Ahnung, was er jetzt mit ihr anstellen sollte. Er mochte sie. Sie sollte ihm die Millionen verschaffen. Er hatte ihr schon den Unfug mit Elisa Brown aufgetischt, und sie hatte es ihm geglaubt. Alles lief wie geschmiert.

Was, wenn er wirklich die Sturmhaube abnahm? Was konnte passieren? Würde sie ihn verpetzen? Er versuchte doch schon die ganze Zeit, sie auf seine Seite zu ziehen. Ihretwegen hatte er Charlie und Tom erschossen, und er bereute es nicht. Deswegen konnte ihm niemand etwas anhaben. Er hatte ihr damit das Leben gerettet.

Bisher hatte sie sich kooperativ verhalten. Und wenn er jetzt noch einen Schritt weiterging, wurde sie vielleicht noch kooperativer …

Kurz entschlossen zog er die Sturmhaube aus. Sollte etwas schiefgehen, konnte er sie immer noch erschießen.

In diesem Augenblick stellte Trisha das Wasser ab. Er hörte, wie sie aus der Dusche kam.

***

Trisha trocknete sich ab und zog sich ohne jede Eile an.

»Bist du da?«, rief sie.

»Ja, ich bin noch hier. Was gibt's?«, antwortete er.

»Hast du einen Fön?«

Er stand auf und stellte sich in die Badezimmertür. Erst reagierte sie nicht, dann starrte sie ihm mitten ins Gesicht.

»Du hast … du bist …«

»Ich denke, ich kann dir auch vertrauen«, sagte er. »Und ja, ich habe einen Fön.«

Trisha lachte perplex.

»Jetzt könnte ich dich beschreiben«, sagte sie.

»Würdest du?«

»Nein, würde ich nicht. Das habe ich dir doch eben schon gesagt. Du hast mir das Leben gerettet. Das vergesse ich nicht«, sagte sie ernst.

»Aber ich sperre dich immer noch hier ein.«

Nachdenklich verzog sie die Lippen. »Was hast du vor?«

»Ich weiß nicht, wie ich die Geldübergabe anlegen soll. Vielleicht hast du ja eine Idee. Und du hast recht – es ist albern, dass ich in meinem eigenen Haus maskiert herumlaufe. Du vertraust mir und ich dir auch.«

»Richtig. Von mir aus denke ich mit dir über die Geldübergabe nach. Darf ich dich etwas fragen?«

Er nickte. »Mach.«

»Wie heißt du?«

»Du bist aber verdammt neugierig.« Er grinste verlegen.

»Komm schon, irgendwie muss ich dich doch nennen.«

»Hast recht«, sagte er und überlegte. »Ach, was soll's. Ich heiße Dave.«

Sie lächelte. »Schöner Name. Also dann, Dave – ab heute sind wir so etwas wie Komplizen.«

1. September, 12:30 Uhr

Gregory hatte nach dem Frühstück beschlossen, duschen zu gehen. Andrea saß in Annas Wohnzimmer auf dem Sofa und starrte, den Kopf in die Hände gestützt, aus dem Fenster. Es regnete in Strömen. Bestes britisches Wetter, dachte sie seufzend.

Anna spähte aus der Küche in ihre Richtung und lächelte. »Kind, du sitzt da so allein.«

Andrea erwiderte das Lächeln ihrer Schwiegermutter. »Das macht doch nichts. Aber gegen Gesellschaft hätte ich auch nichts einzuwenden.«

»Siehst du.« Anna ließ sich in den Sessel fallen und seufzte. »Das britische Wetter ist zwar besser als sein Ruf, aber so richtig daran gewöhnt habe ich mich nie.«

Andrea lachte. »Daran dachte ich vorhin auch schon. Reizend heute.«

»Wie gefällt es dir denn allgemein? Hast du schon bereut, einen Engländer geheiratet zu haben?«, fragte Anna augenzwinkernd.

»Nein, gar nicht. Ich bereue weder das noch die Entscheidung, mit Greg hier zu leben. Ich liebe England. Ich liebe unser Leben. Wir haben jetzt beide unseren ersten Job und so eine schöne Wohnung in London … gut, es ist sehr teuer, in der Stadt zu leben, und ich hätte auch nichts dagegen gehabt, hier zu bleiben. Aber es ist schön.«

»Das ist gut.« Anna lächelte. »Greg wirkt auch zufrieden, obwohl ich nie geglaubt hätte, dass er wirklich nach London geht.«

»Und das alles nur meinetwegen.«

»Na, jetzt hör mal, du hast seinetwegen gleich dein Land verlassen.«

»Das hast du doch für seinen Vater auch gern getan.«

»Natürlich. Ich habe es auch nie bereut, trotzdem war das ein Opfer.«

»Für mich nicht.« Betreten senkte Andrea den Kopf.

»Ach, Kind.« Seufzend suchte Anna nach Worten. »Ich hoffe, du fühlst dich als Teil unserer Familie.«

»Natürlich tue ich das. Ihr seid toll. Zwar könnt ihr meine Familie nicht ersetzen, aber ich fühle mich nicht mehr einsam.«

»Man macht sich nur so seine Gedanken«, sagte Anna. »Wir sind beide für die Liebe ausgewandert, deshalb verstehe ich das so gut. Und … nimm mir das bitte nicht übel, aber manchmal wirkst du immer noch unglücklich.«

Nur mit Mühe gelang es Andrea, sich die Überraschung nicht anmerken zu lassen. »Tatsächlich? Findest du?«

»Du bist manchmal so still. Ich habe dich damals anders kennengelernt.« Anna senkte die Stimme, bevor sie weitersprach. »Wenn jemals etwas ist, dann bin ich für dich da. Auch, wenn es um meinen Sohn geht. Das sollst du wissen.«

Andrea schluckte. »Oh, Anna … du bist wirklich toll. Danke. Aber mach dir keine Sorgen. Wenn irgendetwas stimmt, dann ist es meine Beziehung zu Greg.«

Das zu hören, erleichterte Anna sichtlich. »Und sonst? Dein Beruf ist doch sicher hart.«

»Das ist er, auch wenn ich gerade erst angefangen habe. Aber ich bereue meine Wahl nicht.«

Anna hatte schon den Mund offen stehen, um etwas zu sagen, doch da betrat Greg das Wohnzimmer, und sie schluckte ihre Frage herunter. Schweigend lehnte Andrea sich zurück und schmiegte sich zufrieden an Gregory, als er sich neben sie aufs Sofa setzte.

Andrea war froh, ein Teil der Familie Thornton zu sein. Es tat ihr nur leid, dass sie Gregorys Vater nicht kennengelernt hatte – und dass Greg nie ihre Familie kennenlernen würde, die vor drei Jahren bei einem Autounfall ums Leben gekommen war.

»Habt ihr etwas dagegen, wenn ich die Nachrichten einschalte?«, fragte sie mit Blick auf die Uhr.

»Nein, nur zu«, erwiderte Anna, deshalb griff Andrea nach der Fernbedienung und suchte BBC News. Außer einem kurzen Hinweis darauf, dass die Polizei immer noch um Mithilfe aus der Bevölkerung bat, wurde jedoch nichts über Trisha gesagt. Sie blieb verschwunden, lebendig oder tot, und auf die Entführer gab es keine Hinweise.

»Komisches Gefühl. Du arbeitest jetzt an diesem Fall mit«, sagte Anna. »Das macht es irgendwie realer. Das ist nicht nur eine Nachricht im Fernsehen.«

»Nein«, sagte Andrea. »Das ist ein siebzehnjähriges Mädchen, das in einem goldenen Käfig lebt. Und ironischerweise hat der sie auch nicht geschützt.«

»Das tut es nie. Wenn man versucht, Kinder in Watte zu packen, tut man ihnen keinen Gefallen«, stellte Anna fest.

Die drei unterhielten sich über verschiedene Dinge und brieten schließlich gemeinsam zu Mittag ein paar saftige Steaks. Gregory hatte fraglos das Talent seiner Mutter geerbt, was das Kochen betraf. Sie schlemmten nach Herzenslust und lehnten sich nach dem Dessert satt zurück.

»Das war toll«, stellte Andrea zufrieden fest.

»Es ist schön, wenn ihr hier seid. Allein mache ich mir die Mühe nie«, sagte Anna.

»Das ist ein Fehler. Ich koche abends immer für uns«, sagte Greg.

»Ja, aber ihr seid auch zu zweit. Da lohnt es sich wenigstens.«

Sie wurden vom Klingeln der Haustür unterbrochen. Andrea sprang auf und lief in den Flur, denn sie glaubte zu wissen, wer dort war.

Und sie behielt recht. Kaum dass die Tür offen war, blickte sie in Christophers freche Augen.

»Hey!« Sie umarmte ihn; froh, ihn endlich wiederzusehen. Seit seiner Ernennung zum Detective Sergeant hatte er sich äußerlich ein wenig verändert. Er trug sein kurzes dunkles Haar nicht mehr so strubbelig, auch nicht in seiner Freizeit. Doch ansonsten war er ganz der Alte. Groß, beinahe ein wenig dürr, aber mit einem freundlichen Gesicht. Christopher war etwas älter als Greg und lebte allein. Er war mit seiner Arbeit verheiratet.

»Schön, dich zu sehen«, sagte er und erwiderte die Umarmung. »Ist viel zu lang her.«

»Ja, leider. Komm doch rein!«

Er folgte Andrea ins Wohnzimmer und wurde dort von Anna und Gregory herzlich begrüßt. Seit dem Campus-Rapist-Fall gehörte er zur Familie. Andrea hatte versucht, ihn nach Kräften bei den Ermittlungen zu unterstützen, und er hatte wochenlang als Personenschützer vor ihrer und Gregorys Wohnung gestanden. Er war von Jonathan Harold niedergestochen worden und beinahe verblutet. Das schweißte zusammen. Christopher war extra vor Rachel und Jack erschienen, um mehr Zeit allein mit Andrea und Gregory verbringen zu können.

Sofort sprach er Andrea auf Trisha Michaels an. »Da hast du dir ja für den Anfang schon einen richtig großen Fall geangelt.«

»Ja, da hast du wohl recht. Nur bleibt das Mädchen verschwunden. Das kann ja nichts Gutes bedeuten«, murmelte Andrea.

»Hm«, machte Christopher. Er kannte diese frustrierenden Situationen zur Genüge. »Und Rachel hat Ärger mit einem Verehrer?«

»Ja, es ist sicher gut, wenn du da Bescheid weißt. Deshalb habe ich dich gestern noch angerufen.«

»Damit ist wirklich nicht zu spaßen. Sie soll mir das gleich erzählen, wenn sie da ist.«

Es dauerte auch nicht lang, bis Jack und Rachel eintrafen. Anna verschwand in der Küche, um ein paar Leckereien zu holen, nachdem sich alle begrüßt hatten.

»Du wirst also verfolgt?«, begann Christopher scherzhaft, um Rachel aufzumuntern, doch er hatte damit nur begrenzt Erfolg.

»Allerdings«, murrte sie. »Vor vier Wochen wurde jemand nach einem Fahrradunfall eingeliefert. Er heißt Danny. Anfangs fand ich ihn ganz nett. Er hat freundlich mit mir geplaudert und mir Komplimente gemacht; nichts Besonderes eigentlich. Er hat mich gefragt, ob wir nicht mal ausgehen könnten, und wollte meine Nummer haben, aber ich habe ihm gesagt, dass ich bereits in einer Beziehung bin. Erst dachte ich, er hätte das begriffen. Als er jedoch vor anderthalb Wochen entlassen wurde, hat er mir Blumen geschenkt. Auch dabei dachte ich mir nichts, denn das passiert öfter. Doch am nächsten Tag war er wieder da, erneut mit Blumen. Meinte, ob ich es mir nicht überlegen möchte, weil er viel zu bieten hätte … Das fand ich seltsam. Ich habe abgeblockt, bin schließlich gegangen, aber er ist mir noch hinterher und hat mir an den Po gefasst. Ich hätte ihm fast eine gelangt.«

»Der kann froh sein, dass ich nicht da war«, brummte Jack.

»Glaube ich dir«, sagte Gregory.

»Ich habe ihm gesagt, dass er mich in Ruhe lassen soll«, fuhr Rachel fort. »Als ich am nächsten Abend nach Hause fahren wollte, stand er da und wollte zu mir kommen, deshalb bin ich zurück ins Krankenhaus und habe Jack aus der Umkleide angerufen, damit er mich abholt. Ich weiß nicht, woher Danny meinen Dienstplan kennt, aber er steht immer vor dem Krankenhaus und wartet, wenn ich Schluss habe. Ich bin vor ein paar Tagen zusammen mit Jack hingegangen, und wir haben versucht, ihm klarzumachen, dass er mich in Ruhe lassen soll, aber das hat nichts gebracht. Er steht nach wie vor jedes Mal da. Ich traue mich allein nicht mehr raus.«

»Wenigstens weiß er noch nicht, wo wir wohnen. Das hat er noch nicht rausgefunden, weil er meinen Namen nicht kennt und Rachel nicht hinter meinem Namen im Telefonbuch verzeichnet ist. Kann aber auch nicht mehr lange dauern, bis er das weiß«, sagte Jack.

Christopher sagte erst einmal nichts. Wenn sogar eine Konfrontation mit Jack nicht half, war die Situation ernst.

»Wie ist er so?«, fragte er schließlich. »Ist er eher unsicher oder hält er sich selbst für den Größten?«

»Er ist ein Aufschneider. Beinahe hätte er Jack dazu gebracht, ihm an die Gurgel zu gehen«, sagte Rachel mit unglücklicher Miene.

»Was hat er gesagt?«

»Ist das wichtig?«, wollte Jack missgelaunt wissen.

»Sag schon«, forderte Christopher ihn auf.

»Er hat mich gefragt, ob Jack es überhaupt bringt«, sagte Rachel leise.

»Das ist der Scheißkerl«, sagte Jack und hielt Christopher sein Handy hin. Es war ihm gelungen, heimlich ein Bild von Danny zu machen, wie er sich vor dem Krankenhaus herumdrückte.

»Kannst du mir helfen?«, fragte Rachel Christopher hoffnungsvoll.

Er nickte. »Du hast ihm aber klipp und klar gesagt, dass er dich in Ruhe lassen soll und du die Polizei rufst, wenn er das nicht tut?«

»Ja, das hat Andrea mir schon geraten, aber ich hatte nicht das Gefühl, dass es ihn in irgendeiner Weise beeindruckt hat ...«

»Kannst du mir Namen und Adresse geben?«, fragte Christopher.

»Ja, das habe ich aufgeschrieben.« Rachel zog einen Zettel aus ihrer Tasche und reichte ihn dem Polizisten.

»Sehr gut. Ich hatte für den Anfang überlegt, einfach bei der nächsten Gelegenheit vorbeizukommen und mir den Kerl zur Brust zu nehmen. Ihn zu fragen, was er da tut, weil man mir gesagt hat, dass er dir auflauert. Mal sehen, wie er reagiert. Vielleicht reicht es, wenn ich mit ihm rede und dich anschließend nach Hause bringe.«

»Und wenn nicht?«, fragte Jack.

»Wichtig ist, dass er nicht herausfindet, wo ihr wohnt. Es gibt jedoch auch noch andere Möglichkeiten. Man kann gerichtlich so einiges anordnen lassen. Keine Sorge, das wird schon. Oder was meinst du, Andrea?«

Sie nickte. »Hört sich gut an. Ihr müsst ihn in die Schranken weisen.«

»Wenigstens sagt ihr mir nicht, ich soll mich nicht so anstellen«, murmelte Rachel.

»Wieso? Wer tut das?«, fragte Andrea.

»Meine Kollegen.«

»Stalking ist ernst zu nehmen«, sagte Christopher. »Zum Glück ist es nicht mehr so, dass wir erst dann handeln können, wenn eine Straftat vorliegt. Das ist sehr wichtig.«

Jack nickte. »Da hast du allerdings recht.«

»Es nervt einfach fürchterlich«, sagte Rachel. »Ich habe immer Angst, ihm zu begegnen.«

»Wann hast du das nächste Mal Dienst?«, wollte Christopher wissen.

»Am Montag habe ich Frühschicht. Schluss ist mittags um zwei.«

»Gut, dann hole ich dich ab. Da habe ich gerade Dienst.«

»Perfekt, dann muss ich mich nicht mit meinem Chef herumstreiten, weil ich wegmuss«, sagte Jack.

»Wir kriegen das hin«, sagte Christopher aufmunternd. Rachel glaubte es ihm, sie wirkte bereits wesentlich entspannter.

Andrea genoss es, mit den anderen bei einer Tasse Tee zusammenzusitzen. In London hatten sie und Greg, abgesehen von ihren Kollegen, noch nicht allzu viele Kontakte geknüpft, deshalb waren sie dort meist unter sich. Aber das hier war Heimat. Familie. Die einzige, die Andrea noch hatte. Wenigstens zog sie auf diese Weise nichts nach Deutschland zurück. Im Gegenteil, sie überlegte, die britische Staatsbürgerschaft anzunehmen. Wenn man drei Jahre in England lebte und arbeitete, hatte man die Möglichkeit dazu. Außerdem war sie mit einem Engländer verheiratet. Vielleicht war es eine gute Idee, den britischen Pass zu beantragen. Das würde vieles vereinfachen.

Sie stand auf, um zur Toilette zu gehen. Als sie die Tür hinter sich schloss, atmete sie tief durch. Die Stimmen der anderen drangen auch durch die geschlossene Tür an ihre Ohren; sie hörte ihr Gelächter und musste ebenfalls lächeln.

Aber sie musste nicht einfach nur pinkeln. Sie hoffte stündlich, dass ihre Regel endlich einsetzte. Vielleicht war es dafür noch ein wenig früh, eigentlich rechnete sie erst am nächsten Tag damit. Aber sie war so unruhig, dass sie inständig darauf hoffte, endlich erlöst zu werden.

Doch auch diesmal wurde sie enttäuscht. Da war kein Blut. Seufzend stützte sie den Kopf in die Hände und überlegte, ob sie zu den anderen zurückkehren sollte. Plötzlich war ihr mehr danach zumute, sich in einem Loch zu verkriechen. Wenn selbst Anna sie schon fragte, ob alles in Ordnung war … nein, es war nicht alles in Ordnung. Andrea war wütend, denn sie wollte einfach nur mit ihrer Familie und ihren Freunden zusammensitzen und sich nicht ständig Sorgen machen.

Sie kehrte zu den anderen zurück, bevor ihre Abwesenheit auffällig lang erschien. Dennoch entging Gregory ihr nachdenklicher Gesichtsausdruck nicht. Als sie sich wieder neben ihn setzte, legte er einen Arm um sie und drückte sie an sich.

»Alles gut?«, fragte er leise auf Deutsch.

»Klar, was soll sein?« Andrea versuchte, es nicht so gereizt klingen zu lassen, wie sie sich fühlte.

Sie wollte nicht darüber nachdenken. Stattdessen plauderte sie lieber mit Christopher über seine alltägliche Polizeiarbeit. Irgendwann wandte er sich jedoch Jack und Rachel zu und fragte: »Wann läuten eigentlich bei euch die Hochzeitsglocken?«

»Was?«, erwiderte Jack entsetzt. »Hochzeitsglocken? Das fragt ja der Richtige. Find du erst mal die richtige Frau, Sergeant.«

Lachend warf Christopher ein kleines Sofakissen nach ihm. »Keine Sorge, ich stalke deine Freundin nicht auch noch.«

Andrea lachte, als sie die beiden herumalbern sah. Genau das brauchte sie in diesem Moment.

3. September, 15:40 Uhr

Andreas Büro wurde von der Nachmittagssonne in helles Licht getaucht. Während es das ganze Wochenende über geschüttet hatte und die Heimfahrt nach London grau und trostlos gewesen war, hatte sich pünktlich am Montagmorgen die Sonne gezeigt.

Seufzend schloss Andrea den Obduktionsbericht. Die Tote aus der Themse war eine Ausreißerin aus Manchester, eine Drogensüchtige. Sie war erst neunzehn, und noch nicht lange ein Junkie, was ihr zum Verhängnis geworden war. Die Obduktion hatte ergeben, dass sie an einer Überdosis gestorben war. Ob ein Fremdverschulden vorlag, vermochte der Gerichtsmediziner nicht zu klären.

Das alles brachte Andrea jedoch nicht weiter. An ihrem Schreibtisch fühlte sie sich so unnütz, aber es gab nichts, was sie tun konnte. Im Augenblick war keiner von ihnen beim Ehepaar Michaels. Gordon hatte sich am Wochenende viel mit Trishas Eltern befasst, weil beide angesichts des wahrscheinlichen Todes ihrer Tochter unter Schock standen. Richtig trauern konnten sie allerdings nicht, da Trishas Tod ja nicht feststand. Sie schwankten zwischen Hoffnung und Verzweiflung, ihre psychische Verfassung änderte sich ständig. Aber da konnte Gordon auch nicht helfen.

Die Polizei hatte am Wochenende jeden Stein in London nach Trisha umgedreht, jede noch so entfernt mit der Bank in Verbindung stehende Person überprüft und die Ermittlungen auch auf bereits vorbestrafte Personen mit entsprechender Vergangenheit ausgedehnt. Berufskriminelle. Profis. Menschen, die sich damit über Wasser hielten, weil sie keine andere Möglichkeit hatten.

Aber wer auch immer Trisha entführt hatte, sie hatten keine Spuren hinterlassen. Wenn das Mädchen inzwischen tot war, hatten sie nicht einmal ihre Leiche so abgelegt, dass man sie finden konnte.

Seufzend starrte Andrea auf den Bildschirm und versuchte, ihre verrücktspielenden Gedanken in den Griff zu kriegen. Trisha war nicht alles, woran sie denken musste.

Ihre Regel kam nicht. Mittlerweile war es Montagnachmittag, abgesetzt hatte sie die Pille am Donnerstag. Spätestens Sonntagmorgen hätte ihre Blutung einsetzen müssen. Aber das war nicht geschehen. Anna hatte schon eine schwache Blase bei ihr vermutet, weil sie ständig zur Toilette gelaufen war. Genauso hatte sie auch an diesem Morgen in einem Wechselbad aus Angst und Zuversicht darauf gehofft, dass vielleicht jetzt etwas passierte.

Aber nein. Dieses eine Mal hätte sie das unangenehme Ziehen im Bauch als erlösend empfunden. Nervös und unfähig, sich zu konzentrieren, lief Andrea schon wieder über den Gang zur Toilette. Sie musste wissen, ob sie vielleicht diesmal das Ziehen einfach nur nicht bemerkte.

Doch kaum dass Andrea auf der Toilette saß, zerschlug sich ihre Hoffnung. Kein Fleck. Kein Blut. Gar nichts.

Sie fuhr sich mit den Händen durchs Haar und schloss die Augen. Das konnte doch nicht wahr sein. Sie hatte Angst. Furchtbare Angst. Joshua würde wütend sein, und zwar zu Recht. Sie war ja selbst wütend.

Ihre Kehle war wie zugeschnürt, sie begann zu zittern. Ihr

war ganz kalt. Als plötzlich die Tür zu den Toiletten geöffnet wurde, biss sie sich auf die Lippen und atmete tief durch, um die aufsteigenden Tränen zurückzuhalten. Ungesehen stahl sie sich davon und huschte wieder in ihr Büro.

Dort sank sie auf ihren Stuhl und überlegte, ob sie sich auf dem Heimweg einen Schwangerschaftstest besorgen sollte. Sie musste unbedingt wissen, woran sie war.

Andrea stierte auf die Uhr und betete, dass die Zeit vorübergehen möge. In diesem Moment wollte sie einfach nur nach Hause.

Die immer noch trostlose Atmosphäre ihres Büros frustrierte sie in diesem Moment. Die Wände waren kahl, das zweckmäßige Mobiliar wirkte nicht sonderlich anheimelnd. Es bestand aus einem wenig attraktiven Aktenschrank und einem hellgrauen Schreibtisch. Die Blume auf der Fensterbank war der einzige Farbtupfer. Wenn man aus dem Fenster schaute, blickte man auf ein graubraunes Meer von Kaminen und Dächern. Andrea musste Gregory zu Hause noch einmal bitten, herzukommen und das Büro umzugestalten.

Als ihr Telefon klingelte, war sie geradezu dankbar. Auf dem Display stand eine fremde Nummer.

»Hier ist Andrew Emerson, Trishas Freund«, meldete sich der Junge am anderen Ende. »Erinnern Sie sich?«

»Natürlich erinnere ich mich«, sagte Andrea. »Wie geht es dir?«

»Na ja … geht so. Gibt es denn Neuigkeiten von Trisha?«

»Leider nein. Wir haben immer noch keine Spur von ihr. Niemand weiß, was aus ihr geworden ist.«

»Wirklich gar nichts?« Andrew seufzte.

»Nein, tut mir leid. Ich wünschte, ich könnte dir etwas anderes sagen.«

»Okay … na ja, nicht Ihre Schuld.«

»Andrew, du kannst mir auch deine Nummer geben, dann sage ich dir Bescheid, wenn es etwas Neues gibt«, bot Andrea an, denn der Junge tat ihr leid.

»Oh, ach so … ja. Gern.« Andrew diktierte ihr seine Handynummer, die sie flink mitschrieb.

»Das ist nett von Ihnen«, setzte er hinzu.

»Kein Problem. Ich weiß, wie das ist.«

»Mhm«, machte Andrew. »Danke. Wiederhören.«

Andrea verabschiedete sich von ihm und legte nachdenklich auf. Der arme Junge. Aber sie konnte ihm nichts anderes sagen. Ihm mitzuteilen, dass sie eine Ausreißerin für Trisha gehalten hatten, brachte ihn auch nicht weiter. Joshua fluchte inzwischen nur noch über den Fall. Sie befanden sich in einer Sackgasse. Daran war niemand schuld, aber trotzdem machten die Ermittler sich Vorwürfe.

Andrea hatte den Zettel mit Andrews Nummer gerade in die Hosentasche gesteckt, als ohne vorheriges Anklopfen die Tür aufgerissen wurde. Joshua steckte den Kopf durch den Spalt. »Der Feierabend fällt aus. Trisha Michaels lebt. Kommst du mit?«

»Was?« Andrea war vollkommen verdattert.

»Die Fangschaltung steht noch, die Polizei hat gerade einen Anruf mitgeschnitten. Richard Michaels hat mit seiner Tochter gesprochen. Sie lebt.«

»Okay.« Andrea griff nach ihrer Jacke, schaltete im Stehen ihren Rechner aus und hastete hinaus auf den Flur. Joshua lief durch alle Büros auf der Suche nach Gordon. Sie nutzte die Gelegenheit, um Gregory eine Nachricht zu schicken. Schließlich musste er wissen, dass sie später kam.

Gerade als sie damit fertig war, tauchten Joshua und Gordon auf. Wortlos verließen sie das Gebäude und begaben sich zum Parkplatz, auf dem Joshua seinen Wagen abgestellt hatte. Er und Gordon waren sichtlich angespannt. Dabei war das eine gute Nachricht – Trisha war nicht tot.

Und sie hatten endlich etwas zu tun.

Joshua fluchte, weil der Berufsverkehr die Stadt längst in seinem Würgegriff hatte, sie kamen nur langsam vorwärts. Je weiter sie nach Notting Hill hineinfuhren, desto besser wurde es zum Glück.

Die Polizei war trotzdem schneller. Drei Streifenwagen standen auf dem Platz vor der Villa, zwei Polizisten bewachten das Tor und ließen sie erst durch, als sie ihnen ihre Ausweise zeigten. Schnellen Schrittes liefen sie ins Wohnzimmer. Es hatte sich wieder in eine Einsatzzentrale verwandelt – Computer waren aufgebaut worden, Kabel lagen kreuz und quer auf dem Boden. Der Duft von Kaffee hing in der Luft. Die Möbel waren verschoben worden, überall standen Leute herum.

»Da sind Sie ja«, sagte Barley erfreut. Neben ihm standen Trishas Eltern. Beide waren hellwach, hatten keine Spur von Verzweiflung oder Trauer mehr im Blick – höchstens Angst.

»Es hat uns gefreut zu hören, dass Trisha noch lebt«, sagte Gordon.

»Na, aber hallo. Ich hätte ja zu gern gewusst, warum das so lang gedauert hat«, sagte Barley.

Ellen Michaels war sichtlich nervös. »Denken Sie, Trisha ist bald wieder wohlbehalten bei uns?«

»Die Chancen dafür standen nie besser«, sagte Joshua. »Dass sie noch lebt, beweist, dass sie ihren Entführern etwas wert ist.«

»Bitte holen Sie unser Kind zurück!«, drängte Richard Michaels.

Barley führte die Profiler vor den Laptop des Technikers. Auf dem Bildschirm waren Tonkurven zu sehen.

»Hören Sie es sich an«, sagte Barley und nickte dem Techniker zu. Der drückte einen Knopf.

»Michaels«, sagte die Stimme von Trishas Vater.

Für einen Augenblick war es still, dann ein Knacken. »Dad …«

»Trish!«, rief ihr Vater, außer sich vor Freude. »Geht es dir gut? Wir hatten solche Angst um dich!«

»Ich bin okay, Dad«, sagte sie verhalten.

»Wo bist du, Liebes? Hat dir jemand wehgetan?«

»Ich weiß nicht, wo ich bin. Aber es geht mir gut.«

»Oh, ich bin so froh, dich zu hören! Ist jemand bei dir? Was verlangt er?« Keine Antwort. »Trisha, antworte doch!«

Wieder knackte es in der Leitung. Es rauschte und knirschte.

»Da haben Sie das Lebenszeichen von Ihrer Tochter«, sagte eine verzerrte Stimme, die dennoch als männlich zu identifizieren war.

»Wer sind Sie?«, fragte Trishas Vater.

»Das tut nichts zur Sache. Sie sollen nur wissen, dass Trisha bei mir ist.«

»Sagen Sie mir einfach, was Sie verlangen!«, flehte Mr. Michaels verzweifelt.

»Der Preis hat sich nicht geändert. Wir verlangen immer noch sechs Millionen.«

»Sie bekommen das Geld, wenn Sie Trisha freilassen. Bitte

behandeln Sie sie gut.« Noch während Mr. Michaels das sagte, knackte es von Neuem in der Leitung. Das Gespräch war beendet. Der Techniker stoppte die Aufnahme.

»Was denken Sie?«, fragte Barley.

»Nochmal bitte«, bat Andrea. Der Techniker spulte zurück und startete die Aufnahme erneut. Diesmal schloss Andrea die Augen und lauschte nicht nur auf den Inhalt des Gesprächs, sondern auch auf den Tonfall aller Beteiligten. Trisha klang wohlauf. Sie hatte nur zweimal etwas gesagt – sie hatte ihren Vater angesprochen und gesagt, dass es ihr gut ging. Sie hörte sich nicht verzweifelt oder ängstlich an. Mr. Michaels klang genau so, wie man es erwarten würde. Aber vor allem interessierte sie der Entführer. Er wirkte arrogant, selbstbewusst. Das manifestierte sich auch in dem, was er sagte.

Als die Aufnahme zum zweiten Mal endete, schaute Andrea Joshua an. »Er hat sich verraten. Er hat gesagt, dass Trisha bei ihm ist. Bei ihm allein. Erst später hat er von *wir* gesprochen.«

»Ist mir auch aufgefallen«, stimmte Joshua zu.

»Und es war wirklich Trisha, die mit Ihnen gesprochen hat?« Andrea richtete die Frage an Richard Michaels.

»Ja, sie war es. Kein Zweifel.«

»Warum jetzt?« Andrea schüttelte nachdenklich den Kopf.

»Ich habe eine Frage zu Trisha«, sagte Joshua. »Ist sie eher schüchtern oder extrovertiert? Ist sie ängstlich oder mutig?«

Ihre Eltern sahen sich an. »Sie ist eher extrovertiert … ein fröhlicher, offener Mensch«, sagte Mr. Michaels.

»Was meinst du?«, fragte Gordon.

»Dass sie ganz gefasst war. Vielleicht hat sie das vorgetäuscht, um sie zu beruhigen«, sagte Joshua mit Blick zu den Eltern.

»Irgendetwas stimmt da nicht. Ich fand das Gespräch sehr kurz. Normalerweise würde ein Entführer doch ankündigen, dass er sich wieder meldet, oder etwas zur Polizei sagen. Das tut er alles nicht.«

»Stimmt«, sagte Gordon.

»Und warum?«, fragte einer der Polizeibeamten.

»Entführt wurde Trisha definitiv von mindestens zwei Männern. Beim ersten Anruf fiel kein Hinweis auf die Anzahl der Entführer, jetzt schon. Mich würde interessieren, ob das derselbe Mann war.« Joshua blickte zu dem Techniker. »Können Sie trotz der Stimmenverzerrung herausfinden, ob das derselbe Mann war?«

»Ich kann es versuchen.« Der Techniker machte sich sofort an die Arbeit.

»Der Entführer hat uns damit einen entscheidenden Hinweis geliefert«, sagte Joshua. »Wenn wir ihn beim Wort nehmen, dann müssen wir davon ausgehen, dass es sich jetzt nur noch um einen Mann handelt.«

»Das würde alles erklären«, sagte Andrea. »Das erklärt, warum die Geldübergabe geplatzt ist. Sie hatten Streit. Sie konnten sich nicht einigen und sind deshalb nicht zur Übergabe erschienen.«

»Und wo sollen die anderen Männer sein?«, fragte Barley.

»Tot«, warf Joshua als Vermutung in den Raum.

Andrea schloss die Augen und dachte nach. »Zwei oder mehr Männer haben Trisha entführt. Dann ist etwas passiert, weshalb sie sich gestritten haben. Vielleicht eine gewalttätige Auseinandersetzung. Und nun hat nur noch ein Mann Trisha in seiner Gewalt. Aber warum meldet er sich erst jetzt wieder?«

»Ein persönliches Motiv. Rache«, sagte Gordon.

»Er musste sich einen neuen Plan ausdenken«, überlegte Joshua.

Oder Trisha machte mit ihm gemeinsame Sache. Andrea wagte nicht, es laut auszusprechen, aber sie wollte es im Hinterkopf behalten. Es zumindest andeuten.

Sie strich eine Strähne ihres Haares zurück. »Wer mir zu denken gibt, ist Trisha. Zwar kenne ich sie nicht, aber ich hätte eine solche Reaktion nicht erwartet. Ich fand es schon seltsam, als ich die Aufnahme zum ersten Mal gehört habe. Mein Bauchgefühl sagte mir gleich, dass das ungewöhnlich ist.«

»Das stimmt«, sagte Joshua. »Aber vielleicht hat der Entführer auf sie eingewirkt.«

»Wenigstens können wir jetzt ein Profil erstellen«, sagte Gordon.

Joshua nickte. »Was haben wir?«

Harte Fakten hatten sie nicht besonders viele. Die Stimme war verzerrt, die Aufnahme musste erst analysiert werden. Dass der Anruf ernst zu nehmen war, stand jedoch für jeden von ihnen fest.

Für Andrea lautete die zentrale Frage, warum er sich so viel Zeit gelassen hatte. Was war in der Zwischenzeit passiert? Warum hielt ein einzelner Mann Trisha so lange gefangen?

Gordon und Joshua stritten sich eine ganze Weile über eine Alterseingrenzung des Täters. Das war wichtig, denn Hinweise auf Äußerlichkeiten hatten sie nicht, und ihnen war auch kein Sprachfehler aufgefallen. Dass er seine Stimme verzerrt hatte, sprach für Intelligenz. Dem Akzent nach zu urteilen, kam er aus der Nähe, lebte in London.

Joshua und Gordon einigten sich auf eine Eingrenzung des Alters zwischen zwanzig und vierzig Jahren. Andrea sagte nichts dazu, weil sie keine Meinung dazu hatte.

Wichtig war außerdem, auch nach männlichen Leichen zu suchen. Aus so einer Sache stieg man nicht einfach so aus.

Während Joshua hinüberging und den Polizisten diese Erkenntnisse mitteilte, blieb Andrea sitzen und zerbrach sich den Kopf über Trishas Verfassung. Dann fiel ihr etwas ein. Sie zog den Zettel mit Andrews Nummer aus der Tasche und griff zu ihrem Handy, wählte aber erst draußen auf dem Flur. Andrew würde außer sich sein vor Freude – und ihr vielleicht helfen können.

Er war schnell am Apparat. »Hallo?«

»Hallo, Andrew, hier ist Andrea Thornton. Ich habe eine gute Nachricht für dich: Trisha lebt.«

»Ist das wahr?«, rief er. »Das glaub ich jetzt nicht! Wo ist sie? Was ist mit ihr?«

»Ich bin bei Trishas Eltern. Sie ist nicht hier, aber ihr Entführer hat angerufen. Sie hat kurz mit ihrem Vater gesprochen und ihm gesagt, dass es ihr gut geht. So hörte es sich auch an.« Andrea machte eine Pause. »Könntest du dir vorstellen, dass Trisha mit ihrem Entführer zusammenarbeitet? Sie hat doch öfter Streit mit ihren Eltern.«

»Hm«, machte er. »Das kann ich mir eigentlich nicht vorstellen.«

Andrea nickte und fand, dass sie darüber noch intensiver nachdenken musste. Natürlich war das nur seine Meinung, aber sie glaubte ihm.

»Danke, Andrew. Ich bleibe an der Sache dran. Du kannst mich jederzeit anrufen, wenn dir etwas einfällt.«

»Ja, mach ich. Finden Sie den Kerl!«

Sie versprach es und legte auf.

»Trishas Freund?«, fragte Gordon, als Andrea ins Wohnzimmer zurückkehrte. Sie nickte bloß. Nachdenklich starrte sie erst auf die Vorhänge, dann aus dem Fenster. Warum hatte der Entführer sich so viel Zeit gelassen? Irgendwie ergab das alles keinen Sinn. Was wurde hier gespielt? Steckte Trisha da mit drin oder nicht?

»Das ist wirklich alles sehr seltsam«, fand Gordon. »Aber ich denke, du kannst gehen, wenn du willst. Wir werden hier bald nicht mehr gebraucht. Zumindest heute nicht.«

»Meinst du?«

»Ja, mach ruhig.«

Immer noch nachdenklich ging sie ins Nebenzimmer zu Joshua. »Kann ich irgendwie helfen?«

Er schüttelte den Kopf. »Vorhin habe ich schon mit den Beamten und den Eltern gesprochen, damit das nächste Telefonat zielführender abläuft. Ich werde auch bald gehen. Wir müssen unbedingt mehr wissen und länger mit dem Entführer sprechen. Aber du kannst nach Hause.«

Andrea verabschiedete sich, doch die Sache ließ sie nicht los. Irgendetwas war hier verdammt faul. Würde Trisha ihrem Entführer helfen?

***

In der Dämmerung lief sie von der U-Bahn-Station nach Hause. Inzwischen war es kühl geworden. Durch die Fenster konnte sie das Flimmern von Fernsehbildschirmen sehen. Irgendwo bellte ein Hund.

Auch Gregory hatte es sich vor dem Fernseher gemütlich gemacht, kam jedoch zu ihr, als sie sich im Flur die Schuhe auszog. Sie war froh, jetzt bei ihm zu sein. Sie brauchte diesen Ausgleich.

»Da bist du ja schon«, sagte er.

»Schon?« Sie schaute auf die Uhr. Halb sieben. »Mein Hunger sagt etwas anderes.«

»Aber du hattest etwas zu erledigen. Das Mädchen lebt also noch?«

»Ja, es geht ihr gut. Aber irgendwas ist faul an der Sache. Noch wird kein Schuh draus.«

Gregory ging in die Küche, um dort mit dem Kochen zu beginnen. Das war ganz nach Andreas Geschmack. Sie stellte sich daneben und erzählte ihm, was vorgefallen war.

»Und wie war es bei dir?«, fragte sie schließlich.

»Rosa Plüsch und Ploedance-Stange wurden zu den Akten gelegt, aber ich fühle mich sehr an die Katzendame erinnert.«

»Warum?«

»Weil wir gebeten wurden, ein Hundezimmer einzurichten.«

»Ein Hundezimmer?« Sie warf ihm einen schiefen Blick zu.

»Genau. Ich weiß auch nicht. Da draußen laufen merkwürdige Leute herum. Zumindest wird einem so nicht langweilig.«

Sie musste über Gregs Äußerung nachdenken. Es liefen wirklich merkwürdige Leute herum. Niemand wusste das besser als sie.

Das Klingeln des Telefons riss sie aus ihren Gedanken. Es war Christopher.

»Hey«, sagte sie. »Schön, dass du dich meldest. Was gibt es?«

»Ich habe mir heute Rachels Stalker mal vorgeknöpft.«

»Aha, und? Was ist passiert?«

»Ich bin eine ganze Weile früher auf den Parkplatz gefahren, aber es dauerte nicht lang, bis er auftauchte. Erst habe ich ihn nur beobachtet, doch kurz bevor Rachel kam, bin ich hingegangen. Ich habe erst ganz unbeteiligt getan und ihn gefragt, warum er da rumsteht. Er meinte, dass er auf jemanden wartet, also habe ich gefragt, ob dieser Jemand damit überhaupt einverstanden ist. Er wusste nicht, was er antworten sollte. Ich sagte ihm, dass Rachel mich um Hilfe gebeten hat und dass ich das sehr ernst nehme. Seit vorhin weiß er genau, was ihm alles droht, wenn er das nicht sein lässt.«

»Und was hat er gesagt?«

»Dass er das nicht glaubt, weil sie sich doch immer so nett um ihn gekümmert hat. Ich habe ihm erklärt, dass Krankenschwestern das von Berufs wegen machen, aber davon wollte er nichts wissen. Deshalb habe ich ihm noch einmal nahegelegt, damit aufzuhören, weil wir sonst rechtliche Schritte gegen ihn einleiten würden. Und dann kam Rachel. Sie hat ihm auch noch einmal deutlich gesagt, dass sie nichts von ihm will. Er guckte ein wenig angesäuert, behauptete, er würde nicht mehr auftauchen, und verschwand dann. Anschließend habe ich Rachel nach Hause gebracht«, erzählte Christopher.

»Und was glaubst du?«, fragte Andrea. »Wird er es lassen?«

»Keine Ahnung. Das ist schwer zu sagen. Er hat zwar zugestimmt, aber er hat sich so typisch verhalten. Wollte es nicht einsehen. Ich habe auf jeden Fall ein Auge darauf.

Wenn Rachel die nächsten Male Feierabend hat, werde ich dort mit meinem Streifenwagen warten und sie nach Hause bringen.«

»Gute Idee. Dann vergeht ihm bestimmt die Lust«, sagte Andrea.

»Wollen wir's hoffen. Jedenfalls weißt du jetzt Bescheid.«

Andrea bedankte sich, und sie beendeten das Gespräch. Gerade rechtzeitig, denn das Essen war fertig. Ausgehungert machte sie sich darüber her. Kurz darauf klingelte das Telefon jedoch erneut. Es war Jack, der Gregory zufrieden von derselben Sache berichtete.

»Und, was sagt Jack?«, erkundigte Andrea sich nach dem Telefonat, als sie gemeinsam die Küche aufräumten.

»Er ist zufrieden. Wollen wir hoffen, dass es damit vorbei ist. Jack ist manchmal ziemlich hitzköpfig. Er meinte, dass er diesen Danny zur Not auch in seine Einzelteile zerlegen würde.«

»Meint er das ernst?«

Gregory nickte. »Da nehmen wir uns beide nicht viel. Er hat dir doch erzählt, wie ich der Polizei die Hölle heißgemacht habe, als du verschwunden warst. So ist er auch. Auf unsere Liebsten lassen wir nichts kommen!«

Lächelnd blickte Andrea zu ihm auf. »Alter Charmeur.«

Ohne ein Wort schloss sie von hinten in die Arme. »Das ist mein Ernst. Die Männer in der Familie Thornton können sehr besitzergreifend sein.«

4. September, 3:30 Uhr

»Ich will, dass du vor mir kniest.«

Er sagte das ganz ruhig, beinahe berechnend. Nur am Ausdruck seiner Augen erkannte Andrea, welche Freude ihm der bloße Gedanke daran bereitete. So hatte er Caroline auch angesehen – voller Vorfreude; ungeduldig wie ein Kind, das mit glänzenden Augen auf den Weihnachtsmann wartet.

Nur, dass er sie kurz darauf erwürgt hatte.

Ihr rauschte das Blut in den Ohren. Ein Kribbeln überlief ihren angststarren Körper, doch sie versuchte sich erst zu wehren, als er sie losband und vom Bett zog. Das führte jedoch zu nichts außer einem weiteren Schlag ins Gesicht. Er hielt sie fest und zog seine Hose aus.

Bitte tu das nicht …

Ruckartig fuhr sie hoch und stierte ins Leere. Ihr Herz raste, in ihren Schläfen pochte es schmerzhaft. Für einen Augenblick verengte sich ihr Blickfeld und wurde schwarz, doch das gab sich wieder. Sie wandte den Kopf, um sich zu vergewissern, dass sie tatsächlich aufgewacht war. Neben ihr lag Gregory und schlief, ungeachtet der eingeschalteten Leselampe. Seufzend fuhr Andrea sich über die Stirn und atmete tief durch. Allmählich normalisierte sich ihr Puls.

Damals in ihren Gesprächen hatte Gordon ihr geraten, es mit luzidem Träumen zu versuchen – Klarträumen, in denen sich der Träumer bewusst ist, dass er träumt. Andrea war grundsätzlich dazu in der Lage, doch bei dieser Art Traum schaffte sie es nicht. Sie war sich nie dessen bewusst, dass sie träumte. Und so konnte sie auch nicht Gordons zweiten Ratschlag beherzigen, den Traum bis zu dem Zeitpunkt voranzutreiben, in dem sie Gregorys Stimme gehört hatte. Der Moment, in dem die Hölle geendet und er Jonathan Harold erschossen hatte.

Stattdessen träumte sie es immer falsch. Sie träumte von ihrer Vergewaltigung, die es nie gegeben hatte. Wenigstens hatte sie es erneut geschafft, vorher aufzuwachen.

Als sie sich wieder hinlegte, merkte sie, dass sie zitterte. Sie überlegte kurz, Greg zu wecken, tat es dann aber nicht. Er hätte sich nur Sorgen gemacht. Zaghaft legte sie ihre Hand auf seine und sah ihn mit einer Mischung aus Dankbarkeit und Liebe an. Obwohl es erst zwei Jahre waren, fühlte es sich an, als würden sie sich schon ewig kennen. Das konnte aber durchaus auch daran liegen, dass sie schon viel zusammen durchgemacht hatten. Wenn ihr zuvor jemand gesagt hätte, dass sie einen Engländer heiraten würde, und das nach nur neun Monaten, hätte sie ihn für verrückt erklärt. Aber genau so war es gekommen. Die riesige Lücke, die der Tod ihrer Familie hinterlassen hatte, wuchs allmählich zu. Greg stellte überhaupt keine Ansprüche, sondern war nur froh, dass sie seine Liebe erwiderte und jetzt seine Frau war.

Am Morgen erwachte Andrea vor ihm. Sie spähte an ihm vorbei zum Wecker, der zehn Minuten später sowieso klingeln würde. Seufzend ließ sie sich aufs Kissen zurückfallen und nutzte die Gelegenheit, näher an Greg heranzurutschen und einen Arm um ihn zu legen. Sein krauses Haar stand wirr ab, was lustig aussah.

Sie lauschte in sich hinein. Kein Ziehen im Bauch. Nichts.

Am Vorabend hatte sie es wegen des Erpresseranrufs verschwitzt, sich einen Schwangerschaftstest zu kaufen. Das würde sie sofort nachholen. Noch vor der Arbeit. Zwar musste sie jetzt schon pinkeln, aber sie versuchte, es sich zu verkneifen.

Plötzlich wachte Greg auf und blinzelte schläfrig in ihre Richtung.

»Guten Morgen«, sagte er. »Bist du schon lange wach?«

Andrea schüttelte den Kopf. »Nein, erst seit vorhin.«

»Ach so.« Er gähnte und runzelte fragend die Stirn. »Ist alles in Ordnung?«

»Ja«, schwindelte sie. »Was soll denn sein?«

»Du siehst beunruhigt aus.«

Er kannte sie einfach zu gut. Stumm sah sie ihn an und rang mit sich. Sie war noch nicht bereit für den Moment der Wahrheit.

»Was ist denn los?«, bohrte er weiter und setzte sich neben sie. »Mal bist du gut gelaunt und dann total niedergeschlagen. Allmählich mache ich mir wirklich Sorgen. Hast du wieder Alpträume?«

»Das ist es nicht«, sagte sie ausweichend. »Ich weiß nicht, was los ist. Es geht mir gut. Ich meine … mir fehlt nichts. Es ist nur so viel Stress.«

»Wegen des Falls?«

»Genau«, sagte sie und nickte. »Der ist wirklich nicht ohne.«

»Das glaube ich dir.« Er streckte sich und warf die Decke zurück, um aufzustehen. Andrea beobachtete ihn und folgte ihm nur langsam. Aller Voraussicht nach musste sie nur trödeln, bis er die Wohnung verließ. Das tat er meistens vor ihr. Er würde also gar nicht merken, wenn sie sich einen Schwangerschaftstest besorgte.

Aber bis dahin musste sie warten. Und das war die Hölle, denn sie musste aufs Klo, und so rutschte sie beim Frühstück unruhig auf ihrem Stuhl herum. Sie hatte sich demonstrativ noch nicht angezogen und tat so, als sei sie sterbensmüde. Das war ausnahmsweise mal nicht der Fall.

Gregory warf ihr ab und an einen forschenden Blick zu, fragte aber nicht nach. Als er sich von ihr verabschiedete, ertappte sie sich selbst bei dem Gedanken, dass es endlich so weit war. Sonst wünschte sie ihn nie weg.

»Bis heute Abend«, sagte er und gab ihr einen Kuss. Sie begleitete ihn zur Tür und schloss sie hinter ihm, als er draußen war.

Sofort rannte sie ins Schlafzimmer und zog sich in Windeseile an. Hastig band sie sich die Haare zu einem Zopf, schlüpfte in ihre Schuhe, suchte Geld und Schlüssel und verließ ebenfalls die Wohnung. Auf dem Weg zur Apotheke scannte sie misstrauisch jeden Mann im Anzug – es hätte ja Greg sein können. Er durfte sie auf keinen Fall ertappen.

Aber er war längst unterwegs zur Arbeit.

Mit klopfendem Herzen betrat Andrea die Apotheke. Außer ihr war niemand im Laden. Die Apothekerin begrüßte sie mit einem freundlichen Lächeln. »Was kann ich für Sie tun?«

»Ich bräuchte einen Schwangerschaftstest«, sagte Andrea. »Da gibt es doch solche, die schon ganz früh funktionieren …«

»So etwa zwei Wochen nach dem Eisprung«, erwiderte die Frau, während sie zu einem Regal ging. Andrea rechnete kurz nach und kam zu dem Schluss, dass das hinkam.

Die Apothekerin legte eine kleine Verpackung auf den Tresen und erklärte kurz die Anwendung, aber Andrea hörte gar nicht richtig zu. Hastig bezahlte sie und kehrte mit einer kleinen Tüte in der Hand nach Hause zurück, alles im Eilschritt. Schwer atmend nahm sie die Treppen nach oben, schloss die Wohnungstür auf und warf sie hinter sich zu. Mit wenigen Schritten war sie im Bad, riss die Packung auf und las nach, wie der Test funktionierte. Das Schlimme war nur, dass sie warten musste. Also legte sie alles ins Waschbecken und kehrte unruhig ins Wohnzimmer zurück.

Erst jetzt wurde ihr klar, was sie da eigentlich tat. Dass sie eine Antwort bekommen würde. Dafür war sie gar nicht bereit … Sie wollte jetzt kein Kind. Nicht durch ihre eigene Dummheit.

Sie fuhr sich durchs Haar, schloss die Augen und atmete tief durch. Nur jetzt nicht die Nerven verlieren. Sie musste noch zur Arbeit. Und sie würde ohnehin zu spät kommen, aber das war ihr egal. Noch länger hielt sie diese Ungewissheit nicht aus.

Nervös kehrte sie ins Bad zurück. Noch war nichts in dem kleinen Feld erschienen. Es dauerte quälend lang, ewig lang. Wahrscheinlich nur ein oder zwei Minuten, aber garantiert ewig. Ihr Herz raste, ihr wurde abwechselnd heiß und kalt. Bitte nicht schwanger. Nicht schwanger …

Als dann zwei kleine Striche erschienen, setzte ihr Herzschlag aus.

Positiv.

Sie war geschockt. Obwohl sie es nicht wollte, schossen ihr Tränen in die Augen, und sie begann, leise zu weinen. Schluchzend sank sie auf den kleinen Hocker neben der Tür und raufte sich die Haare. Dafür war sie nicht bereit. Unter Tränen blinzelte sie noch einmal ins Waschbecken. Zwei Striche. Deutlich sichtbar.

Sie war abwechselnd verzweifelt und wütend auf sich selbst. Dann zwang sie sich, nicht länger zu weinen, wusch sich hastig die Tränen ab und fuhr damit fort, sich für den Arbeitstag zurechtzumachen. Sie musste los.

Andrea räumte die Utensilien aus dem Waschbecken in den Schrank, band sich schnell einen neuen Zopf und war fünf Minuten später auf dem Weg zur U-Bahn. Sich jetzt keine Zeit zu nehmen, um über das Testergebnis nachzudenken, tat gut – so lange, bis sie in der U-Bahn saß und doch wieder Zeit zum Grübeln hatte.

Schwanger. Sie musste es Greg sagen. Irgendwann musste sie es allen sagen.

Aber was dann? Sie hatte keine Ahnung. Sie hatte keinen Plan B.

Resigniert schloss sie die Augen und lehnte den Kopf nach hinten an die Scheibe. Wenigstens hatte sie nicht vergessen, dass sie diesmal gleich nach Notting Hill zur Villa von Trishas Eltern fahren musste.

Darauf würde sie sich ja ganz hervorragend konzentrieren können.

Mit hochgezogenen Schultern und den Händen in den Hosentaschen trottete sie schließlich von der U-Bahn-Station bis zur Villa und zwang sich, nicht an das Testergebnis zu denken, sondern an den Entführungsfall. Der Kidnapper würde bestimmt wieder anrufen. Hoffentlich. Trisha lebte.

Nichts anmerken lassen.

Als sie auf ihre Uhr blickte, entspannte sie sich. Zehn nach neun. Diese Verspätung musste sie im Idealfall gar nicht erklären.

Und so kam es dann auch. Niemand sprach sie darauf an.

Zwar waren alle anderen schon da, aber ihre Ankunft wurde kaum zur Kenntnis genommen. Dafür waren die anderen viel zu beschäftigt.

Die Tasche mit dem Geld war wieder da, die Eltern machten auf Andrea einen ruhigen und konzentrierten Eindruck. Zu wissen, dass Trisha nicht tot war, reichte ihnen in diesem Augenblick. Sie war jetzt seit einer Woche verschwunden, und, so seltsam das vielleicht auch anmutete, man gewöhnte sich an alles. Irgendwie. Dass Trisha lebte, hatte die Stimmung komplett verändert.

»Ich bin gespannt auf den nächsten Anruf«, gab Joshua zu.

»Ich auch«, sagte Andrea.

»Ich hoffe, der Entführer und Trisha verraten uns noch mehr, was uns helfen könnte. Die Kollegen von der Polizei überprüfen übrigens alle ungeklärten Todesfälle seit Donnerstag. Vielleicht finden wir einen der anderen Entführer, sollten sie wirklich tot sein.«

»Also wenn Sie mich drauf festnageln, dann würde ich sagen, das war nicht derselbe Anrufer«, sagte der Techniker halblaut. Er hielt sich einen seiner Kopfhörer ans Ohr und blickte konzentriert auf den Bildschirm.

»Gut zu wissen«, sagte Joshua.

»Ich hab's jetzt nochmal überprüft. Durch den Stimmenverzerrer kann man das nicht wirklich feststellen, aber die Sprechweise ist eine andere. Ich glaube, gestern hat jemand anders angerufen.«

Nachdenklich verschränkte Andrea die Arme vor der Brust. Zwei oder mehr Männer entführten Trisha. Nur noch einer hatte sie jetzt in seiner Gewalt. Die Geldübergabe war gescheitert.

Es musste Streit gegeben haben. Was war aus den anderen Männern geworden?

Und was spielte sich jetzt zwischen Trisha und dem übrig gebliebenen Mann ab? Warum hatte das alles so lang gedauert?

In solch einer Situation konnte eine ganz eigene Dynamik entstehen. Die eigentlich undenkbarsten Dinge waren mit einem Mal möglich. Vertraute Trisha diesem Mann? Arbeitete sie mit ihm zusammen? Aber warum hätte sie das tun sollen?

Andrea wusste aus eigener Erfahrung, dass man mit seinem Entführer interagierte. Das blieb gar nicht aus. In ihrem Fall hatte sie nicht irgendwann ihr Verhalten geändert, Jonathan Harold aber sehr wohl das seine. Dadurch, dass sie anders reagiert hatte als von ihm vorab vermutet, hatte er seinen ursprünglichen Plan, sie umzubringen, fallen lassen.

So etwas konnte hier auch der Fall sein. Vielleicht war da etwas, das Trisha und ihren Entführer verband. Warum auch immer.

Vor Jahrzehnten hatte es einen entsprechenden Fall in Amerika gegeben. Die Millionärstochter Patty Hearst war entführt worden und hatte mit ihren Entführern gemeinsame Sache gemacht, war sogar zur Terroristin geworden und dafür auch rechtskräftig verurteilt worden.

Sie blickte zu Joshua. »Sag mal, was war eigentlich damals bei Patty Hearst der Grund für die Entführung? Es ging doch gar nicht um das Geld, oder?«

Er schüttelte den Kopf. »Es war eine politisch motivierte Entführung. Linksradikale haben sie entführt, und später hat sie sich ihnen angeschlossen. Warum fragst du? Richard Michaels ist politisch nicht aktiv.«

»Nein, ich will auch gar nicht ein anderes Motiv finden, sondern eine Erklärung für Trishas Verhalten.«

Sie wurden unterbrochen, weil die Tür vom Zimmer nebenan aufgerissen wurde. »Ein Anruf!«, rief ein Beamter in ihre Richtung. Sofort drängten sie nach nebenan, wo Trishas Eltern vor dem klingelnden Telefon standen.

»Bleiben Sie gefasst und höflich. Greifen Sie ihn nicht an. Und bestehen Sie darauf, mit Trisha zu sprechen! Verhandelt wird erst, wenn wir ein Lebenszeichen von ihr haben«, schärfte ein Polizist Mr. Michaels ein, auf dessen Stirn Schweißperlen standen.

»Los!« Ein anderer Polizist wedelte nervös mit der Hand. Mr. Michaels nahm das Gespräch entgegen.

»Guten Tag, Mr. Michaels«, sagte eine verzerrte Stimme. »Wie geht es Ihnen heute?«

»Was ist mit meiner Tochter?«, fragte Mr. Michaels. Der Beamte nickte und wisperte: »Bei der Stange halten.«

»Oh, Ihre Tochter … es geht ihr nach wie vor gut. Sie möchte aber nicht mit Ihnen reden«, sagte die verzerrte Stimme.

»Was? Warum nicht?«

»Nun, ich habe ihr verraten, was Daddy vor kurzem mit der armen Miss Brown gemacht hat. Das fand sie gar nicht lustig.«

»Miss Brown?«, fragte Richard Michaels entgeistert. »Wie meinen Sie das?«

»Nun, Sie wissen doch genau, was ich meine!«

Mr. Michaels schaute hilfesuchend zu den Ermittlern. Ihm fehlten die Worte. Joshua bedeutete ihm mit einer Handbewegung, dass er weitersprechen solle.

»Ehrlich gesagt nicht«, entgegnete Trishas Vater.

»Er soll Trisha ans Telefon lassen«, wisperte ein Polizist.

Mr. Michaels atmete tief durch und nickte. »Lassen Sie mich mit meiner Tochter sprechen.«

»Trisha? Du hörst deinen Vater. Möchtest du?«

»Nein«, kam es genauso verzerrt aus dem Hintergrund zurück. Andrea war überrascht. Sie hatte an einen Bluff geglaubt, aber ganz offensichtlich lag sie da falsch.

Mr. Michaels wusste nicht, was er sagen sollte. Er machte den Mund auf und zu, aber ihm fiel nichts ein.

»Sie hören es selbst«, sagte der Entführer. »Jetzt weiß Trisha, was sie von Ihnen zu halten hat.«

Bevor Trishas Vater etwas erwidern konnte, knackte es in der Leitung. Das Gespräch war beendet.

»Was war das denn bitte?«, fragte einer der Polizeibeamten. Die Ermittler sahen einander irritiert an. Niemand sagte etwas.

»Welche Miss Brown?«, fragte Inspector Barley. »Wen meinte er damit?«

»Unsere frühere Hausangestellte«, sagte Mr. Michaels. »Sie hat bis vor drei Wochen hier gearbeitet.«

»Aha. Und warum ist sie jetzt nicht mehr hier?«

»Sie war unzuverlässig, und wir waren ziemlich sicher, dass sie gestohlen hat. Deshalb haben wir ihr gekündigt. Ordentlich und fristgerecht.«

»Wirklich?« Barley glaubte ihm kein Wort.

»Ja, wirklich. Ich weiß nicht, was der Mann meint.«

»Es ist aber interessant, dass er es anbringt. Vielleicht kennt er Sie doch. Vielleicht kommt er aus Ihrem Umfeld«, erwiderte Joshua.

»Wir brauchen diese Miss Brown hier«, sagte Barley. »Am

besten gestern. Möglicherweise kann sie uns weiterhelfen und Licht ins Dunkel bringen. Kann doch sein, dass sie etwas weiß … vielleicht war jemand aus ihrem Umfeld nicht mit der Kündigung einverstanden?«

Sofort brachen alle in Hektik aus. Zwei Beamte verschwanden, um Elisa Brown herzuholen. Barley grillte derweil Richard Michaels, um herauszufinden, was der Entführer gemeint haben könnte.

»Ich weiß es wirklich nicht«, protestierte Richard Michaels. »Ich habe keine Ahnung, was der Mann meint. Wie soll ich sie denn behandelt haben?«

»Wir haben uns friedlich von ihr getrennt«, kam Ellen Michaels ihm zu Hilfe. »Es gab keine unschönen Szenen.«

»Vielleicht lehne ich mich jetzt weit aus dem Fenster … aber für mich hörte es sich vorhin so an, als wäre etwas Unmoralisches passiert.« Barley zog die Augenbrauen hoch und musterte Mr. Michaels. »Wenn es da irgendwelche heimlichen Affären gibt, dann sagen Sie es besser jetzt.«

»Das glauben Sie?« Richard Michaels lachte. »Ich hatte doch keine Affäre mit Elisa Brown! Und bevor Sie fragen, bedrängt habe ich sie auch nicht.«

Andrea beobachtete den Dialog mit großem Interesse und fragte sich, ob Richard Michaels log oder die Wahrheit sagte. Es kam ihr nicht so vor, als würde er lügen.

Sie hatte keine Ahnung, was sie überhaupt noch glauben sollte. Was, wenn der Entführer das nur vorgeschoben hatte, um sie zu beschäftigen?

Aber Trisha hatte es auch geglaubt … und anscheinend war der Kidnapper ausreichend informiert, um die Hausangestellte überhaupt anzubringen. Was war hier los?

Trisha kooperierte mit ihrem Entführer. Das hatten sie gerade gehört. Er rief an, sie saß im Hintergrund und hörte zu, äußerte sich patzig … Was auch immer der Mann ihr erzählt hatte, sie hatte es geglaubt. Sie war wütend auf ihren Vater. Wütend auf den Vater, aber nicht auf den Entführer. Und das führte zwangsläufig zu …

»Sie sind doch übergeschnappt!«, brüllte Richard Michaels den Inspector an. »Sie sollen mich nicht lynchen, sondern den Entführer meiner Tochter finden!«

Das Telefon klingelte wieder. Der Techniker hantierte hektisch am Computer herum, doch Mr. Michaels machte keinerlei Anstalten, ranzugehen. Er war stocksauer und bedachte Barley mit einem wütenden Blick.

»Sie müssen ihn noch länger in der Leitung halten«, sagte ein anderer Polizist. »Die Anrufe sind zu kurz, um seinen Standort ermitteln zu können.«

»Ich kann nicht.« Mr. Michaels setzte sich langsam neben seine Frau.

Der Beamte war hilflos. »Sie müssen mit ihm sprechen!«

»Lassen Sie mich«, sagte Andrea kurz entschlossen und trat vor. »Ich glaube, ich weiß, was da los ist.«

»Okay, los«, sagte Joshua und nickte ihr zu. Es war gar keine Zeit zum Diskutieren, aber er vertraute ihrem Instinkt.

Sofort griff Andrea zum Telefon. »Anschluss Familie Michaels. Sie sprechen mit Andrea Thornton. Ich bin Psychologin.«

Für einen Moment war es verdächtig still, aber das brachte sie nicht aus der Ruhe. Natürlich war er irritiert.

»Polizeipsychologin?«, fragte die verzerrte Stimme.

»Ja«, behauptete Andrea. Sie wollte ihm nicht auf die Nase

binden, dass sie Profilerin war. »Bislang haben Sie keinerlei Anweisungen bezüglich der Polizei gegeben, aber vermutlich wissen Sie, dass wir hier sind.«

»Ja, das habe ich mir gedacht. Mir egal.«

»Lassen Sie mich mit Trisha sprechen.«

»Sie will nicht«, behauptete der Entführer.

»Warum rufen Sie an?«, fragte Andrea.

Wieder war es für einen Moment still. »Hat Mr. Michaels sich schon um die sechs Millionen Pfund gekümmert?«

»Das Geld steht zu Ihrer Verfügung«, sagte sie. »Aber darum geht es doch gar nicht, oder? Was wird hier gespielt? Warum sind Sie allein mit Trisha? Sie haben Sie nicht allein entführt.«

Er zögerte. »Richtig. Wer sagt Ihnen, dass ich allein mit ihr bin?«

»Sie selbst. Sie sprechen immer nur von sich, nicht von mehreren.«

Ein schepperndes Lachen war die Antwort. »Psychologen-Quatsch.«

Sie hatte ihn. »Lassen Sie mich mit Trisha sprechen. Sie ist doch in der Nähe. Sie behandeln sie doch gut, nicht wahr?«

»Ja. Ich habe keinen Grund, etwas anderes zu tun.«

»Aber warum haben Sie bis gestern gewartet, um sich wieder zu melden, wenn es nur um Geld geht?«

Keine Antwort. Andrea hatte ihn in die Enge getrieben. Dann fing er sich. »Ich melde mich wieder.«

Bevor sie protestieren konnte, legte er auf. Fluchend stellte sie das Telefon beiseite und schaute zu den anderen. Das war noch kein Beweis für ihre Vermutung.

»Was ist denn da los?«, fragte Barley.

»Ich bin nicht sicher«, sagte Andrea. »Solange ich nicht mit Trisha sprechen kann, kann ich nur mutmaßen. Aber für mich sieht es so aus, als würde sie mit ihrem Entführer sympathisieren.«

»Warum sollte sie das tun?«, fragte Mr. Michaels entgeistert.

»Sie ist seit letzter Woche bei diesem Mann, und er behandelt sie offensichtlich gut. Sie fühlt sich immer mehr von den anderen Menschen im Stich gelassen. Dieses Phänomen ist in solchen Situationen schon oft beobachtet worden. Vielleicht haben Sie schon vom Stockholm-Syndrom gehört.« Ihr war heiß, als sie das sagte. Sie hätte sich gern mit Joshua besprochen, bevor sie das laut äußerte, aber die Gelegenheit hatte sie nicht. Zu ihrer Beruhigung nickte Joshua jedoch. Trisha war nicht an ihrer eigenen Entführung beteiligt, jedenfalls nicht zu Anfang. Aber ihr gesamtes Verhalten deutete auf das Stockholm-Syndrom hin.

»Ich habe schon davon gehört«, sagte Mr. Michaels. »Aber wir wollen sie zurück. Wir helfen ihr doch.«

»So erlebt sie das nicht. Sie erlebt gerade nur ihren Entführer. Jedes Zugeständnis, das er ihr macht, wird eine große Erleichterung für sie sein. Sie nimmt das viel zu stark wahr, aber ich nehme an, dass er sie sehr gut behandelt und sie deshalb möglicherweise sogar mit ihm sympathisiert. Ich weiß nicht, was er ihr über Sie erzählt hat, aber sie glaubt es«, erklärte Andrea.

»Was für ein Unsinn!«, rief einer der Beamten.

»Das ist kein Unsinn«, sagte Gordon. »Ich habe schon mit zahlreichen Entführungsopfern und Geiseln zusammengearbeitet, die über ähnliche Erfahrungen berichteten. Je länger eine Entführung andauert und je größer der Kontrollverlust für die Opfer ist, desto eher kommt es dazu. Davon abgesehen hat der Mann Trisha etwas erzählt, was sie dazu bringt, wütend auf ihren Vater zu sein.«

»Wir sind keinen Schritt weiter«, sagte Barley. »Er hat nur angerufen, um uns aufzumischen und nach dem Geld zu fragen.«

Das Telefon klingelte erneut. Sie ließen alles stehen und liegen, und Mr. Michaels sammelte sich noch einmal, um einem weiteren Gespräch mit dem Entführer gewachsen zu sein.

Angespannt nahm er das Gespräch an. »Richard Michaels.«

»Guten Tag, Mr. Michaels, bitte entschuldigen Sie die Störung. Hier ist Robert Hill aus der Personalabteilung. Ich habe eine dringende Frage an Sie.«

Einer der Beamten zog die Kopfhörer ab und ließ sich entnervt in einen Stuhl sinken. Barley seufzte erleichtert. Andrea hingegen freute sich darüber gar nicht. Sie musste unbedingt mit Trisha sprechen. Vor allem wollte sie verhindern, dass Trisha sich immer tiefer in ihre Opferrolle hineinsteigerte und vielleicht gar nicht mehr loslassen konnte.

Jedem normalen Menschen musste das Stockholm-Syndrom wie der pure Irrsinn vorkommen, dessen war Andrea sich bewusst. Wer war schon verrückt genug, eine emotionale Bindung zu seinem Kidnapper aufzubauen?

Doch unter bestimmten Umständen konnte das geschehen. Seinen Namen hatte das Stockholm-Syndrom von einer mehr als fünf Tage währenden Geiselnahme im Jahr 1973 nach einem Überfall auf eine Stockholmer Bank. Die Polizei war mit der Situation überfordert gewesen, die Geiselnehmer hatten ihre Gefangenen ausnehmend gut behandelt. So war es zu dieser irrationalen Reaktion gekommen.

Geiseln erleben nur ihren subjektiven Eindruck von der Situation. Wenn ein Opfer sich im Stich gelassen fühlt, wird jedes Zugeständnis seitens des Entführers oder Geiselnehmers als umso wertvoller erlebt. Im konkreten Fall hatte der Entführer etwas getan, um Trisha seine Vertrauenswürdigkeit zu beweisen. Das hatte er noch dadurch verstärkt, dass er ihr etwas über die Hausangestellte und Richard Michaels erzählt hatte, ganz gleich ob das nun stimmte oder nicht.

Dem Opfer fiel es auf diese Weise leichter, seinen Kontrollverlust dadurch zu kompensieren, dass es sich mit der Situation identifizierte. Und wenn der Täter nett war …

»Wie kommen Sie denn darauf, dass hier das Stockholm-Syndrom vorliegen könnte?« riss Barley Andrea aus ihren Gedanken.

»Das ist ganz einfach«, sagte sie. »Mehrere Männer haben Trisha entführt. Sie haben den Fahrer vor ihren Augen erschossen, sie stand unter Schock. Vor der Geldübergabe kam es zum Streit, warum auch immer. Er ist eskaliert, und der Entführer, der jetzt noch übrig ist, hat etwas getan, das Trisha ihm zugutehält. Er hat sich um sie gekümmert, sie beschützt, was weiß ich. Vielleicht hat er dann bemerkt, wie vorteilhaft das auch für ihn ist, und er hat ihr diese Geschichte von Richard Michaels und Miss Brown aufgetischt. Jetzt hat der Mann eine Verbündete. Vielleicht hilft sie ihm.«

»Und das hat sich so schnell entwickelt?«

»Dafür braucht es nicht viel Zeit. Ich weiß ja nicht, was der Entführer sich bei alldem denkt, aber es funktioniert bislang ganz gut.«

»Und mit der Erwähnung von Miss Brown hält er uns beschäftigt«, sagte Joshua. »Ich glaube, er hat Trisha irgendeine wüste Story aufgetischt.«

»Die nicht stimmt?«, fragte Barley.

»Richard Michaels wirkte vorhin nicht so, als würde er uns anlügen.«

»Und was sollen wir jetzt machen?«

»Wir sollten sehen, dass wir das zügig zu Ende bringen«, sagte Andrea. »Damit bei Trisha kein größerer Schaden angerichtet wird als ohnehin schon …«

Das Telefon klingelte erneut. Mr. Michaels stand auf und ging langsam hinüber, um das Gespräch anzunehmen.

»Ich will mit der Psychologin sprechen«, pflaumte die verzerrte Stimme ungeduldig. Andrea stand auf.

»Am Apparat«, sagte sie.

»Sagen Sie, sind Sie seinetwegen Profilerin geworden?«

Andrea stutzte. Er hatte sich über sie schlaugemacht. »Sie meinen Jonathan Harold?«

»Genau den meine ich.«

»Nein, bin ich nicht. Das wollte ich auch vorher schon. Aber warum wollen Sie das wissen?«

»Weil ich wissen will, wer mich da bequatscht«, polterte er. »Denken Sie, Sie erreichen irgendwas bei mir?«

»Nein, aber das will ich auch gar nicht. Lassen Sie mich mit Trisha sprechen«, bat Andrea. »Ich möchte ihr etwas erklären.«

Es knisterte in der Leitung, das Rauschen im Hörer klang nicht mehr so dumpf. »Ich höre«, sagte Trisha. Ihre Stimme klang klar.

»Hallo, Trisha. Behandelt der Mann dich gut?«

»Ja.«

Damit war die erste Bedingung fürs Stockholm-Syndrom erfüllt.

»Was hat er dir über deinen Dad und Miss Brown erzählt?«, fragte Andrea.

»Das können Sie doch meinen Dad fragen! Er muss es wissen.«

»Wir haben ihn gefragt, wir wollen nur sichergehen, dass wir auch die Wahrheit gehört haben«, sagte Andrea und hob die Hand in Richtung der anderen, um ihnen zu signalisieren, dass sie etwas ausprobieren wollte. »Er sagte, er habe eine Affäre mit ihr gehabt.«

»Das war aber nicht alles«, sagte Trisha und bestätigte damit Barleys Vermutung. Richard Michaels hatte schon den Mund geöffnet, um zu protestieren.

»Von mehr wissen wir noch nicht«, sagte Andrea. »Willst du es mir sagen?«

»Was, weil er Sie anlügt? Das hätte ich mir ja denken können. Aber ich finde auch unverzeihlich, was er getan hat.«

»Sag es mir«, bat Andrea.

Plötzlich klang Trisha weinerlich. »Nein. Ich kann nicht.«

»Ist okay«, sagte Andrea. Damit wollte sie sich nicht aufhalten. »Wir sind froh, dass der Mann dich gut behandelt. Hat er dich vor den anderen Männern beschützt?«

Trisha antwortete nicht gleich. »Warum ist das wichtig?«

»Wir vermuten, dass es Streit zwischen den Männern gab, weshalb die Geldübergabe geplatzt ist.«

»Woher wissen Sie …«

Die Leitung war tot. Andrea starrte auf den Hörer in ihrer Hand. Das war der Entführer gewesen. Er hatte gemerkt, dass sie sich in die verdrehte Beziehung zu drängen versuchte, die sich zwischen den beiden aufgebaut hatte.

»Stockholm«, beharrte Joshua knapp. Andrea nickte, während alle Augen sich auf Mr. Michaels richteten.

Er holte tief Luft. »Ich hatte keine Affäre mit Miss Brown. Das ist eine Lüge!«

»Das kann sie uns hoffentlich gleich selbst bestätigen«, sagte Barley. Aber noch war sie nicht da.

»Du hattest recht«, sagte Joshua zu Andrea. »Das muss das Stockholm-Syndrom sein. Gut erkannt.«

Sie lächelte und fühlte sich für einen winzigen Augenblick wie ein Teenager, als sie ihr Herzklopfen spürte. »Danke.«

Das war eine Feuerprobe gewesen. Sie hatte sich nicht hervortun wollen, aber es hatte schnell gehen müssen, und jetzt wussten sie, womit sie es zu tun hatten.

Der Techniker beschwerte sich darüber, dass es ihm einfach nicht gelang, die Anrufe zurückzuverfolgen. Andrea konnte seinen Frust gut nachempfinden.

Bei der Entführung ging es um Macht. Das musste es sein. Macht oder Rache. Der Kidnapper hatte ein spezielles Motiv.

In diesem Augenblick betraten die zwei Polizisten, die vor einer ganzen Weile verschwunden waren, das Wohnzimmer mit einer jungen Frau im Schlepptau. Richard Michaels wirkte sichtlich erleichtert. »Elisa!«

»Guten Tag«, sagte sie angesichts der vielen Menschen im Zimmer verschüchtert.

Barley stellte sich vor. »Wir haben einige Fragen an Sie.«

»Geht es um Trisha?«, fragte Elisa, eine hübsche blonde Frau Anfang dreißig.

»Sozusagen. Kommen Sie bitte mit.« Barley gab Elisa einen Wink und blickte dann zu Andrea. »Sie auch, Mrs. Thornton.«

Andrea verkniff sich jede Frage und folgte beiden nach nebenan ins Fernsehzimmer.

»Was kann ich denn für Sie tun?«, fragte Elisa.

»In welchem Verhältnis standen Sie zu Trishas Vater?«

Elisa verzog fragend das Gesicht. »Er war mein Boss.«

»Nichts weiter?«, fragte Barley.

»Nein, nichts weiter. Warum?«

Als Barley nichts sagte, begriff Andrea, dass das ihr Einsatz war. »Vorhin habe ich mit Trisha gesprochen. Ihr Entführer hat ihr gegenüber behauptet, Sie hätten eine Affäre mit Richard Michaels gehabt.«

Elisa zog eine Augenbraue in die Höhe und lachte. »Nein, bestimmt nicht. Wissen Sie, warum ich nicht mehr hier bin?«

Barley nickte.

»Ich bin alleinerziehend. Dass ich unpünktlich war, stimmt. Dass ich gestohlen habe, nicht. Aber ich hatte bestimmt keine Affäre mit meinem Chef!«

»Warum sollte der Entführer das behaupten?«, fragte Andrea.

»Was weiß ich«, sagte Elisa. »Weil er Spaß dran hat – ich habe keine Ahnung. Aber es ist Unsinn.«

Andrea glaubte der Frau. »Trisha sagte, Sie hätten eine Affäre gehabt, und deutete an, dass sogar noch mehr dahintersteckte.«

»Also wenn Sie mich fragen, hat der Entführer etwas gegen Mr. Michaels. Ich weiß zwar nicht, wie der ausgerechnet auf mich kommt, aber ich sage Ihnen, nichts davon ist wahr.«

Das war gut zu wissen. Also mussten sie anders ansetzen.

Sie ließen Elisa Brown gehen und kehrten zu den anderen zurück. »Der Entführer hat Mist erzählt«, sagte Barley.

»Das sage ich Ihnen doch schon die ganze Zeit!«, rief Richard Michaels.

»Ja, und ich bin dessen jetzt sicher. Nehmen Sie es mir nicht übel, ich versuche hier nur, meine Arbeit zu machen.«

Aber Richard Michaels nahm es ihm übel. Andrea achtete jedoch nicht weiter darauf, sondern überlegte gemeinsam mit Joshua und Gordon, warum der Entführer so handelte.

»Was bringt es ihm, bei Trisha das Stockholm-Syndrom zu provozieren?«, überlegte Joshua laut.

»Macht«, brachte Andrea ihren Gedanken zur Sprache.

»Ja, aber hat es irgendeinen praktischen Nutzen für ihn?«

»Wenn er keine Verbündeten mehr hat, wird es schwierig für ihn, das alles weiter durchzuziehen«, sagte sie, woraufhin Joshua nickte.

Aber irgendwie brachte sie das alles nicht weiter. Barley telefonierte ständig und ließ sich über die letzten Leichenfunde informieren. Wenn man an Keeley dachte, war der Gedanke an Leichen gar nicht so schlecht.

Joshua setzte sich dazu, während Gordon zum Ehepaar Michaels ging. Plötzlich stand Andrea ganz allein da; sie schaute auf die Uhr. Schon halb zwei. Der Entführer hatte sich nicht mehr gemeldet. Im Augenblick konnten sie wieder nur warten. Zur Geldübergabe hatte er noch gar nichts gesagt.

Es war nicht unwahrscheinlich, dass Andrea in drei Stunden zu Hause war. Und dann … dann hatte sie das schlimmste Gespräch ihres Lebens vor sich. Bislang hatte sie keine Gelegenheit gehabt, sich weiter den Kopf über das Testergebnis vom Morgen zu zerbrechen, aber jetzt kehrten die Gedanken daran zurück und ließen sie unruhig werden.

»Das war übrigens gut vorhin«, sagte da mit einem Mal Barley zu ihr.

»Hm? Was meinen Sie?«

»Die Haushälterin. Ich dachte mir, ein bisschen weibliche Verstärkung wäre sicher nicht schlecht. Sie haben das gut gemacht.«

Andrea erwiderte das Kompliment mit einem Lächeln. Um nicht weiter an ihr privates Problem denken zu müssen, ging sie die aktuellen Mordfälle mit Joshua und dem Inspector durch. Am allermeisten interessierten sie die Toten, die man am Donnerstag und Freitag gefunden hatte. Ein kleiner Dealer war erstochen, und ein anderer Mann war erschlagen worden. Das war alles, und sie fanden, dass das nicht besonders gut passte.

Schon wieder saßen sie fest. Sie hatten nichts, was sie zum Entführer geführt hätte. Er meldete sich auch nicht nochmal. Hungrig machte Andrea sich über die Kekse her, die die Haushälterin gebracht hatte.

»Jetzt weiß ich wieder, was ich Sie fragen wollte.« Erneut hatte Barley sich neben Andrea gestellt, ohne dass sie ihn hätte kommen hören.

»Ja?«

»Das ist vorhin ganz untergegangen, aber ich habe mich gefragt, warum Sie von Jonathan Harold sprachen.« Er machte eine Pause. »Der Jonathan Harold? Norwich?«

Andrea nickte. »Genau der.«

Plötzlich wirkte Barley, als habe er ein Gespenst gesehen. »Jetzt ergibt das alles einen Sinn. Ich hatte die ganze Zeit das Gefühl, dass Sie mir bekannt vorkommen! Sie waren …« Er wusste nicht, wie er es ausdrücken sollte.

»Ich war sein letztes Opfer, ja. So sieht's aus.« Andrea zog ein Gesicht, als wolle sie sagen: Shit happens.

Ihr entging nicht, dass Ellen Michaels, die nur drei Meter entfernt saß und alles mitangehört hatte, sie ähnlich entgeistert ansah wie Barley.

»Hm«, machte der Inspector. »Es ist immer gut, wenn Leute dabei sind, die wissen, warum sie ihre Arbeit machen.« Er lächelte ihr zu. Nachdenklich beobachtete Andrea, wie er zu dem Techniker zurückkehrte.

Ellen Michaels sah sie noch immer ungläubig an.

»Ich bin froh, dass Sie hier sind«, sagte sie in die Stille hinein. Andrea fühlte sich erst gar nicht angesprochen, bis sie merkte, dass die Frau sie direkt ansah.

»Wie kommen Sie darauf?«, erwiderte sie.

»Nun …« Mrs. Michaels wusste nicht, wie sie es ausdrücken sollte. »Wegen Ihrer Vergangenheit. Sie verstehen am besten, wie es Trisha geht, und können ihr helfen.«

»Ich kann es zumindest versuchen«, wiegelte Andrea ab. Ihr entging nicht, dass Mrs. Michaels gern noch etwas gesagt hätte, doch dann fehlten ihr anscheinend die Worte.

Bis kurz nach vier versuchten Andrea und die anderen noch, etwas Sinnvolles zu tun, aber dann schickte Barley sie alle nach Hause.

***

Feierabend. Ob sie wollte oder nicht. Andrea wollte nicht nach Hause, doch ihr blieb nichts anderes übrig. Sie fühlte sich wie durch den Wolf gedreht. Da war Trishas Fall, da war das Gespräch, das sie jetzt erwartete … und da war die Erinnerung, die Barley geweckt hatte.

Shit happens. Ganz so einfach war es nicht.

Als sie die U-Bahn in Fulham verließ, überlegte sie erneut, was sie Gregory eigentlich sagen wollte. So eilig sie es am Morgen gehabt hatte, so schleppend waren ihre Schritte jetzt.

Sie wusste nicht, wie er reagieren würde. Zwar war er ein Familienmensch, aber sie hätte es durchaus verstanden, wenn er ihr den Kopf abgerissen hätte. Sie hatten sich gemeinsam dafür entschieden, dass Andrea die Pille nahm. Er hatte ihr vertraut. Und dann das …

Sie hatte ihr Haus erreicht. Langsam ging sie nach oben und schloss die Wohnungstür auf. Als sie aus der Küche das Radio plärren hörte, schloss sie kurz die Augen. Greg war also schon da.

Im nächsten Augenblick lugte er bereits um die Ecke. »Hey, meine Süße. Da bist du ja.«

»Heute warst du schneller.« Andrea versuchte, ihre Unsicherheit zu kaschieren.

»Ich bin erst seit zehn Minuten hier. Was hat sich denn bei euch ergeben? Irgendwelche Neuigkeiten?«

»Schon, aber …«

Ihm entging ihr Zögern nicht eine Sekunde lang. »Was ist los?«

Sie hatte schon ein *Nichts* auf den Lippen, aber das stimmte ja nun überhaupt nicht. Mit gesenktem Blick ging sie zu ihm, nahm eine seiner Hände und sagte das, was sie kurz zuvor bloß gedacht hatte: »Ich muss mit dir reden.«

»Okay.« Er ging mit ihr zum Tisch und setzte sich dicht neben sie. »Was ist los?«

Andrea wagte kaum, ihn anzusehen, als sie die Schultern hochzog und sagte: »Ich fürchte, ich habe Mist gebaut.«

Damit hatte er nicht gerechnet. Er versuchte, sich seine Überraschung nicht anmerken zu lassen. »Wie meinst du das? Was ist denn passiert?«

Sie zog ihre Hand weg und verschränkte die Finger ineinander. Um sich zu sammeln, holte sie tief Luft.

»Ich habe die Pille nicht richtig genommen. Zwei Mal«, begann sie. Gregory zeigte noch keine erkennbare Reaktion. Er wusste nicht, was er dazu sagen sollte oder worauf sie hinauswollte.

»Heute Morgen habe ich einen Schwangerschaftstest gemacht«, fuhr Andrea fort.

»Und?« Plötzlich war er hellwach.

Sie wich seinem Blick aus. »Positiv. Ich bin schwanger.«

Gregory blieb seltsam ungerührt. Ihr Kopf war noch dran. Allmählich wich ihre Anspannung etwas.

»Okay«, sagte er. Andrea wusste nicht, was sie erwidern sollte. Alles, was er dazu sagte, war: okay?

Nicht ganz. »Ist doch nicht schlimm«, ergänzte er.

Sie war fassungslos. »Nicht schlimm? Ist das dein Ernst? Willst du jetzt vielleicht ein Kind?«

Gregory legte einen Arm um sie und drückte sie an sich. »Alles okay, Süße. Das ist doch wirklich nicht schlimm.«

Am liebsten hätte Andrea laut gelacht. »Das sagst du doch nur, um mich zu beruhigen!«

»Nein, tu ich nicht. Ich weiß nicht, wie das passieren konnte, aber es ist passiert. Anscheinend machst du dir deshalb selbst genug Sorgen, aber das ist nicht nötig. So etwas kannst du mir doch sagen. Was dachtest du denn, wie ich reagiere?«

»Anders«, murmelte sie knapp.

»Ach was. Nein. Okay, du hast vielleicht wirklich Mist gebaut. Aber es gibt Schlimmeres!«

Andrea wollte ihm gern glauben, aber sie konnte nicht. Schon wieder kamen ihr die Tränen. Schluchzend hielt sie sich an ihm fest und kämpfte nicht länger gegen den Stress und den Druck, die sie seit Tagen mit sich herumtrug. Eigentlich war es gar nicht der Umstand, dass sie tatsächlich schwanger war, der sie so schockte. Es war viel mehr.

»He, jetzt wein doch nicht«, riss Greg sie aus ihren Gedanken und schaffte es irgendwie, sie zum Sofa zu bugsieren. Andrea zitterte unwillkürlich, als sie neben ihm saß.

»Es tut mir leid«, stammelte sie.

»Muss es nicht. Ganz im Ernst, das ist eine tolle Nachricht, und das solltest du auch so sehen. Was ist schon passiert? Wir sind verheiratet und glücklich.«

»Bis letzte Woche war aber nie die Rede davon. Ich wollte vielleicht in drei, vier Jahren ein Kind. Nicht jetzt.« Zitternd wischte sie sich die Tränen von den Wangen.

»Auch wenn du das jetzt vielleicht nicht verstehst, aber ich freue mich. Ehrlich. Es ist vielleicht wirklich ein wenig früh …«

»Wir kennen uns seit zwei Jahren!«, fiel sie ihm aufgewühlt ins Wort.

Er zuckte mit den Schultern. »Na und? Nicht einmal die Hälfte davon hat dir gereicht, um mich zu heiraten.«

»Das ist nicht witzig, Greg. Ich habe erst vor sechs Wochen

angefangen, hier zu arbeiten. Das ist mein Traumjob. Den will ich nicht gleich wieder aufgeben.«

»Wenn ich mich recht erinnere, hat Joshua dich auf Knien angefleht, nach der Fortbildung bei ihm zu arbeiten. Ich nehme nicht an, dass eine Schwangerschaft daran etwas ändert«, erwiderte er unbeeindruckt.

»Aber dann könnte ich doch gar nicht arbeiten.«

Zärtlich strich er ihr übers Haar. »Mach dir keine Sorgen.«

»Die mache ich mir aber! Schon seit Tagen, um genau zu sein. Ich weiß nicht, wie mir das passieren konnte. Du hast dich doch auch darauf verlassen, dass ich die Pille nehme.«

»Ja, aber du weißt, dass ich sowieso Kinder möchte. Du vergisst eins: Ich bin ein ganzes Stück älter als du. Für mich sieht die Sache anders aus. Wenn du nicht so jung wärst, hätten wir bestimmt schon konkreter darüber nachgedacht.«

Ungläubig sah Andrea ihn an. Sie konnte nicht fassen, dass er tatsächlich so ruhig blieb. Seit Tagen wuchsen ihr graue Haare wegen ihrer Dummheit, und er tat so, als wäre alles schon beschlossene Sache.

Als wäre es gut.

»Jetzt guck nicht so, als würde die Welt untergehen«, sagte er.

»Tut sie aber.«

»Nein, tut sie nicht. Mein Vater war auch einunddreißig, als ich geboren wurde. Das fand er ganz prima. Ich traue mir das zu. Du dir etwa nicht?«

Im Augenblick traute Andrea sich gar nichts zu. »Keine Ahnung.«

»Ich denke schon, dass du das kannst. Oder willst du es nicht?«

»Wie meinst du das?«

»Die Entscheidung, ob du ein Kind bekommst oder nicht, liegt bei dir.«

»Ich … ich kann doch nicht …« Ungläubig sah sie ihn an. »Nein. Natürlich bekomme ich das Kind. Auch wenn ich nicht weiß, wie …«

Er griff nach ihrer Hand. »Du wirst eine ganz tolle Mutter. Und du weißt, dass du dich auf mich verlassen kannst. Ich helfe dir.«

Mit gemischten Gefühlen sah sie zu ihm auf. »Du willst das wirklich, oder?«

Er nickte. »Ich habe das zurückgestellt, weil ich wusste, dass es dir zu früh ist. Aber ich werde dir dabei helfen, dass du deinen Job weitermachen kannst. Daran wird unser Kind dich nicht hindern, wenn das dein Wunsch ist. Deshalb musst du deine Pläne nicht aufgeben.«

»Klar muss ich.«

»Sie werden sich nur ändern. Rede mit Joshua.«

»Ich hätte einfach die Pille richtig nehmen müssen!«, regte Andrea sich auf.

Greg zuckte mit den Schultern. »Hast du nicht gemacht. Na und? Du bist eben etwas neben der Spur. Passiert garantiert nicht wieder.«

5. September, 10:30 Uhr

Zwar hatte Andrea noch nie in ihrem Leben einen Kater gehabt, aber sie war ziemlich sicher, dass ein Kater sich so anfühlte. Sie hatte sich am Vorabend die Augen ausgeweint; das merkte sie immer noch. Sie brannten fürchterlich, und Andrea glaubte, dass sie aussah wie ihr eigener Schatten, aber zum Glück war das noch niemandem aufgefallen.

Die Atmosphäre war zum Zerreißen gespannt. Schon um halb elf morgens herrschte hektische Betriebsamkeit in der Villa. Bislang hatte er sich nicht gemeldet, aber sie rechneten damit, dass der Entführer bald Kontakt zu ihnen aufnahm. Sosehr es Andrea auch erleichtert hatte, Trisha unversehrt zu wissen – Entwarnung gab es erst, wenn sie wieder wohlbehalten zu Hause war.

Andrea war froh, dass sie sich nun auf den Fall konzentrieren konnte. Zumindest wollte sie es versuchen. Der Einzige, der sie gerade davor bewahrte, vollends die Nerven zu verlieren, war Gregory. Dass er so gelassen reagiert hatte, beruhigte sie ungemein. Ihm schien der Gedanke an ein Kind regelrecht zu gefallen, das hatte er am Vorabend immer wieder deutlich gemacht.

Diese Zuversicht hätte sie gern gehabt.

Das Klingeln des Telefons riss sie aus ihren Gedanken. Der Ton schrillte unbarmherzig durch den Raum. Mr. Michaels hastete an ihr vorbei, um den Anruf anzunehmen.

Der Entführer verzichtete auf jede Begrüßung. »Sie sagten gestern, Sie hätten das Lösegeld.«

»Ja, das ist korrekt«, erwiderte der Banker.

»Gut. Sie fahren jetzt zur King's Cross Station und setzen sich dort in den nächsten Zug nach Cambridge.«

»Das mache ich erst, wenn ich mit meiner Tochter gesprochen habe«, erwiderte Mr. Michaels hart.

»Sie haben sie schon bald zurück.«

»Ich will erst sicher sein, dass sie noch lebt.«

Der Entführer schnaufte, dann knackte es, und es wurde still.

»Ich bin hier«, sagte Trisha wie aus dem Nichts. »Es geht mir gut. Macht euch keine Sorgen; wenn ihr alles tut, was er sagt, bin ich bald wieder zu Hause. Er wird mir nichts tun, wenn ihr die Anweisungen befolgt.«

»Natürlich«, antwortete Mr. Michaels. Es knackte und rauschte erneut. Dann meldete sich die verzerrte Stimme des Entführers wieder.

»Nehmen Sie Ihr Mobiltelefon mit. Die Nummer habe ich. Ich werde Sie darüber kontaktieren. Ich will, dass Sie das Geld mit in den Zug nehmen! Sie hören von mir, Mr. Michaels.«

Er legte auf. Mr. Michaels gestikulierte hilflos. Seine Frau schwankte zwischen Hoffen und Bangen, blieb aber gefasst.

»Ich werde tun, was er gesagt hat«, sagte Richard Michaels ins allgemeine Schweigen hinein. Er ging ins Zimmer nebenan und kehrte Augenblicke später mit der großen, prall gefüllten Reisetasche zurück.

»Gib ihm das Geld«, sagte Mrs. Michaels flehentlich zu ihrem Mann. »Gib ihm alles, was er will, wenn es uns nur Trisha zurückbringt!«

Er griff nach ihren Händen und drückte sie ganz fest. »Ich kehre mit Trisha zurück. Versprochen.«

Kurz darauf setzte sich ein stattlicher Tross an Polizeifahrzeugen in Bewegung. Plötzlich war es still im Haus. Nur der Techniker und zwei weitere Polizisten waren außer ihnen geblieben. Obwohl es Unsinn war, fühlte Andrea sich in diesem Moment überflüssig. Nicht gebraucht. Für sie und Joshua gab es nichts mehr zu tun, für Gordon schon eher. Er breitete eine Decke über Mrs. Michaels, die zitternd auf dem Sofa saß. Andrea ging zu den beiden und setzte sich der armen Frau gegenüber.

Verzweifelt sah Mrs. Michaels sie an. »Denken Sie, das geht gut?«

Andrea nickte. »Hier versteht jeder etwas von seinem Job. Seien Sie unbesorgt.«

»Sie können das sagen. Sie haben schließlich keine Kinder.«

»Noch nicht«, stimmte Andrea zu. Ihr wurde heiß.

»Kinder sind das größte Glück. Aber man hat auch die größten Sorgen mit ihnen. Und so eine halbwüchsige Tochter – das ist nochmal eine ganz andere Sache.«

»Das würde ich nicht so eng sehen«, sagte Andrea. »Meist sind junge Menschen verantwortungsbewusster, als wir glauben.«

»Es ist nicht nur das, wofür die Kinder selbst verantwortlich sind. Sie können auch Opfer von Verbrechen werden. Wissen Sie, dass so etwas passiert wie jetzt, haben wir immer befürchtet. Aber deshalb kann man Trisha doch nicht einsperren!«

»Es kommt alles wieder in Ordnung«, versuchte Andrea, sie zu beruhigen.

»Hoffentlich haben Sie recht.«

Das hoffte Andrea auch. Mit halbem Ohr verfolgte sie den Funkverkehr. So blieben sie auf dem Laufenden. Das meiste bestand aus knisternden und rauschenden Ansagen, die für sie nicht besonders interessant waren. Das Herumsitzen machte sie mürbe.

Bald hatte der Tross den Bahnhof King's Cross erreicht. Es wurde beratschlagt, ob die Polizei Mr. Michaels in den Zug begleiten sollte. Der Entführer hatte nicht verlangt, dass das unterblieb, deshalb entschied sich Barley dafür, Trishas Vater nicht allein gehen zu lassen. Andrea hatte ein ungutes Gefühl dabei, aber sie sagte nichts.

Joshua seufzte. »Diese Warterei ist das Schlimmste an solchen Fällen.«

»Du sagst es«, stimmte sie ihm zu.

Die Haushälterin kam mit zwei Kannen Kaffee herein. »Geben Sie Bescheid, wenn Sie Hunger haben«, richtete sie sich an alle Anwesenden. »Es ist für alles gesorgt.«

»Danke, Martha«, sagte Ellen Michaels. »Sie sind so eine gute Seele.«

»Das ist doch selbstverständlich. Wenn ich helfen kann …«

Immer wieder schaute Andrea auf die Uhr. Der Entführer hatte gegen elf Uhr angerufen, jetzt war es schon kurz vor zwölf. Sie verfolgten mit, wie Mr. Michaels und vier Beamte in den Zug nach Cambridge stiegen. Ellen Michaels bemühte sich, nicht die Nerven zu verlieren. Gordon ließ sie die ganze Zeit nicht aus den Augen und sprach beruhigend auf sie ein. Seine Stimme hing neben dem Rauschen des Funkverkehrs die meiste Zeit als einzige im Raum.

»Alles in Ordnung. Der Zug fährt«, drang eine Stimme aus den scheppernden Lautsprechern, die hinter dem Techniker standen. Er hatte die Füße auf seinen Rechner gelegt. Wenigstens er bewahrte Ruhe.

Andrea konnte es nicht. Nervös spielte sie mit ihrem Ehering herum und zog ihn sich schließlich vom Finger. Das Datum ihrer Hochzeit, der 17. Juli, war auf der Innenseite eingraviert. Daneben stand Gregorys Name. Sie hatten sich für schlichte Silberringe entschieden. Nachdenklich drehte sie den Ring zwischen den Fingern.

Der Polizeifunk blieb still. Die Zeit verging quälend langsam, jede Sekunde fühlte sich an wie eine Ewigkeit. Andrea konnte das beurteilen, denn gegenüber stand eine große Wanduhr, die vernehmlich tickte. Jede Sekunde tröpfelte geradezu heraus. Joshua ging zwischendurch vor die Tür, um zu rauchen. Andrea saß auf dem weich gepolsterten Sofa und starrte die Uhr an der Wand an. Nach einer halben Stunde hatte sie große Lust, sie einzutreten. Tick, tack.

»An alle«, drang es plötzlich knisternd aus den Lautsprechern. »Entführer hat Kontakt aufgenommen und verlangt, die Tasche aus dem Zug zu werfen. Wir sind bei Streckenkilometer dreiundvierzig. Rundum nur Felder. Erhöhte Alarmbereitschaft!«

Ellen Michaels sprang auf. Andrea erhob sich langsamer, aber ebenso angespannt. Als Joshua vom Rauchen zurückkam, stellte er keine Fragen. Er hörte einfach nur zu.

»Wir haben das Fenster eingeschlagen. Gleich werfen wir die Tasche raus. Streckenkilometer vierundvierzig. Da ist ein Feldweg. Jetzt!«

»Nicht dumm«, raunte Joshua. »Da oben außerhalb Londons ist nichts, nur Einöde. Und der Zug fährt nonstop. Gut durchdacht.«

»Sollen wir einen Helikoptereinsatz riskieren?« Es rauschte.

»Zu gefährlich. Warten wir ab, was geschieht.«

»Mr. Michaels besteht darauf, alles zu unterlassen, was das Leben seiner Tochter gefährden könnte. Der Entführer soll das Geld holen. Er sagte, er wird sich melden, sobald er das Geld hat.«

»Verstanden. Alle warten ab! Keine übereilten Aktionen!«

Dann wurde es still. Und es blieb still. Nervös starrten alle auf die Lautsprecher – selbst der Techniker hatte sich umgedreht und wartete gespannt. Das gleichmäßige Rauschen machte Andrea schon nach wenigen Augenblicken regelrecht aggressiv.

Niemand sprach. Zehn Minuten. Fünfzehn. Andrea knetete ihre Finger und überlegte, ob sie Joshua etwas fragen sollte, weil sie das Schweigen nicht mehr aushielt, doch aus Rücksicht auf Ellen Michaels sagte sie nichts. Joshua kramte seine Zigaretten heraus und legte sie vor sich auf den Tisch. Er sah die Packung an, als wolle er sie hypnotisieren. Noch konnte er sich nicht dazu durchringen, wirklich aufzustehen und rauchen zu gehen. Irgendwann war eine halbe Stunde verstrichen.

»Da wird man doch irre«, murmelte Joshua. »Ich könnte das ganze Päckchen aufrauchen.«

Andrea grinste. »Lass es besser.«

»Hoffentlich geht nichts schief.« Er sagte es leise, und Trishas Mutter hörte es auch nicht. Als endlich ein Funkspruch kam, waren sie alle wie elektrisiert.

»Sind in Cambridge eingetroffen und denken an sofortige Rückfahrt. Bislang keine telefonische Kontaktaufnahme des Entführers.«

»Einheiten sind in der Nähe von Streckenkilometer vierundvierzig. Können überprüfen, ob Lösegeld abgeholt wurde.«

»Nein! Wartet noch damit.«

Es wurde wieder still. Andrea ließ sich aufs Sofa fallen und fuhr sich durchs Haar.

»Was bedeutet das?«, fragte Ellen Michaels. »Warum passiert nichts?«

»Wahrscheinlich wartet der Entführer nur ab«, versuchte Gordon sie zu beruhigen.

Entweder das – oder es war etwas schiefgelaufen. Das dauerte nun schon sehr lange. Verdammte Untätigkeit, dachte Andrea unruhig.

Sie verfolgten mit, wie die Polizisten und Richard Michaels in den nächsten Zug zurück nach London stiegen. »Immer noch keine Kontaktaufnahme durch den Entführer«, hieß es.

Joshua ging wieder vor die Tür – vielleicht, um seine Drohung wahrzumachen, doch die ganze Packung aufzurauchen. Sekunden später folgte Andrea ihm. Tatsächlich stand er vor der Haustür und paffte.

»Das ist nicht gut, oder?«

Er schüttelte den Kopf und nahm noch einen tiefen Zug. »Alles andere als das. Irgendwas geht da schief.«

»Vielleicht hätten die Polizisten nicht mit in den Zug steigen sollen.«

»Keine Ahnung. Vielleicht«, sagte er schulterzuckend.

»Das macht einen verrückt.« Seufzend lehnte Andrea sich an das Treppengeländer vor der Haustür.

»Ich hoffe, die Sache geht gut aus«, sagte er.

»Glaubst du das nicht?«

»Ich weiß nicht. Die Geldübergabe ist der neuralgische Punkt bei Entführungen. Wenn dabei etwas schiefgeht ... viele Entführungsopfer wurden auch noch danach umgebracht.«

Joshua zündete sich eine zweite Zigarette an. Eigentlich war er ein verschlossener Typ, der nicht über seine Gefühle sprach. Er war ein Profi, hatte Erfahrung. Aber in diesem Moment merkte Andrea, dass ihm das alles auch sehr nahe-ging.

»Und was ist mit dir los?«, fragte er. Die Blicke der beiden trafen sich.

»Mit mir? Wieso?« Ihr Herzschlag beschleunigte sich.

»Du bist heute sehr schweigsam, und du siehst aus, als hättest du in der Nacht kein Auge zugemacht.«

Manchmal hasste sie es, dass Joshua so ein untrügliches Gespür besaß. Also war es ihm nicht entgangen.

»Nichts, was nicht bis nach Abschluss des Falls warten könnte«, behauptete sie ausweichend.

»Ich habe gehört, was Barley gestern gefragt hat. Es muss dich doch frustrieren, dass jetzt jeder weiß, wer du bist.«

»Ach, nein. Das geht schon. Damit kann ich leben.«

»Okay. Ich hatte schon Sorgen, dass es deshalb ist. Ich will nicht, dass jemand alte Wunden bei dir aufreißt.«

»Nein, nein«, winkte sie ab.

»Du weißt, das ist keine Schande. Wir kennen deine Geschichte. Wenn dich das immer noch beschäftigt, dann musst du nur etwas sagen und Gordon ...«

»Nein«, unterbrach sie ihn. »Es ist alles okay.«

Dass sie mit ihrer schnellen Reaktion einen Fehler begangen hatte, wurde ihr klar, als Joshua sie noch durchdringender musterte.

»Vielleicht geht es mich ja auch gar nichts an«, wagte er sich weiter vor. »Aber man macht sich eben seine Gedanken. Ich für meinen Teil kann sagen, dass wir nicht nur Kollegen sind, sondern auch Freunde. Wenn etwas ist, kannst du es mir sagen.«

Das hatte sie ja auch vor. Aber doch nicht jetzt … Das war der denkbar ungünstigste Zeitpunkt!

»Hm?«, machte er und ließ sie nicht aus den Augen.

»Josh …« Andrea seufzte.

»Ich reiße dir schon nicht den Kopf ab. Komm schon. Irgendwas stimmt doch nicht mit dir.«

So war er. Wenn er einmal Verdacht geschöpft hatte, ließ er nicht locker.

Andrea holte tief Luft. »Also schön. Es gibt ein Problem. Ich wünschte, es wäre nicht so, aber …« Niedergeschlagen zuckte sie mit den Schultern. »So wie es aussieht, bin ich schwanger.«

»Damit hätte ich jetzt nicht gerechnet«, gab er zu, als er die Neuigkeit verdaut hatte. »Du auch nicht, wenn ich deine Worte richtig deute.«

»Stimmt. Beim Arzt war ich zwar noch nicht, aber ich glaube nicht, dass der mir etwas anderes erzählen wird.«

»Ach, so frisch ist das alles noch.«

Sie nickte und machte sich klein. Das Ganze war ihr unsäglich unangenehm.

Ihr fiel auf, wie ernst Joshua sie musterte. Das machte sie nur noch nervöser.

»Es tut mir leid, das kannst du mir glauben … Ich bin selbst total neben der Spur deshalb. Und sauer auf mich.«

»Warum?«

»Weil ich das selbst versaut habe. Ich habe die Pille vergessen.«

Seine Augen verengten sich zu Schlitzen. »Sieht dir gar nicht ähnlich.«

»Nein … Ich weiß auch nicht, wie das passieren konnte.«

»Also hatte ich nicht unrecht.«

Andrea war irritiert. »Wie meinst du das?«

Er seufzte. »Ich bin immer noch besorgt um dich. Ja, ich wollte dich in meinem Team haben, weil du gut bist. Es gab niemanden im Seminar, der dir das Wasser reichen konnte. Und doch betrachte ich das mit Sorge. Du bist so verbissen. Ich bin nicht sicher, ob du deine Erlebnisse wirklich schon verarbeitet hast.«

»Nicht doch«, sagte sie. »Es geht mir gut. Gordon hat mir damals geholfen.«

»Gordon ist gut, das weiß ich. Aber ich mache mir trotzdem Sorgen. Du darfst nicht unterschätzen, was du durchgemacht hast.«

»Joshua …«, begann sie abwehrend, doch er ließ sie nicht vom Haken.

»Ich mache mir nur Gedanken. Ich kenne dich als zuverlässigen, gewissenhaften Menschen und nicht als jemanden, der urplötzlich schwanger wird. Das sieht dir ganz und gar nicht ähnlich, auch bei all dem Stress und Ärger nicht.«

Andrea schluckte. Was er da ansprach, war ein ganz wunder Punkt. Sie schrumpfte noch mehr zusammen. Wollte er hören, dass sie Alpträume hatte? Mit denen kämpfte sie schon lange. Zwar suchten sie Andrea erst Monate nach ihrer Entführung wieder heim, aber sie hatten sie seitdem nicht mehr verlassen. Was das bedeuten konnte, wusste sie selbst. Vielleicht hatte sie ein Problem.

»Du kannst es mir sagen, wenn etwas ist. Deshalb verlierst du deinen Job nicht, Andrea, das weißt du doch. Jeder von uns macht schwierige Momente durch«, fuhr Joshua fort.

Sie blickte auf. »Verliere ich denn meinen Job, wenn ich ein Kind bekomme?«

Er schüttelte sofort und ohne nachzudenken den Kopf. Das war vollkommen ausgeschlossen. »Nein. Nicht doch. Wir finden da schon eine Lösung.«

»Greg hat angeboten, mehr von zu Hause zu arbeiten. Das wäre möglich. Ich würde nur für den Mutterschutz ausfallen. Ich …«

»Und selbst wenn es länger dauern würde«, unterbrach Joshua sie. »Du bleibst hier, wenn du das möchtest. Ich stehe hinter dir.«

»Ist das dein Ernst?«, fragte Andrea leise. Sie konnte es nicht glauben.

Als er nickte, fiel ihr ein Stein vom Herzen. Sie lächelte zaghaft und hätte ihn am liebsten umarmt, so sehr erleichterte sie das.

»Es tut mir wirklich leid«, sagte sie. »Ich wollte das nicht, aber da muss ich jetzt wohl durch.«

»Du meine Güte. Ich wäre froh, wenn ich wie du eine Familie hätte«, sagte er lachend und meinte es auch so.

»Danke, Joshua.« Andrea hörte auf, ihre Finger zu kneten.

Er winkte ab. »Ist doch klar. Und du weißt, du kannst mit mir reden, wenn etwas ist. Mir ist immer noch unbegreiflich, dass du mit dem, was passiert ist, so gut klarkommst.«

»Das versaut mir nicht mein Leben«, verkündete sie energisch. Aber Joshua durfte all das sagen. Er hatte die Aufnahmen gesehen, die Jonathan Harold von Caroline und ihr angefertigt hatte. Joshua kannte ihr Martyrium bis ins letzte furchtbare Detail.

»Weißt du, du bist dadurch prädestiniert, dich völlig zu überfordern«, sagte er. »Du bist gut in dem, was du machst. Doch du betreibst die Dinge bis zu einem Punkt, der dir selbst nicht mehr guttut. Du bist dazu geboren, es mit den Psychopathen dieser Welt aufzunehmen. Du hast einen hautnah kennengelernt. Deine Motivation ist stärker als bei jedem von uns, weil du weißt, was du schützt. Aber das macht dich auch verletzlich. Pass auf dich auf.«

»Das tue ich«, sagte Andrea. »Und wenn nicht ich, dann Greg.«

Joshua lächelte kurz und trat seine Zigarette aus. »Ja, zum Glück. Du kannst froh sein, dass du jemanden wie ihn hast.« Er wandte sich ab und ging zurück ins Haus. Andrea blickte ihm nachdenklich nach und folgte ihm schließlich. Drinnen hatte Joshua erneut sein professionelles Pokerface aufgesetzt und gab nicht zu erkennen, was er dachte. Ganz egal, was sie draußen besprochen hatten – jetzt waren sie wieder bei der Arbeit.

Der Entführer meldete sich nicht. Daran änderte sich auch nichts, bis Mr. Michaels und die Polizisten wieder in London angekommen waren. Zu diesem Zeitpunkt war es bereits anderthalb Stunden her, dass sie das Geld aus dem Zug geworfen hatten. »Warten wir ab«, hieß es im Funkverkehr. Mrs. Michaels wurde fast verrückt. Als Mr. Michaels und ein Großteil der Beamten in die Villa zurückkehrten, stand Trishas Mutter nicht einmal auf, um ihren Mann zu begrüßen. Sie konnte nicht.

Richard Michaels blickte hilfesuchend zu Joshua und Andrea. »Was ist da los? Sagen Sie es mir!«

»Vielleicht wartet der Entführer ab«, sagte Joshua. »Vielleicht wartet er auf die Dunkelheit. Wer weiß. Er hat Sie schon mehrere Tage warten lassen. Bleiben Sie ruhig.«

Andrea war erstaunt. Joshua wirkte in diesem Moment so gelassen, dass sie es ihm beinahe abgekauft hätte. Allerdings hatte ihre Erfahrung sie etwas anderes gelehrt. Trishas Worte am Telefon hatten so mechanisch geklungen.

Andrea senkte die Stimme, als sie Joshua ansprach. »Was, wenn er uns vorhin am Telefon ein Band vorgespielt hat und sie doch tot ist?«

»Ich weiß nur nicht, warum er das tun sollte. Würde er sie wirklich jetzt töten?«, hielt er dagegen.

Darauf hatten sie beide keine Antwort. Niemand hatte eine.

Die Polizei beschloss gegen fünfzehn Uhr, an der Bahnstrecke nachzusehen, ob die Tasche noch dort war. Trishas Eltern hatten nichts dagegen. Hauptsache, es passierte irgendetwas. Die Warterei zerrte an den Nerven aller Anwesenden.

»Wir nähern uns der Bahnstrecke an Kilometer vierundvierzig. Wo, sagten Sie, ist die Tasche gelandet?«, schallte es aus den Lautsprechern.

Einer der Beamten griff zum Mikrofon. »Von Ihrer Seite aus gesehen rechts von der Straße, irgendwo zwischen Schotter und Unterholz.«

»Danke. Wir halten danach Ausschau.«

Quälende Minuten verstrichen. Es blieb still in der Leitung. Richard Michaels hatte einen Arm um seine Frau gelegt und starrte flehentlich auf die Lautsprecher. Das Rauschen würde Andrea bis in ihre Träume verfolgen.

»Hören Sie«, hieß es plötzlich. »Wir können die Tasche

nicht finden. Sie ist weg. Irgendjemand wird sie geholt haben.«

»Was?«, rief Mrs. Michaels. Andrea saß da wie erstarrt.

»Wiederholen Sie«, bat der Beamte am Mikrofon.

»Das Lösegeld ist verschwunden.«

Sofort wurde es laut, und alle redeten durcheinander. Nur Gordon blieb bei den Eltern sitzen, und auch Joshua und Andrea rührten sich nicht. Auf halbem Ohr verfolgte Andrea die Diskussion, was jetzt zu tun war.

Doch sie kamen zu keinem Ergebnis. Die Zeit verging, und niemand meldete sich. Sie hofften auf etwas, das gar nicht unwahrscheinlich war – darauf, dass der Entführer Trisha einfach freiließ.

Gegen halb fünf blickte Joshua zu Andrea. »Weißt du was? Geh nach Hause. Ich halte dich auf dem Laufenden, wenn noch etwas passiert.«

»Nein«, sagte sie und schüttelte vehement den Kopf.

»Doch. Mach ruhig. Gordon ist der Einzige, der noch gebraucht wird.«

»Und du?«

Er zuckte mit den Schultern. »Auf mich wartet zu Hause niemand.«

»Werd jetzt bloß nicht wehleidig.«

Er grinste, sagte aber nichts mehr. Andrea war nicht danach, die Villa zu verlassen. Noch eine ganze Stunde lang lief sie herum und versuchte, irgendetwas Sinnvolles zu tun. Zu helfen. Aber es gab nichts zu helfen.

Als sie gar nichts mehr mit sich anzufangen wusste, sagte sie zu Joshua: »Ich glaube, ich gehe jetzt wirklich.«

»Tue ich auch gleich. Wir können ja doch nichts tun.«

Sie nickte und stahl sich so unauffällig wie möglich davon. Geknickt trottete sie zur U-Bahn, in Gedanken ging sie alle Möglichkeiten durch. Was war passiert? Spielte der Entführer ein Spiel mit ihnen?

Zu allem Überfluss war Gregory noch nicht da, als sie zu Hause eintraf. Niedergeschlagen blickte sie aus dem Fenster auf die Straße und stand da wie gelähmt. Durch die Stille in der Wohnung war es in ihrem Kopf nur noch lauter. Trisha, der Entführer, das Kind …

Als Gregory Minuten später eintraf, bemerkte er ihre Niedergeschlagenheit sofort. »Was ist los?«

»Ich weiß nicht. Heute hat die Geldübergabe stattgefunden. Das Geld ist weg, aber Trisha ist noch nicht aufgetaucht.«

»Denkst du, da könnte etwas schiefgegangen sein?«

»Wer weiß. Wir haben keine Ahnung …«

Gregory umarmte sie tröstend. »Das ist aber nicht eure Schuld.«

»Ich weiß. Aber – was, wenn er sie jetzt doch noch umbringt?«

»Das wird er schon nicht.«

»Übrigens habe ich vorhin schon mit Joshua über die Zukunft gesprochen«, sagte Andrea.

Gregory merkte auf. »Und? Was hat er gesagt?«

»Er will mir den Rücken freihalten«, sagte sie, was Gregory sehr erleichterte. Sie war froh, dass er mit seiner Zuversicht recht behalten hatte.

Die beiden machten sich ans Kochen. Erst da merkte Andrea, welchen Hunger sie eigentlich hatte. Der ganze Stress war ihr sehr auf den Magen geschlagen. Seit dem Frühstück hatte sie nichts mehr gegessen; sie hatte keinen Hunger gespürt. Dafür war das alles viel zu nervenaufreibend gewesen. Sie bat Greg, ihr von seiner Arbeit zu erzählen, damit sie auf andere Gedanken kam, und er bemühte sich sehr, sie abzulenken.

»Ich habe heute die Russin und die Hunde kennengelernt. Jetzt weiß ich, wie er sein Geld angelegt hat.«

»Jetzt kommt's.« Andrea stützte den Kopf in die Hände.

»In ihre Silikonimplantate!«

»Ist nicht dein Ernst.«

»Doch, die beiden sind genau so, wie man sich ein reiches russisches Pärchen vorstellt. Gut, er ist nicht zwei Meter groß und auch nur halb so breit und hat keine Glatze. Aber sie wurde beim Chirurgen rundumverschönert und hat sich die Haare so sehr bleichen lassen, dass sie eigentlich ausfallen müssten.«

»Na spitze. Dann mach mal schön, was der Kunde wünscht!«, feixte Andrea.

»Das alles ist nicht schön.« Er lachte. »Aber die Katastrophe wird erst durch die Hunde perfekt. Chihuahuas.«

Sie prustete erstickt. »Na super.«

»Fehlen nur noch die Diamanthalsbänder. Einer der Hunde hatte die Freude, laufen zu dürfen, aber der andere nicht. Uns wurde erklärt, er wäre auf einer Treppe umgeknickt.«

Andrea konnte nicht mehr an sich halten. So, wie Greg seine Kunden schilderte, konnte sie sich die Leute bestens vorstellen. Sie beneidete ihn nicht darum, das Penthouse für sie einrichten zu müssen. Er war schon vor Ort gewesen, um sich einen Eindruck zu verschaffen, aber die meiste Arbeit hatte er noch vor sich.

Sie setzte sich aufs Sofa und hatte gerade den Fernseher eingeschaltet, als das Telefon klingelte. Wie elektrisiert sprang sie auf und lief hin, aber es war nur Rachel. Sie fragte Andrea, ob sie nicht via Skype weitersprechen wollten, deshalb kontaktierte Andrea Rachel gleich, als der Rechner hochgefahren war. Ihr war jede Zerstreuung recht, damit sie nicht irgendwann vor Sorgen und Zweifeln verrückt wurde.

Es war schön, Rachel zu sehen. Sie sah glücklich aus. Wenigstens sie.

»Ich hoffe, ich störe nicht«, sagte Rachel.

»Nein, gar nicht«, sagte Andrea. »Ich habe nur ferngesehen.«

»Ach so. Ich muss dir doch unbedingt erzählen, dass dein Tip mit Christopher wirklich geholfen hat.«

»Tatsächlich?«

»Ich kam heute aus dem Krankenhaus, und nur Christopher war dort. Danny war nicht da! Das tat so gut.«

»Das freut mich!«

Rachel strahlte übers ganze Gesicht, wirkte gelöst. »Anscheinend ist es ihm zu dumm geworden, sich immer von Christopher anstarren zu lassen. Ich hoffe, er bleibt auch weg.« Sie senkte die Stimme und wurde ernster. »Das hat mir ziemlich viel Angst gemacht. Das Schlimmste war, dass meine Kollegen das für überzogen hielten.«

»Ist es nicht«, sagte Andrea. »Ich weiß, dass es sehr schwer ist, mit einem Stalker zurechtzukommen.«

»Ja. Ich musste daran denken, immer vor Feierabend. Gleich steht er da … gleich spricht er dich an. Vielleicht fasst er dich sogar an. Na ja, das hat er alles nicht gemacht, wenn jemand da war. Aber ich habe daran gedacht. Ich hatte Angst, dass er herausfindet, wo wir wohnen. Das macht einen vollkommen wahnsinnig.«

Andrea konnte es sich vorstellen. Rachel tat ihr leid, aber es war wenig überraschend, dass gerade sie Opfer eines Stalkers geworden war. Auf Männer wirkte sie wie ein Magnet.

»Hey, ihr Tratschtanten«, sagte Jack, der hinter Rachel im Bild erschien. »Hallo, Andrea. Du hast mich vor einem Nervenzusammenbruch bewahrt.«

»Christopher hat dich davor bewahrt.«

»Ohne deinen Rat hätten wir uns nicht getraut, ihn um Hilfe zu bitten. Und seien wir ehrlich: Er hat es aus Freundschaft für Rachel getan.«

»Na und?« Andrea zuckte mit den Schultern. »Warum, ist doch egal.«

»Was ist denn hier los?«, fragte da Gregory hinter ihr. Er winkte in die Kamera und ließ sich die guten Nachrichten gleich noch einmal erzählen.

»Schade, dass ihr erst in zwei Wochen wieder kommt«, sagte Jack mit einem Unterton des Bedauerns.

»Kommt doch her«, stichelte Greg zurück.

»Aber die Bahnfahrt …«

Sie lachten. Greg erzählte auch Rachel und Jack von seiner Arbeit und amüsierte die beiden damit prächtig. Andreas Gedanken schweiften allerdings wieder ab, deshalb stahl sie sich schließlich davon.

Das hatte Joshua ihnen schon im Seminar prophezeit. Man nahm die Arbeit viel zu oft mit nach Hause. Sie war stressig und nervenaufreibend – und man sah Dinge, die einen bis in den Schlaf verfolgten. Das war Andrea zwar noch nicht passiert, aber das würde bestimmt noch folgen. Von dem, was sie erlebt hatte, mal ganz zu schweigen. Die grauenhaften Erinnerungen hatten sich in ihren Träumen häuslich eingerichtet.

Sie saß kaum auf dem Sofa, als im Fernsehen eine Meldung zu Trisha verlesen wurde. Das Foto des Mädchens wurde eingeblendet, und der Nachrichtensprecher verkündete, dass die Eltern den Entführer nach der Geldübergabe anflehen würden, erneut Kontakt mit ihnen aufzunehmen und ihrer Tochter nichts anzutun. Als Gregory Andrea so auf dem Sofa sitzen sah, versuchte er sie abzulenken.

»Lass uns einen Film anschauen, was meinst du?«, schlug er vor.

Andrea war einverstanden. Irgendetwas musste sie schließlich tun. Tatsächlich brachte der Film sie vorübergehend auf andere Gedanken. Trotzdem schielte sie immer wieder auf ihr Handy, das auf dem Tisch lag. Nichts.

Gregory stand auf und holte noch etwas zu trinken. Andrea saß im Schneidersitz auf dem Sofa und ließ sich von den Spätnachrichten einlullen. Da summte plötzlich ihr Handy. Sie schrak zusammen und griff sofort danach. Die Nummer war ihr bekannt: Es war Andrew.

Ihr Puls beruhigte sich. Wahrscheinlich wollte er reden.

»Was kann ich für dich tun?«, fragte sie.

Er holte tief Luft. »Bitte kommen Sie vorbei. Trisha … sie ist hier. Sie sitzt neben mir.«

»Sie ist bei dir?«, entfuhr es Andrea.

»Ja, sie ist hier; seit ungefähr zehn Minuten. Sie stand auf einmal vor der Tür, aber sie redet kaum mit mir. Ich wollte ihren Eltern Bescheid geben, aber da wurde sie wütend. Sie lässt mich nur mit Ihnen sprechen.«

Andrea musste nachdenken, das alles ging ihr zu schnell. »Darf ich denn jemanden verständigen?«

»Müssen Sie das? Ich habe ihr gesagt, dass Sie auch kommen würden, ohne gleich alle mitzubringen, denn die anderen will sie nicht sehen. Bitte.«

»Okay. Gut. Ich beeile mich. Bis gleich.«

Nachdem Andrew ihr die Adresse gegeben hatte, ging sie in den Flur. Gregory folgte ihr neugierig. »Was Neues?«

»Trisha ist wieder da«, sagte Andrea. »Das war ihr Freund. Er klang sehr unsicher und hat mich gebeten, vorbeizukommen. Nur mich.«

Greg riss die Augen auf. »Das klingt ja aufregend.«

»Ich muss da hin. Ist das okay?«

»Natürlich. Meld dich einfach, wenn etwas ist. Ich hole dich auch gern wieder ab.«

Andrea winkte ab. Im Handumdrehen hatte sie ihre Schuhe angezogen und umarmte ihn zum Abschied. »Tut mir leid. Das ist wirklich wichtig.«

»Ist doch nicht schlimm. Ich warte auf dich.«

»Oh, da wäre ich vorsichtig. Ich weiß nicht, wann ich wieder zurück bin.«

Er zuckte nur mit den Schultern und gab ihr einen Abschiedskuss, bevor sie im Hausflur verschwand und die Treppe hinunterlief.

***

Trisha war wieder da. Andrea fragte sich, ob sie geflohen oder freigelassen worden war. Andrew hatte gesagt, dass sie verstört und ängstlich war. Ganz in Gedanken saß Andrea in einer der letzten U-Bahnen und fuhr nach Havering, wo Andrew lebte. Es waren nicht mehr viele Menschen unterwegs. Auf einer Sitzbank schräg gegenüber knutschte ein junges Pärchen; ganz hinten im Wagen saß ein abgerissener dunkelhäutiger Mann mit zerzausten langen Haaren. Der Blick auf die Uhr verriet ihr, dass es inzwischen halb elf war. Nicht mehr lang bis zur Sperrstunde. Danach musste sie sehen, wie sie wieder nach Hause kam. Mit der U-Bahn jedenfalls nicht.

In Havering empfingen sie dunkle, stille Straßen. Mittwochs abends gingen die Menschen nicht aus. Kurz darauf hatte sie das richtige Haus gefunden. Nach ihrem Klingeln dauerte es eigenartig lang, bis Andrew die Tür öffnete. Er wirkte nervös.

»Hallo«, sagte er und winkte sie herein.

»Warst du allein, als sie ankam?«, fragte Andrea.

»Ja. Meine Eltern sind beide noch arbeiten. Es ist niemand hier.«

»Wo ist sie?«

Andrea folgte dem Jungen durch einen schmalen, dunklen Flur ins Wohnzimmer. An der mit alten Blümchentapeten versehenen Wand lehnte eine E-Gitarre. Das Zimmer war klein und bis unter die Decke vollgestopft, wirkte aber sauber und einladend.

Dass Trisha wirklich da war, konnte Andrea erst glauben, als sie das Mädchen tatsächlich auf dem Sofa sitzen sah – wohlbehalten, bekleidet mit ihrer Schuluniform. Ihr Rucksack stand neben dem Sofa. Sie machte einen guten Eindruck, sah gesund und sauber aus, wirkte jedoch etwas gestresst. Sie beobachtete Andrea aufmerksam, beinahe misstrauisch. Das Foto, das Andrea von ihr kannte, kam der Realität sehr nah: goldblondes Haar, große blaue Augen, hübsche Gesichtszüge.

»Hallo, Trisha«, sagte Andrea. »Vielleicht erinnerst du dich. Wir haben schon miteinander gesprochen.«

Sie nickte. »Ich weiß, wer Sie sind. Er hat das nachgesehen. Er sagte, dass Sie Profilerin sind.«

Andrew setzte sich neben Trisha und musterte seine Freundin besorgt. Andrea machte es sich auf dem Sessel bequem. »Das stimmt. Wolltest du deshalb, dass ich komme? Möchtest du über etwas reden?«

Trisha schüttelte den Kopf. »Es geht mir gut. Es ist nur … Ich weiß nicht, was ich jetzt machen soll. Andrew sagte, dass Sie sich als Einzige auch für ihn interessiert haben. Ich dachte mir, Sie könnten mir helfen, weil Sie doch nun meinen Fall kennen. Und mich. Meine Eltern. Überhaupt. «

»Natürlich. Ich werde tun, was ich kann. Wie geht es dir denn?«

Trisha schaute an sich herunter, als müsse sie darüber erst nachdenken. »Es geht mir gut. Er hat mir nichts getan.«

»Wie bist du hergekommen? Bist du ihm weggelaufen?«, fragte Andrea.

»Er hat mich freigelassen«, sagte Trisha kopfschüttelnd.

»Weißt du irgendetwas über ihn, Trisha? Wie er aussieht? Wo du warst? Vielleicht einen Namen?«

»Ich kenne nur seine Augenfarbe. Er hat immer so eine Maske getragen. Er hat mich gut behandelt, wirklich.«

Andrea fiel auf, wie sehr sie das beteuerte. Trisha saß leicht vornübergebeugt, wirkte angespannt, hatte die Finger ineinander verschränkt. Wenn sie sprach, sah sie Andrea kaum an. Nach dem, was Andrea wusste, hätte sie eigentlich erwartet, dass Trisha Andrews Nähe suchte, aber die beiden saßen nebeneinander wie zwei Jugendliche, denen man eingeschärft hatte, artig die Finger voneinander zu lassen.

Irgendetwas war seltsam. Trishas Reaktion, ihre gesamte Haltung verriet es Andrea. Sie war nicht überrascht. Trisha deckte ihren Entführer, weil sie mit ihm sympathisierte. Stockholm.

»Hast du dich im Stich gelassen gefühlt?«, fragte Andrea.

Trisha seufzte. »Keine Ahnung, warum fragen Sie?«

Andrea antwortete darauf nicht. »Hattest du Angst vor diesem Mann?«

Diesmal nickte Trisha überraschend schnell. »Nachdem Edmund erst mal tot war … ich hatte wahnsinnige Angst.«

»Wie viele Männer waren es, Trisha?«, fragte Andrea. »Wir haben vermutet, dass es erst mehrere waren und dass du später mit einem Mann allein warst.«

»Das haben Sie mich ja schon am Telefon gefragt«, erinnerte Trisha sich.

»Richtig.«

»Wie kamen Sie denn darauf?«

»Er hat sich verplappert. Bei der Entführung müssen es mindestens zwei gewesen sein, aber später war es nur noch einer.«

Sie nickte. »Anfangs waren es drei.«

»Und was ist dann passiert?«

Mit hochgezogenen Schultern saß Trisha da und starrte auf die Teppichfransen. »Einer der Männer kam mal zu mir, ohne vorher seine Maske aufgesetzt zu haben. Ich konnte sein Gesicht sehen. Das hat der andere gemerkt, und darüber gerieten sie in Streit.« Es fiel ihr nicht leicht, davon zu erzählen.

»Eigentlich wollten sie mich erschießen. Ich wollte ihnen sagen, dass ich sie auf keinen Fall verraten würde, aber ich konnte nicht … und da hat der Dritte eingegriffen. Er hat erst den Mann erschossen, der mich umbringen wollte, und dann den anderen. Das musste er tun! Er hat mir das Leben gerettet.«

Über solche Situationen musste sie Andrea nichts erzählen. Wenn das der Wahrheit entsprach, hatte der Mann ihr tatsächlich das Leben gerettet.

Und damit den Grundstein für das Stockholm-Syndrom gelegt.

»Das war vor der ersten Geldübergabe, oder?«, fragte Andrea.

»Genau. Deshalb ist die geplatzt«, erklärte Trisha.

»Und dann warst du allein mit ihm?«

»Ja … er wusste nicht, was er machen sollte. Er sagte, er braucht das Geld. Übers Wochenende hat er überlegt, was er tun soll.«

»Und die Toten?«

»Keine Ahnung. Ich weiß nicht, was er mit ihnen gemacht hat.«

Andrea glaubte ihr. »Trisha, was hat der Mann dir denn über deinen Vater und Elisa erzählt?«

Trisha wurde wütend. »Dad hatte was mit ihr. Sie wurde schwanger, und er zwang sie, abzutreiben. Entlassen hat er sie trotzdem.«

»Und das hast du geglaubt?«

»Ja. Der Mann meinte, sie hätten uns abgehört und das mitbekommen. Warum sollte er lügen?«

Um sie zu seiner Verbündeten zu machen. Aber das sagte

Andrea nicht. »Nun, wir haben mit Elisa und deinem Dad gesprochen, und beide sagten, dass da nichts dran ist. Elisa wirkte auch nicht so, als wäre so etwas vorgefallen.«

»Tatsächlich?« Das wollte Trisha nicht glauben.

»Ja, tatsächlich. Der Mann hat dich wohl angelogen. Die Frage ist nur: Auf wessen Seite hast du dich da gesehen?«

Trisha merkte nicht, worauf Andrea damit hinauswollte. »Ich weiß nicht. Warum?«

»Weil ich glaube, dass du dich fühlst, als würdest du eher auf seiner Seite stehen.«

»Ich war froh, dass er mich gut behandelt hat. Er war nett. Musste ich mich denn immerzu fürchten?«, erwiderte sie ausweichend.

»Nein. Aber es geht hier um Schutzmechanismen der Psyche. Du hattest keinerlei Kontrolle, die ganze lange Zeit nicht. Da kann es passieren, dass man sich selbst überlistet und denkt, man stünde auf der Seite des Entführers. Kann das sein?«

Trisha starrte sie an. »Was weiß ich.«

»Ich glaube, du sagst nicht die ganze Wahrheit«, hakte Andrea nach. »Und ich glaube, das liegt daran, dass du ihm helfen möchtest.«

»Unsinn«, widersprach Trisha.

Andrea schaute zu Andrew, der mit einem Ausdruck tiefer Hilflosigkeit neben seiner Freundin saß. Er hatte Angst, Berührungsangst.

»Warum bist du jetzt hier und nicht bei deinen Eltern oder der Polizei?«, fragte Andrea.

»Ich bin doch nicht irre!«, rief Trisha. Andrea war überrascht über diesen Ausbruch. »Meine Mutter nahm mir schon die Luft zum Atmen, ohne dass ich entführt wurde. Sie hat noch nicht gemerkt, dass ich erwachsen werde.«

»Ich weiß, dass deine Eltern sich sehr, sehr große Sorgen machen. Die Polizei sucht nach dir. Ich muss sie irgendwann über deine Rückkehr informieren«, sagte Andrea vorsichtig.

Trisha kniff die Augen zusammen. »Unter einer Bedingung.«

»Ich höre.«

»Dass ich hierbleiben kann.«

Andrea deutete auf Andrew. »Dazu haben seine Eltern auch noch etwas zu sagen.«

»Für die ist das okay«, sagte er. »Sie mögen Trish. Sie haben sich auch große Sorgen gemacht.«

Andrea wusste, dass sie sich in Teufels Küche begab. Trisha war minderjährig, und ihre Eltern durften bestimmen, wo sie sich aufhielt. Allerdings spürte Andrea einen enormen Widerwillen bei dem Mädchen, den sie unbedingt ernst nehmen musste. Wenn Trisha kooperieren sollte, blieb Andrea nichts anderes übrig. Sie wollte alles versuchen, was möglich war, und mit allerhand obskuren psychologischen Begründungen würde sie es schon schaffen, Trishas Wunsch zu erfüllen.

Deshalb nickte sie. »Einverstanden. Ich werde mich darum kümmern. An oberster Stelle steht, dass es dir gut geht.«

Damit hatte sie Trishas Vertrauen gewonnen, denn das Mädchen lächelte. »Danke. Das ist nett. Andrew sagte mir schon, dass Sie nett sind.«

Ein Lächeln huschte über Andreas Lippen. »Ich nehme ernst, dass ihr euch nahesteht.«

Trisha nickte nur. Als niemand mehr etwas sagte, rief Andrea die Eltern an. Es dauerte unglaublich lange, bis jemand abhob, was ihr verriet, dass sie in die Fangschaltung geraten war.

»Michaels«, meldete sich ihr Vater.

»Hier ist Andrea Thornton«, sagte sie. »Ich bin bei Andrew. Trisha ist hier. Die beiden haben mich angerufen, weil sie Hilfe brauchten. Es geht Trisha gut. Sie war jetzt damit einverstanden, dass ich Sie informiere.«

Am anderen Ende war es für einen kurzen Moment totenstill. Dann brach es aus ihm heraus. »Bitte lassen Sie mich mit ihr sprechen!«

Im Hintergrund hörte sie Stimmen, sogar Jubel. Ihre Lippen verzogen sich zu einem Lächeln, als sie Trisha das Handy reichte. Das Mädchen hingegen sah wenig begeistert aus.

»Hallo, ich bin's«, sagte Trisha, tauschte ein paar Belanglosigkeiten mit ihrem Vater aus und reichte Andrea das Handy zurück.

Mr. Michaels war nicht mehr derselbe. Er weinte vor Freude. »Danke, dass Sie uns informiert haben! Wir schicken gleich jemanden, der sie abholt.«

»Nein«, sagte Andrea verhalten. »Sie möchte gern hierbleiben. Bitte kommen Sie doch her.«

»Das geht nicht, sie ist meine Tochter und …«

»Mr. Michaels«, unterbrach Andrea ihn. »Sie war eine ganze Woche verschwunden. Ich möchte betonen, dass ihr Wohl für mich im Vordergrund steht. Ihre Verfassung ist nicht stabil.« Sie zwinkerte Trisha zu, damit sie wusste, dass Andrea das nicht gesagt hatte, um sie zu ärgern. Ernst meinte sie es trotzdem.

»Also schön. Wir sind unterwegs.« Wahrscheinlich würde er später mit ihr darüber streiten.

Sie legte auf und rief anschließend noch Joshua an, um ihm auch die gute Neuigkeit mitzuteilen. Er war ebenfalls sehr erleichtert.

»Da bin ich aber froh. Ich hatte gerade überlegt, mir ein Gläschen zu genehmigen. Gut, dass ich das noch nicht gemacht habe, sonst könnte ich mein Auto jetzt stehenlassen.«

»Sehr vorbildlich«, sagte Andrea spöttisch.

»Ich weiß, gesund ist das alles nicht. Aber es entspannt. Im Gegensatz zu dir kam ich vorhin nach Hause und hatte niemanden um mich, bei dem ich Dampf hätte ablassen können.«

Das konnte Andrea gut verstehen. Nachdem sie das Gespräch beendet hatte, steckte sie ihr Handy weg.

»Danke«, sagte Andrew schließlich. »Ich wusste, dass wir uns auf Sie verlassen können.«

»Natürlich. Ich bin immer bei euch, wenn ihr das möchtet. Trisha, die Polizei wird viele Fragen an dich haben. Ich kann dabei anwesend sein.«

Sie nickte, schien sich das sehr zu wünschen. Erst jetzt lehnte sie sich an Andrews Schulter und seufzte. »Sie wissen ja, wie das ist.«

»Ja. Auch wenn es bei mir anders war.«

»Schlimmer«, mutmaßte Trisha.

»Ja. Hat er dir davon erzählt?«, fragte Andrea.

»Ja, aber ich habe mich auch erinnert. Damals war das doch in den Nachrichten.« Trisha lächelte verlegen. »Sie haben sich kaum verändert.«

»Danke«, erwiderte Andrea. Es war gar nicht schlecht, jetzt

unverfänglich mit Trisha zu plaudern. Andrea musste das Vertrauen, das die Jugendlichen ihr entgegenbrachten, unbedingt festigen. Es würde nicht leicht werden, wichtige Informationen von Trisha zu erhalten, wenn sie den Entführer deckte. Aber Andrea beschäftigte noch mehr: Trisha igelte sich vollkommen ein. Es musste etwas passiert sein, von dem Andrea noch keine Ahnung hatte; aber es war wichtig, das herauszufinden.

3. September, 15:10 Uhr

Trisha hängte ihre Unterwäsche auf die Leine im Bad, die quer über die unbenutzte Wanne gespannt war. Bei Dave mangelte es ihr an nichts, sogar Binden hatte er ihr besorgt. Die Wäsche musste sie jedoch immer wieder waschen, weil sie sonst keine hatte. Man packte ja kein zweites Paar Unterhosen ein, wenn man morgens zur Schule ging.

Wie man Wäsche per Hand sauber bekam, wusste sie. Zu Hause wusch sie regelmäßig die Teile, die Andrew ihr geschenkt hatte, im Waschbecken in ihrem Bad. Noch ein Geheimnis, von dem ihre Mutter nichts erfahren sollte. Jetzt, nach einer guten Woche fern von zu Hause, sehnte sie sich mehr denn je danach, endlich auszuziehen und ihre Ruhe zu haben.

Trisha kehrte zu Dave ins Wohnzimmer zurück und setzte sich neben ihn. Er sah gerade das Ende einer Serie, deren Unterhaltungsfaktor sich Trisha noch nicht ganz erschlossen hatte. Trotzdem schaute sie mit, wackelte dabei allerdings unruhig mit den Beinen. Sie hatte Langeweile.

Dave sah sie an, sagte aber nichts. Sie erwiderte seinen Blick lächelnd. Manchmal erinnerte er sie sehr an Andrew.

Die Nachrichten begannen. Inzwischen wurde dort nicht mehr über ihr Verschwinden berichtet. Andere Ereignisse hatten das Thema verdrängt, doch das machte ihr nichts aus.

»Ich würde gern wissen, wie es Andrew geht«, sagte sie plötzlich.

»Er vermisst dich bestimmt.«

»Ich weiß nicht, wie ich ihm das alles jemals erklären soll.«

»Gar nicht. Wie du schon sagtest: Niemand muss es erfahren. Das ist unser Geheimnis und deine Freiheit.«

Sie lächelte. »Ich bin gern hier. Willst du wirklich schon heute bei meinen Eltern anrufen?«

»Du nicht? Komm, wir rufen sie ganz kurz an und machen sie schön wahnsinnig.«

»Und ich schreie wie am Spieß«, lachte Trisha.

»Bloß nicht!«

Sie hob den Kopf und grinste. »Doch. Wie in einem schlechten Horrorfilm.«

»Nein, tu mir das nicht an! Du bist eine schlimmere Göre, als ich dachte, aber maßlos übertreiben will ich auch nicht!«

»Na gut«, gab sie nach, aber sie klang nicht überzeugt. Sollte ihr Vater ruhig einen Herzinfarkt bekommen. Nicht mehr arbeiten zu müssen, würde ihm ganz guttun.

Wenig später zeigte Dave ihr, was er alles besorgt hatte, um seine Stimme zu verzerren.

»Sieh mal hier«, sagte er und deutete auf ein Mikrofon. »Ich mache meine Stimme durch den Computer unkenntlich und kann die Daten mit diesem Gerät an das Telefon weitergeben. Sollen wir das mal testen?«

»Au ja«, sagte Trisha begeistert. Dave reichte ihr sein Mobiltelefon, und sie ging damit ins Zimmer nebenan. Sekunden später klingelte es in ihrer Hand, und sie nahm das Gespräch an.

»Hier spricht ein Zombie!«, drang es aus dem kleinen Lautsprecher an ihr Ohr. Sie wusste zwar nicht, wie ein Zombie klang, aber Daves gedämpfte, verzerrte und tiefere Stimme konnte davon nicht weit entfernt sein.

Trisha amüsierte sich prächtig. »Das ist total scharf!«

»Mr. Michaels …«, äffte Dave und lachte. »Ich habe Ihre Tochter entführt! Ich will Lösegeld!«

Trisha schüttete sich aus vor Lachen. »Aber mich lässt du doch normal sprechen, oder?«

Es knackte und rauschte, und fortan hörte sie Daves normale Stimme. »Ja, natürlich. Die sollen ja glauben, dass ich dich habe. Sonst bringt das nicht viel.«

»Okay. Ich komme rüber.« Damit legte sie auf und ging zu Dave. Erwartungsvoll sah er sie an.

»Sollen wir den Anruf jetzt machen?«

Sie nickte eifrig. Ein letztes Mal kontrollierte Dave, ob alles richtig eingestellt war, bevor er die Nummer wählte und Trisha das Telefon in die Hand drückte.

»Und nicht zu viel sagen«, schärfte er ihr ein. Trisha nickte.

Es kam, wie Dave prophezeit hatte: Es dauerte ungewöhnlich lange, bis jemand das Gespräch entgegennahm. Dave hatte vermutet, dass die Polizei vor Ort war und eine Fangschaltung installiert hatte.

»Michaels«, hörte Trisha ihren Vater.

»Dad …«, sagte sie und versuchte es weinerlich klingen zu lassen, doch das misslang. Ihr wurde heiß, als ihr Vater besorgt antwortete und sie mit Fragen bestürmte.

»Wo bist du, Liebes? Hat dir jemand wehgetan?«

»Ich weiß nicht, wo ich bin«, erwiderte sie. Das stimmte sogar, denn so genau hatte sie Dave danach noch nicht gefragt. »Aber es geht mir gut.«

Das wollte ihr Vater doch bestimmt hören. Oder vielmehr würde er erwarten, dass sie ihm das mitteilen wollte, damit er sich keine Sorgen machte. Sie wollte zumindest versuchen, das brave Töchterchen zu mimen.

Ihr Vater redete noch weiter, als Dave ihr winkte und sie ihm den Hörer in die Hand drückte. Beinahe tat ihr Vater ihr leid. Er klang besorgt, flehte sie geradezu an, ihm doch zu antworten. Doch sie konnte ihm nicht antworten. Dave verkabelte das Telefon und sprach durch das Mikro an seinem Computer.

»Da haben Sie das Lebenszeichen Ihrer Tochter«, sagte Dave selbstsicher. Trisha beobachtete ihn staunend und musste sich den Mund zuhalten, um nicht laut zu lachen.

Dave forderte sechs Millionen Pfund. Trisha zuckte mit keiner Wimper.

»Sie bekommen das Geld, wenn Sie Trisha freilassen! Bitte behandeln Sie sie gut«, flehte ihr Vater. Das gefiel ihr. Dave beendete das Gespräch und schaute auf die Uhr, die im Computer mitlief. Keine dreißig Sekunden. Perfekt.

»Da geht einem doch das Herz auf«, höhnte Dave. »Richard Michaels ganz kleinlaut.«

»Man könnte fast glauben, dass sie sich Sorgen um mich machen.« Mit angezogenen Beinen saß Trisha auf dem Schreibtischstuhl, die Arme um die Beine geschlungen, und sah Dave erwartungsvoll an.

»Wann sollen wir wieder anrufen?«, fragte er sie. »Was denkst du? Schon morgen? Oder sollen wir sie weiter zappeln lassen?«

Sie zuckte mit den Schultern. »Ich weiß ja nicht, wie lang du mich hier haben willst.«

»Ich hatte schon schlechtere Gesellschaft«, erwiderte er grinsend.

6. September, 0:30 Uhr

Andrea fror, was sie auf ihre Müdigkeit schob. Sie saß vornübergebeugt, hatte die Ellenbogen auf die Knie gestützt und starrte mit leerem Blick von der Küche ins Wohnzimmer. Der kleine Raum war vollkommen überfüllt mit Polizeibeamten, Trishas Eltern, Gordon und sogar dem Arzt der Familie Michaels. Inzwischen war auch Andrews Mutter, eine hübsche Frau Ende dreißig, von der Arbeit zurückgekehrt und wusste gar nicht, wie sie auf die Invasion in ihrem Haus reagieren sollte. Sie stand im Türrahmen und rauchte.

»Du bist so still«, riss Joshua Andrea aus ihren Gedanken. Er war als einer der Ersten eingetroffen und hatte ebenfalls kurz mit Trisha gesprochen.

»Wie gut kennst du dich mit dem Stockholm-Syndrom aus?«, fragte Andrea.

»Gordon hat mehr Ahnung davon. Warum fragst du? Du hast wieder diesen Blick. Irgendetwas geht dir doch im Kopf herum.«

»Ja, und zwar frage ich mich, warum Trisha so gefasst ist. Hat das Stockholm-Syndrom damit zu tun?«

Joshua nickte. »Es ist ihre Art, den absoluten Kontrollverlust zu bewältigen.«

Seufzend fuhr Andrea sich durchs Haar. »Mit Kontrollverlust kenne ich mich aus.«

»Wenn dir das hier zu viel wird, geh nach Hause. Gordon ist ja da.«

»Nein. Die beiden haben mich gerufen, und ich werde sie jetzt nicht der wilden Meute überlassen«, widersprach Andrea. »Nur verstehe ich gerade nicht, was in Trisha vorgeht. Nach allem, was wir wissen, müsste sie sich anders verhalten. Oder führt das Stockholm-Syndrom auch zu dieser Distanz gegenüber ihrem Freund?«

Joshua spähte ins Wohnzimmer. Trisha war ziemlich mürrisch, denn der Arzt wollte sie untersuchen, aber sie lehnte das ab. Gegen eine Einlieferung ins Krankenhaus hatte sie sich bereits vehement gewehrt. Sie sagte, sie wolle bei Andrew bleiben, hockte aber gleichzeitig neben ihm wie eine Statue. Auf der anderen Seite saß ihre Mutter, hielt ihre Hand, strich ihr immer wieder übers Haar.

Andrea war froh, dass Trisha wohlauf war. Ihr erster Fall hatte nicht in einem kompletten Desaster geendet. Das hätte ihr schwer zu schaffen gemacht.

Doch die Arbeit war noch nicht getan. Wenn sie den Täter finden wollten – und das wollten sie alle –, mussten sie mit Trisha sprechen. Ihr das Geheimnis entlocken, das sie mit Sicherheit hütete. Andrea musste verstehen, wie Trisha tickte.

»Vielleicht kommt sie jetzt nicht damit zurecht, dass sie sich dem Täter verbunden fühlt«, sagte Joshua. »Sie befand sich in einer Ausnahmesituation, war tagelang isoliert, hatte nur diesen Mann um sich. Aber jetzt schlägt sie in der Realität auf und empfindet es vielleicht als Verrat an Andrew.«

»Ich weiß nicht.« Andrea kratzte sich an der Nase und schüttelte den Kopf. Ihre Augen brannten. »Diesen Realitätsverlust kenne ich, und trotzdem war in meinem Kopf immer der Gedanke an meinen Mann. Als ich befreit wurde, wäre ich tot umgefallen, hätte er mich für eine Sekunde allein gelassen. Und Trisha – sie ist hierhergekommen, aber sie hockt trotzdem in ihrem Schneckenhaus.«

Nachdenklich beobachtete Andrea die Szene. Trisha wurde von allen Seiten bedrängt, die Beamten wollten sie befragen, der Arzt wollte sie untersuchen, die Eltern buhlten um ihre Aufmerksamkeit. Sie hatte sich zu Andrew geflüchtet, weil sie das alles nicht wollte, aber sie versteckte sich nicht hinter ihm, wie Andrea erwartet hätte.

Da war noch mehr, was sie von ihm trennte.

»Nein, verschieben Sie die Befragung auf morgen«, sagte Gordon. »Es ist halb eins! Das Mädchen ist müde. Sie läuft Ihnen schon nicht weg.«

»Der Täter schon!«, rechtfertigte sich Barley. »Wir wollen doch nur wissen, wer er ist.«

Trisha gähnte, sagte allerdings nichts. Andrew griff nach ihrer anderen Hand, blieb ansonsten jedoch weiterhin sehr zurückhaltend. Andrea bewunderte ihn für die Stärke und Selbstlosigkeit, die er gerade zeigte. Er wirkte deutlich erwachsener, als man aufgrund seines Alters hätte erwarten können.

»Sie sollte in ein Krankenhaus«, beharrte der Arzt.

»Sie sollte mit uns nach Hause kommen«, hielt Trishas Vater dagegen. »Eine vertraute Umgebung ist jetzt das Beste.«

»Wenn du mich zwingst, hau ich ab«, warf Trisha ihm böse an den Kopf und starrte ihn wütend an. Ihre Ablehnung gegenüber ihrem Vater war kaum zu übersehen.

»Du gehörst nach Hause«, sagte Gordon. Es gefiel Andrea nicht, wie alle über Trisha herfielen und zu wissen glaubten, was für sie das Beste war. Das sollte sie selbst entscheiden dürfen.

»Sie ist nicht umsonst erst hierhergekommen«, mischte Andrea sich ein, nachdem sie sich neben Andrews Mutter gestellt hatte. »Sie braucht die Nähe ihres Freundes. Wenn Sie schon möchten, dass sie mitgeht, dann nehmen Sie ihn wenigstens auch mit.«

»Ausgerechnet jetzt?«, wehrte Richard Michaels sich.

»Ja«, beharrte Andrea, spürte aber gleichzeitig Trishas flammenden Blick auf sich.

»Sie sagten, ich könnte hierbleiben«, fauchte sie.

»Ist dir das wichtig?«

Trisha beantwortete die Frage mit einem Nicken.

»Trish«, redete Andrew auf sie ein. »Ich würde doch mitkommen. Ich bin immer bei dir! Geh nach Hause. Was wäre denn so schlimm daran?«

»Du hast ja keine Ahnung!«, schrie sie und begann dann wie aus heiterem Himmel zu weinen. Schluchzend floh sie sich in seine Arme. Wortlos beobachtete Andrea die Szene. Das war echt. Diesen Gefühlsausbruch spielte Trisha nicht. Als ihr Vater sich zu ihr beugte, um eine Hand auf ihre Schulter zu legen, schlug sie schreiend nach ihm.

»Geh weg!«, rief sie unter Tränen. »Lass mich in Ruhe!«

Joshua versuchte, ins Wohnzimmer zu gelangen. Andrea ließ ihn durch.

»Das ist zu viel für sie«, sagte er laut. Andrea war froh über seine Unterstützung. »Am besten wäre es, wir würden Trisha jetzt alle in Ruhe lassen. Für heute reicht es. Am besten gehen wir alle nach Hause und machen morgen weiter.«

»Es wäre aber wichtig …«, begann Barley. Joshua würgte ihn ab.

»Irgendwann am Vormittag stehen wir bei Ihnen im Büro,

sobald Trisha dazu bereit ist. Meine Kollegin Andrea wird Sie bei der Vernehmung tatkräftig unterstützen, denn sie stellt eine Vertrauensperson für Trisha dar. Für heute sollten wir aufhören.«

»Danke«, sagte Trisha schniefend und wischte sich über die Augen. »Ich will schlafen.«

»Komm.« Andrew half ihr auf und schob sich mit ihr bis zur Tür vor, hinter der die Treppe lag. Dabei ignorierten sie den Protest der Michaels. Andrea ging hinüber, um mit den Eltern zu reden.

»Sie ist nicht stabil«, wiederholte sie, was Joshua gesagt hatte. »Wenn Sie sie jetzt zu etwas zwingen, dann tun Sie ihr damit nichts Gutes. Lassen Sie sie einfach. Sie ist doch hier in Sicherheit.«

Danach ließen Joshua und Andrea sich auf keine weiteren Diskussionen mehr ein und scheuchten alle aus dem Haus – inklusive Gordon. Als sie selbst in der Tür standen, um zu gehen, wandte Andrea sich Andrews Mutter zu, deren Pferdeschwanz sich halb gelöst hatte. Sie wirkte müde.

»Entschuldigen Sie die ganze Aufregung. Ist es auch wirklich kein Problem, wenn Trisha hierbleibt?«, versuchte Andrea der Frau das Gefühl zu geben, dass sie nicht nur Statistin war.

»Nein«, sagte sie lächelnd. »Trisha und mein Sohn stehen sich sehr nah. Ich bin froh, dass sie wohlbehalten zurückgekehrt ist. Soll er sich nur kümmern.«

»Danke«, sagte Andrea zum Abschied.

Joshua bot an, sie nach Hause zu bringen, worüber Andrea sehr froh war. Anfänglich saßen sie schweigend im Wagen. Andrea ging vieles durch den Kopf, angefangen mit der Frage, ob sie richtig gehandelt hatte. Noch viel mehr beschäftigte sie jedoch Trishas Verhalten. Was steckte dahinter? Das würde sie an diesem Tag nicht mehr erfahren.

Die Beleuchtung am Armaturenbrett war in diesem Moment die einzige Lichtquelle im Wagen. Das Summen des Motors wirkte einschläfernd. Beim Blick aus dem Fenster stellte Andrea fest, dass auch eine Sieben-Millionen-Metropole tatsächlich mal zur Ruhe kam.

»Trisha verheimlicht etwas«, sagte Joshua plötzlich.

»Ich würde sogar sagen, sie lügt«, sagte Andrea.

»Du wirst das herausfinden.«

»Aber erst später«, erwiderte sie und gähnte gleichzeitig, so dass sie beide lachen mussten.

»Wir sind schon verrückt. Es ist mitten in der Nacht, und wir sind hier unterwegs«, meinte Joshua.

»Das gehört zum Job.«

»Ja ... wohl wahr. Er ist nicht immer einfach, das muss ich zugeben.«

»Beileibe nicht. Und dabei habe ich ja noch gar nicht viel erlebt.«

»Das stimmt zwar, aber mit diesem Fall ändert sich das gerade«, sagte Joshua. »Jetzt kannst du zeigen, was in dir steckt. Du hast den besten Draht zu den beiden Jugendlichen.«

»Sieht so aus«, murmelte Andrea. »Trotzdem ist es nicht selbstverständlich, dass du mir die Sache anvertraust.«

»Ach, das geht schon. Ich bin ja auch noch da. Aber du hast dich schon mit Andrew gut verstanden, und das hat er seiner Freundin natürlich erzählt. Und davon abgesehen hilft es Trisha sicher, zu wissen, dass du Ähnliches hinter dir hast.«

»Es ist nie verkehrt, einen Profiler zu haben, der auch die Opferseite kennt«, murmelte Andrea sarkastisch, doch Joshua überhörte den Unterton.

»Ich bin gespannt, worauf du dich spezialisieren wirst. Jeder von uns hat bestimmte Bereiche, in denen er besonders gut ist. Oder gibt es etwas, das dich besonders abschreckt?«

»Hm«, machte Andrea. »Eigentlich nicht. Oder doch … was mich im Seminar unglaublich abgeschreckt hat, war der Fall Robert Pickton.«

»Ach, der kanadische Serienmörder, der Prostituierte gehäutet und zerstückelt hat.«

Andrea verzog das Gesicht. »Genau der. Das ertrage ich nur ganz schwer – wenn jemand etwas tut, was derartig eklig ist. Nekrophilie jagt mir einen Schauer über den Rücken, oder grauenvolle Verstümmlungen bei lebendigem Leib. Gruselig.«

Joshua war ehrlich überrascht. »Damit hätte ich nicht gerechnet. Ich hätte gedacht, du schreckst vor Sexualsadisten zurück.«

»Nein«, sagte Andrea kopfschüttelnd. »Da wäre ich wohl sehr gut. In denen kann ich lesen wie in einem offenen Buch.«

»Und das macht dir nichts aus?«

»Doch. Aber ich will es nutzen.«

»Okay. Das kann ich verstehen.« Kurz darauf bog Joshua in ihre Straße ein und hielt vor dem Haus.

»Gute Nacht«, sagte er. »Ich erwarte nicht, dass du morgen pünktlich bist.«

Grinsend verabschiedete Andrea sich. Mit schweren Füßen stieg sie leise die Treppe hoch. Wenig überrascht stellte sie fest, dass Greg mit kleinen Augen vor dem Fernseher saß. Als

Gregory sie bemerkte, schaltete er das Gerät aus. Weil es nun stockfinster war, drückte Andrea auf einen Lichtschalter. Von der plötzlichen Helligkeit geblendet musste sie blinzeln.

»Da bist du ja«, sagte er.

»Ja, endlich. Und du bist verrückt. Warum gehst du nicht schlafen?«

»Du bist auch verrückt, allein nach Hause zu laufen«, schoss er zurück.

»Joshua hat mich gefahren.«

Das erleichterte ihn. »Gut zu wissen. Ich habe mir schon Sorgen gemacht.«

»Nicht doch. Sei nicht paranoid«, mahnte Andrea mit liebevoller Strenge.

»Das sagst du so leicht.« Er zuckte seufzend mit den Schultern und wechselte das Thema. »Also ist sie wirklich wieder da?«

»Ja. Aber wir haben noch viel Arbeit vor uns. Morgen. Jetzt muss ich dringend ins Bett.«

»Ich auch.« Gregory gähnte.

»Ich habe dir doch gesagt …«

»Und ich habe dir nicht gesagt, dass ich am liebsten mitgefahren wäre«, unterbrach er sie. »Dass ich dich einmal fast verloren hätte, vergesse ich nicht so leicht. Daran will ich gar nicht denken müssen.«

Andrea seufzte innerlich. Er würde niemals damit aufhören. Wenigstens sparte er sich jegliche Sprüche über die Schwangerschaft.

»Hör auf, dir die Schuld zu geben, Greg«, sagte sie sanft.

»Aber ich hätte …«

»Nein, hättest du nicht. Komm.« Sie griff nach seiner Hand und zog ihn ins Bad.

5. September, 18:30 Uhr

Angespannt wartete sie auf Daves Rückkehr. Wenn sie ihn nur nicht schnappten!

Sie hatten sich das Prozedere für die Geldübergabe ganz genau zurechtgelegt. Ihren Vater in der Wildnis das Geld aus einem fahrenden Zug werfen zu lassen, war genial. Dave musste es nur noch in Empfang nehmen.

Aber was dann? Dann musste sie nach Hause zurückkehren. Das wollte sie nicht. Das würde sie auch nicht tun. Zu wissen, was ihr Vater mit Elisa getrieben hatte, machte sie ganz krank. Sie würde zu Andrew gehen.

Da wurde die Haustür geöffnet. Sie sprang auf und wartete, bis Dave ins Wohnzimmer trat. Als sie die Reisetasche über seiner Schulter sah, vollführte sie beinahe einen Luftsprung.

»Da ist es! Du hast es!«

Dave nickte triumphierend und ließ die Tasche vor dem Sofa fallen. »Ganz schön schwer, das viele Geld.«

»Hast du schon reingesehen?«

Er nickte und öffnete die Tasche. Als Trisha die vielen Geldbündel sah, stieß sie einen Schrei aus.

»Das ist der helle Wahnsinn! Sie haben es wirklich gemacht! Du hast das Geld.«

»Alles nur dank deiner Hilfe«, sagte Dave lächelnd.

»Irre.« Sie steckte beide Hände in die Tasche und ließ sie durch die Geldbündel wandern. »Das ist unglaublich. Du bist reich!«

»Möchtest du etwas davon haben?«, fragte er.

Trisha schüttelte den Kopf. »Ich habe ein Sparbuch, auf dem genug liegt. Das reicht. Glaub mir, Dave – ich musste noch nie Hunger leiden. Wird auch nicht passieren.«

Ihre Blicke trafen sich. »Unglaublich, dass du das sagen kannst«, fand er. »Aber ich würde dir was abgeben.«

»Ich weiß. Musst du aber nicht.«

»Tja«, meinte er und ließ sich neben sie fallen. »Es ist vollbracht. Ich bin reich, und du … du bist frei.«

»Hm. Eigentlich will ich noch gar nicht gehen«, erwiderte sie.

»Dann bleibst du eben noch ein bisschen hier.«

Sie strahlte übers ganze Gesicht. »Ehrlich? Das wäre toll! Danke!«

Er lächelte ebenfalls. Dieses Lächeln war es, was Trisha so sicher machte, dass er ihr, wie schon die Tage zuvor, kein Haar krümmen würde. Sie hatte sich während seiner Abwesenheit gefragt, ob es ihm nicht doch zu gefährlich würde, sie nun noch laufen zu lassen. Sie wusste schließlich alles über ihn. Absolut alles.

Aber sie würde schweigen. Sie wollte der Polizei nichts sagen. Wäre auch keine so gute Idee – schließlich hatte sie ihm sogar geholfen. Wenn sie sich nicht selbst in den Knast bringen wollte, musste sie den Mund halten. Und das wusste Dave.

Trisha sah ihm dabei zu, wie er nach und nach das ganze Geld aus der Tasche holte und auf den Tisch stapelte. Er zählte nicht nach; wahrscheinlich war es ihm egal, ob es nun genau sechs Millionen waren. Selbst wenn es nur fünf waren – das würde immer noch bis an sein Lebensende reichen.

»Wenn wir das jetzt machen könnten, würde ich dich zum Essen einladen«, sagte er. »Ganz teuer.«

»Das scheidet leider aus«, antwortete sie bedauernd.

»Ja, zu dumm … Was meinst du, wollen wir später nochmal Pizza bestellen?«

»Klar.«

Sie ließen sich Zeit. Dave überlegte, wo er das Geld verstauen sollte, und schaute mit Trisha fern. Sie hatte überhaupt keine Sehnsucht danach, nach Hause zurückzukehren – lieber grillte sie ihren Vater noch ein wenig mit der Ungewissheit, ob sie noch am Leben war.

Als die Pizza da war, schauten sie sich noch einen Film an, aber schließlich begann es draußen zu dämmern. Der Blick auf die Uhr holte sie in die Wirklichkeit zurück.

Irgendwann musste Trisha gehen.

»Wir werden uns nicht wiedersehen, oder?«, fragte sie unvermittelt.

»Keine Ahnung. Erst mal nicht«, sagte Dave. »Aber du hast doch Andrew. Er ist in deinem Alter.«

»Ja, er ist toll. Er hat das auch gar nicht verdient.«

»Er weiß es nicht.«

Schweigend blieben sie noch eine Weile vor dem Fernseher sitzen. Dann ging Trisha nach oben, um ihre Sachen zu holen und sich umzuziehen. Dave folgte ihr und lehnte am Türrahmen, während sie mit verächtlichem Blick nach ihrer Schuluniform griff.

»Steht dir gut«, sagte er.

»Was, die blöde Uniform?«, fragte sie gereizt.

»Eigentlich meinte ich das, was du drunter hast«, antwortete er und zwinkerte ihr zu. »Du bist genau das Schulmädchen, von dem Männer träumen. Züchtige Uniform, und trotzdem hast du es faustdick hinter den Ohren.«

Sie warf ihm einen eindeutigen Blick zu und zog sich weiter an.

Anschließend nahm sie ihren Rucksack und ging langsam an Dave vorbei nach unten. Als er ihr nicht folgte, drehte sie sich zu ihm um.

»Was?«, fragte sie.

»Du wirst mir fehlen, weißt du das?«

»Du mir auch.« Sie ging ins Wohnzimmer und seufzte. Es war alles so surreal.

Viertel vor zehn. Zeit, aufzubrechen, wenn sie Andrew nicht zu Tode erschrecken wollte. Sie ging auf Dave zu, der nun im Flur stand und sie ansah.

»In einem anderen Leben vielleicht«, sagte sie und seufzte. Niedergeschlagen blickte sie zu Boden, aber er brachte sie dazu, ihn wieder anzusehen. Er legte einen Finger unter ihr Kinn, hob ihren Kopf, schloss die Augen und berührte ihre Lippen zu einem Kuss. Trisha erwiderte ihn impulsiv.

»Pass gut auf dich auf«, sagte er.

»Du auch«, erwiderte sie. Seufzend öffnete sie die Tür und ging hinaus. Es war noch nicht vollständig dunkel und angenehm warm. Ein letztes Mal drehte sie sich um und sah Dave an. Er hatte ihr erklärt, wo die U-Bahn-Station zu finden war. Jetzt würde sie wissen, wo er lebte. Sie wusste so viel über ihn und konnte kaum glauben, dass er ihr das alles anvertraut hatte – sie aber dennoch laufen ließ.

Aber sie würde dieses Wissen hüten. Das hatte er verdient, dachte sie mit Tränen in den Augen.

6. September, 4:30 Uhr

Es war finster. Kalt und stockfinster. Die äußere Kälte war aber nichts gegen die, die sie in der Seele spürte. Es waren Kälte und Angst, die sie lähmten und die es ihr unmöglich machten, ruhig zu atmen. Das konnte sie sowieso die ganze Zeit schon nicht.

Sie spürte ihre Hände nicht mehr. Erst hatten sie gekribbelt, dann waren sie eiskalt geworden. Jetzt waren sie taub.

Das Adrenalin hielt ihren Puls oben. Ihre Haut brannte, ein Schauer überlief sie. Am schlimmsten war die Angst davor, dass er zurückkehrte. Und das würde er tun, es war unausweichlich. Er würde zurückkehren und dem Unvorstellbaren einen Namen geben.

Sie hielt es nicht aus. Ihr war übel, sie hatte Hunger und furchtbaren Durst. Wenn sie sich zu bewegen versuchte, spürte sie, dass er sie an allen vieren festgebunden hatte. Andrea hätte schreien mögen, aber sie konnte nicht. Er hatte es verhindert. Er hatte ihr alles weggenommen – erst ihre Freiheit, dann ihre Kleidung und zu guter Letzt das Gefühl, noch sie selbst zu sein. Sie fühlte gar nichts. Sie sah auch nichts. Selbst das hatte er ihr genommen.

Sie hörte Schritte. Ihr gefror das Blut in den Adern, als die Tür geöffnet wurde und sie hörte, wie er hereinkam. Zu ihr. Sich neben sie setzte und mit ihr sprach.

»Du bist wirklich zäh«, sagte er. Andrea fühlte sich nicht so.

»Ich kann dich nicht aufgeben. Ich will, dass du hierbleibst. Du musst nicht sterben, Andrea. Du kannst hier leben, als meine Gefangene. Das ist mein Wunsch …«

***

Licht. Keuchend starrte sie an die Decke und nahm durch ihre Tränen nicht viel mehr als das bisschen Licht wahr, das die kleine Lampe in der Steckdose in die Dunkelheit warf, damit das Schlafzimmer nicht stockfinster war.

Ihr war unglaublich heiß, das Shirt klebte ihr am Leib, ihr Herz raste wie bei einer Panikattacke. Sie war am ganzen Leib verkrampft.

Gregory hatte nichts gemerkt. Ganz langsam schlug Andrea die Decke zurück. Kaum hörbar schlich sie aus dem Schlafzimmer, schloss die Tür hinter sich und schaltete sofort das Licht im Wohnzimmer ein. Das nahm ihr die Angst.

Hastig lief sie weiter ins Bad, schaltete auch da das Licht ein und schloss die Tür, damit Greg wirklich nichts mitbekam. Zitternd stellte sie sich vor das Waschbecken und wusch sich das Gesicht mit eiskaltem Wasser, doch das Gefühl, lebendig zu sein, hielt nicht lange vor. Und die Tränen wollten nicht versiegen.

Sie sah ihn immer und immer wieder – den Moment, in dem sie aufgegeben hatte. Die drei Stunden völliger Ohnmacht, in denen Jonathan Harold sie ganz allein gelassen hatte, hatten sich unwiderruflich in ihre Erinnerung gefressen. Sie war mit sich und ihrer Agonie allein gewesen, hatte nichts sehen können, nur in sich hineingelauscht. Das hatte er so gewollt.

Das hätte er noch ewig mit ihr gemacht. Er hätte sie nicht getötet. Er hätte sie bei sich behalten und damit trotzdem umgebracht. Er hätte …

Sie schlug die Hand vor den Mund, um einen Schrei

tiefster Verzweiflung zu unterdrücken. Sie durfte gar nicht daran denken, was Jonathan Harold ihr alles angetan hätte. Selbstgefällig hatte er ihr davon erzählt. Es ihr versprochen …

Ihr wurden die Knie weich, und sie sank auf den kleinen Vorleger vor dem Waschbecken. In diesem Moment war ihr eiskalt. Sie setzte sich in den Schneidersitz und legte eine Hand auf ihren Bauch. Plötzlich hatte sie Angst. Wo sollte das noch hinführen? Sie war doch offensichtlich nicht einmal in der Lage, regelmäßig die Pille zu nehmen. Wie sollte sie da für ein Kind sorgen?

Andrea hatte unendliche Angst vor dem, was nun auf sie zukam. Was konnte ein Kind von einer Mutter wie ihr erwarten? Wie gut war denn eine Mutter, die immer wieder den Boden unter den Füßen verlor und an den Serienmörder denken musste, der sie beinahe in Stücke gerissen hätte? Sie hasste diese Alpträume. Das Schlimmste war, dass sie die Träume nicht einfach zu den Akten legen, ignorieren oder vergessen konnte. Auch am nächsten Morgen wusste sie noch, was sie nachts aus dem Schlaf gerissen hatte.

So ging das nicht weiter. Es ging einfach nicht. Joshua hatte da am Vortag etwas angesprochen, das ihr selbst nicht klar gewesen war. Mit seiner Vermutung hatte er ins Schwarze getroffen, das wusste Andrea jetzt.

Mit diesen Gedanken im Kopf machte sie sich auf den Weg zum College, wo sie erfahren würde, was sie an diesem Tag erwartete.

Um kurz vor zehn betrat sie Joshuas Büro. Sie hätte ausgeschlafen sein müssen, aber natürlich war sie es nicht. Was in der vergangenen Nacht passiert war, hatte ihr wirklich Angst eingejagt. Allmählich verlor sie die Kontrolle darüber.

»Da bist du ja«, sagte er. »Meinetwegen können wir uns gleich auf den Weg machen, wenn du so weit bist. Barley sagte, die Vernehmung soll um elf Uhr losgehen. Gordon kommt übrigens nicht mit, ich hab ihm gesagt, er soll mal frei machen. Er hat die letzten Tage so viel geleistet, und du bist gerade ohnehin wichtiger für die Ermittlungen.«

»In Ordnung«, sagte Andrea und überlegte. »Josh?«

Er erwiderte ihren Blick. »Ja?«

»Wenn das hier vorbei ist, würde ich gern noch einmal mit dir reden.« Jetzt war es heraus.

»Gern. Aber du bist doch nicht schon wieder schwanger, oder?«

Sie lachte verhalten. »Nein, es geht um etwas ganz anderes. Aber das kann warten.«

»Wie du meinst.« Er packte seine Sachen, dann machten sie sich auf den Weg zur U-Bahn. Joshua wusste aus Erfahrung, dass es keine gute Idee war, mit dem Auto zum Polizeirevier zu fahren.

»Bin mal gespannt, ob Trisha mit uns spricht«, sagte Andrea, als sie nebeneinander im Waggon saßen. »Gestern Abend habe ich sie absichtlich nicht zu sehr ausgequetscht, um sie nicht zu verschrecken.«

»Ja, das ist richtig. Wenn es wirklich das Stockholm-Syndrom ist, muss man da mit dem nötigen Fingerspitzengefühl rangehen. Keine Vorwürfe, keine Vorhaltungen, keine Kritik, keine Moralpredigt. Sie wird selbst deutlich genug spüren, dass sie sich auf einen falschen Pfad begeben hat. Wichtig ist,

Verständnis zu zeigen und sie langsam wieder in die Realität zurückzuholen.«

»Aber was, wenn sich herausstellt, dass sie sich strafbar gemacht hat?«

»Das sehen wir dann«, sagte Joshua vage.

Andrea war gespannt. Noch hatte sie keine Vorstellung, was sie erwartete.

Sie waren zu früh. Es war erst halb elf, als sie auf dem Revier eintrafen, aber Barley war auch schon da und redete ohne Unterlass auf sie ein. Schließlich führte er sie in einen großen Raum mit einem langen Tisch in der Mitte, der wohl für Besprechungen genutzt wurde. Andrea konnte sich nicht vorstellen, dass das Trisha behagte.

Familie Michaels war pünktlich. Trisha hatte durchgesetzt, dass Andrew sie begleitete, denn er betrat gemeinsam mit ihr den Raum. Wortlos setzte Trisha sich neben Andrea, Andrew nahm auf ihrer anderen Seite Platz. Auch Trishas Eltern setzten sich. Als Letzter kam noch ein Sergeant herein, nun waren sie komplett.

»Mein Name ist Harry Barley«, eröffnete der Inspector das Gespräch. »Ich bin der ermittelnde Inspector in deinem Fall, Trisha. Gestern ist das alles etwas untergegangen, glaube ich.«

»Kann sein«, sagte Trisha wortkarg. In Ermangelung anderer Kleidung trug sie immer noch ihre Schuluniform. Sie wirkte nicht wie ein Entführungsopfer, sondern gesund und munter. Ihre Haare waren frisch gewaschen und sauber gekämmt.

»Kannst du uns erzählen, wie sich alles abgespielt hat?«, bat Barley. »Deine Entführung und alles, was in den vergangenen sieben Tagen geschehen ist. Das würde uns sehr helfen.«

»Okay.« Trisha holte tief Luft und schilderte ihnen, wie Keeley sie zur Schule gefahren hatte und plötzlich in einen Unfall verwickelt worden war.

»Er stieg aus. Ich dachte mir nichts dabei, aber dann waren da plötzlich bewaffnete Männer«, sagte sie.

»Wie viele?«, fragte Barley.

»Drei. Sie waren maskiert, trugen schwarze Kleidung. Ich wollte mit dem Autotelefon die Polizei rufen, aber ich habe es nicht geschafft. Sie haben mich vorher aus dem Wagen gezerrt. Und dann stand da Edmund auf der Straße, die Hände erhoben. Er wollte mir nur helfen. Aber dieser eine Mann … er hat mit der Waffe auf ihn gezielt. Und dann hat er Edmund erschossen.« Ein Ruck ging durch Trishas Körper, ihre Stimme bebte und brach schließlich. »Er hat ihn einfach erschossen. Ich habe das gesehen. Und dann haben sie mich in einen Lieferwagen geschubst.«

»Hast du die Automarke erkannt?«

Trisha schüttelte den Kopf. »Damit kenne ich mich nicht aus.«

»Haben sie dich gefesselt?«

»Ja, schon bevor sie mich ins Auto gestoßen haben. Sie waren die ganze Zeit bei mir. Ich hatte solche Angst, ich lag vor ihren Füßen und konnte gar nichts tun …«

Andrea schloss die Augen und atmete tief durch. Erst da merkte sie, dass sie die Finger in die Armlehnen ihres Stuhls gekrallt hatte. Diese Erinnerung war viel zu nah dran an ihrer eigenen. Im Augenwinkel bemerkte sie ein Lächeln auf Joshuas Lippen. Niemand außer ihr sah es, aber es galt auch nur ihr. Ihm war ihre Reaktion nicht verborgen geblieben.

»Sie haben mich durch die Garage in den Keller gebracht und mit allen vieren in einem kleinen Raum an ein Bettgestell gefesselt«, fuhr Trisha fort. Andrea ballte die Hände schmerzhaft fest zu Fäusten. Joshua ließ sie nicht aus den Augen, als wolle er ihr sagen, dass sie damit zurechtkommen würde.

Das tat Andrea auch, aber zu hören, wie mit Sturmhauben maskierte Männer die gefesselte und geknebelte Trisha eingeschüchtert hatten, sorgte bei ihr für kalte Gänsehaut. Eine eiskalte. Am liebsten hätte sie sich geschüttelt.

Trisha erzählte, wie sich alles abgespielt hatte. Dass sie das Zimmer nicht verlassen, dass einer der Männer ihr gedroht hatte – und schließlich schilderte sie noch einmal, wie es dazu gekommen war, dass einer der Entführer die anderen erschossen hatte. Soweit Andrea sich erinnern konnte, war der Bericht deckungsgleich mit dem, den Trisha ihr am Vorabend geliefert hatte.

»Okay«, sagte Barley und nickte Trisha freundlich zu. Ihr Gesichtsausdruck ließ nicht erahnen, was sie dachte. Einerseits wirkte sie gestresst, andererseits aber auch völlig ruhig. Dennoch rief Barley eine allgemeine Pause aus und gab Andrea einen Wink. Sie folgte ihm in ein benachbartes Zimmer.

»Sie scheinen doch auch einen guten Draht zu dem Mädchen zu haben«, begann er.

»Ich denke, schon.«

»Was jetzt kommt, hat mit diesem Syndrom zu tun, denke ich.«

»Stockholm-Syndrom«, half sie ihm auf die Sprünge.

»Ja, genau. Damit kennen Sie sich besser aus. Deshalb möchte ich Sie bitten, die Befragung weiterzuführen.«

»Kein Problem«, sagte Andrea sofort, obwohl ihr unbehaglich dabei war. Hoffentlich enttäuschte sie Barley nicht.

Zehn Minuten später saßen sie wieder im Besprechungsraum. Barley blickte in die Runde und sagte: »Mrs. Thornton wird nun die Befragung fortsetzen, so wie wir es Trisha versprochen haben.«

»Wir haben ja gestern Abend schon kurz darüber gesprochen«, begann Andrea. »Was uns interessiert, ist die Zeit, die du gemeinsam mit dem Entführer verbracht hast – nur mit dem einen Mann, meine ich. So wie du es uns vorhin erklärt hast, war er von den drei Männern der friedlichste, oder?«

»Ja. Er hat sich immer am nettesten um mich gekümmert. Er wollte nicht, dass ich gefesselt und geknebelt sein musste. Deshalb hatte er Streit mit dem Gemeinen«, erzählte Trisha.

»Und als er sie erschossen hat, um dich zu beschützen – was hast du da gedacht?«, fragte Andrea.

Trisha wandte den Blick ab und überlegte. »Ich war froh und dankbar. Klar. Ich wusste nicht, warum er das getan hat, aber eigentlich war mir das auch egal.«

»Und dann? Hat er dich weiter gegen deinen Willen festgehalten?«

Das Mädchen nickte. »Ich habe gesagt, dass ich wieder nach Hause will, aber er meinte, er bräuchte das Geld. Er hat mir versprochen, mich gut zu behandeln und mich freizulassen, wenn er das Geld hat. Und genauso ist es auch passiert.«

»Hat er dir viele Erleichterungen gewährt?«, wollte Andrea wissen.

»Ja«, sagte Trisha ohne Umschweife und nickte heftig. »Eine ganze Menge. Ich war nicht mehr gefesselt, nur eingesperrt. Er hat mir einen Fernseher gebracht. Er hat sogar Pizza für mich bestellt.«

»Weißt du, wo?«, fragte Barley gleich dazwischen.

»Nein. Das weiß ich nicht mehr. Darauf habe ich nicht geachtet.«

»Hat er jemals seine Maske abgenommen?«, fragte Andrea.

»Nein. So dumm wie der andere war er nicht. Er wollte mir nichts tun. Aber ich hatte trotzdem Respekt vor ihm. Er hatte ja immer noch die Waffe.«

»Also hast du lieber mit ihm kooperiert.«

»Ja, klar … er hat es mir nicht so schwer gemacht und ich ihm auch nicht mehr.«

Das klang nachvollziehbar für Andrea. »Hatte die Geschichte, die er dir über deinen Dad und Elisa erzählt hat, auch etwas damit zu tun?«

Unschlüssig sah Trisha sie an. »Ja, schon irgendwie … Ich habe ihm das ja geglaubt. Deshalb war ich sauer auf Dad.«

»Würdest du sagen, dass du den Mann irgendwann sympathisch fandest?«, fragte Andrea weiter. Jetzt musste sie aufpassen.

»Ja, schon irgendwie … Er war nicht so unheimlich und gemein wie die anderen. Irgendwie tat er mir leid. Dass er das überhaupt alles gemacht hat, meine ich.«

Sie kamen der Sache näher. Es war totenstill im Raum, man hätte eine Stecknadel fallen hören können.

Andrea machte einfach weiter. »Aber du weißt nichts über ihn? Oder was er mit den toten Männern gemacht hat?«

Trisha schüttelte den Kopf.

»Und warum hat er dich so lang festgehalten, ohne von dir ein Lebenszeichen zu geben?«

»Weil er nicht wusste, wie«, erklärte Trisha. »Er hat sich eine neue Möglichkeit für die Geldübergabe überlegt und diesen ganzen Technikkram für die Anrufe studiert … er hat ja nicht den ersten Anruf gemacht, glaube ich.«

»War das okay für dich? Oder hattest du noch Angst?«, fragte Andrea.

»Hm«, machte Trisha. »Nein, eigentlich nicht. Ich dachte, ich tue einfach, was er sagt, und dann kommt alles in Ordnung. So war es ja auch.«

»Und als die anderen Männer tot waren, seid ihr immer noch im selben Haus geblieben?«

»Ja. Danach habe ich ihn gefragt. Er meinte, es sei seins.«

»Aber du weißt nicht, wo du warst?«

»Nein, das habe ich nicht herausgefunden. Gestern nach der Geldübergabe ist er irgendwann zurückgekommen und sagte dann abends, dass ich bald gehen könnte. Er hat mir danach irgendwann die Augen verbunden, mich gefesselt und mit dem Lieferwagen herumgefahren. An einer U-Bahn-Station hat er mich rausgelassen und ist weggefahren.«

»Hast du das Kennzeichen erkannt?«, fragte Barley, doch Trisha verneinte.

Das war ja eine hübsche kleine Geschichte. Andrea glaubte ihr kein Wort. Oder vielmehr – sie glaubte ihr, dass sie sich mit dem Mann angefreundet hatte. Warum das so war, war für Andrea auch plausibel. Aber dass Trisha ihnen gar nichts über ihn sagen konnte, hielt Andrea für unwahrscheinlich. Trisha hatte nicht aufs Kennzeichen geschaut, nicht auf den Pizzakarton geachtet – nur auf die Frage, an welcher U-Bahn-Station er sie freigelassen hatte, konnte sie antworten.

Sie sagte nicht die ganze Wahrheit.

Barley stand auf und gab Andrea und Joshua ein Zeichen, ihm zu folgen. Sie schlossen die Tür fest hinter sich. Mit gesenkter Stimme sagte der Inspector: »Was denken Sie? Sie hält uns zum Narren, oder?«

»Ganz bestimmt«, sagte Andrea. »Nicht in allem, aber ich vermute, sie weiß mehr über den Täter, als sie zugibt.«

»Mit der Lüge über Elisa und Richard Michaels hat er versucht, sie auf seine Seite zu ziehen«, sagte Joshua. »Das war Kalkül. Aber wozu? Und warum hat er Tage dafür gebraucht, sich ein neues Szenario zu überlegen? Warum diese Anrufe? Definitiv weiß Trisha mehr, als sie sagt. Sie muss mit ihm kooperiert haben.«

»Und wie wollen wir das herausfinden?«, fragte Barley ratlos.

Andrea machte ein unglückliches Gesicht. »Im Moment gar nicht, fürchte ich.«

»Wir sollten jetzt nicht weiterbohren«, sagte auch Joshua. »Wenn sie merkt, dass wir sie grillen, macht sie ganz bestimmt dicht. Ich weiß, das hilft Ihnen nicht weiter, aber wir dürfen sie nicht spüren lassen, dass wir ihr misstrauen.«

»Na toll.« Damit war Barley alles andere als zufrieden. So ging es Andrea auch, aber sie hatte keine gute Idee mehr. So kehrten sie in den Raum zurück, und Barley begnügte sich damit, Trisha zum Ablauf jedes einzelnen Tages zu befragen. Sie erklärte, dass der Täter die Anrufe über einen Laptop vorgenommen habe, um seine Stimme zu verzerren. Während Andrea sich das anhörte, gelangte sie zu dem Schluss, dass die Geschichte sich ziemlich logisch anhörte. Aber sie glaubte Trisha trotzdem nicht. Der Entführer hatte sie zu manipulieren versucht, und das hatte auch funktioniert.

Doch Joshua behielt recht: Sobald Trisha merkte, dass Barley ihr nicht glaubte, wurde sie einsilbig. Immerhin sprachen sie nun auch schon seit einigen Stunden mit ihr, aber da war nicht mehr viel zu holen. Deshalb gab Barley schließlich auf.

»Für den Augenblick reicht das. Ich würde dir gern später einen Zeichner vorbeischicken, damit du ihm den Mann beschreibst, der seine Maske vergessen hat. Bis dahin kümmert Mrs. Thornton sich gern noch ein wenig um dich. Du verstehst dich ja gut mit ihr«, sagte er, um keinen Widerspruch aufkommen zu lassen. Den lieferte Trisha ihm auch nicht.

Deshalb folgte Andrea schließlich allein der Familie Michaels und Andrew in eine Limousine, die sie zurück zur Villa bringen sollte.

»Ich bin so froh, dass der Mann dir nichts getan hat«, sagte Trishas Vater. Sie erwiderte seinen Blick voller Desinteresse.

»Glaubst du mir denn, dass das mit Elisa eine Lüge war?«, fragte er weiter.

»Ja, aber warum hat er das erzählt?« Trisha wusste wohl selbst nicht, was sie davon halten sollte. »Zugetraut hätte ich es dir ja.«

»Pass auf, was du sagst!« Richard Michaels' Ton wurde schärfer. »Du bist mir zu frech!«

»Richard, lass gut sein. Sie hat eine harte Zeit hinter sich«, sagte ihre Mutter.

»Ja, echt«, brummte Trisha. »Vielleicht gehe ich doch wieder zu Andrew.«

»Du gehst nirgendwohin«, sagte ihr Vater, woraufhin sie ihn anbrüllte.

»Und was willst du dann machen? Mich einsperren? Danke, das hatte ich schon!«

»Richard …«, sagte seine Frau.

»Nein! Ich lasse nicht zu, dass sie weiterhin tut, was sie will! Es ist genug!«

Für den Rest der Fahrt herrschte ein unbehagliches Schweigen. Ellen Michaels blickte nur aus dem Fenster, ihr Mann versteckte sich hinter seinem Smartphone, und Trisha spielte mit Andrews Fingern. Andrea ließ die Atmosphäre auf sich wirken und überlegte, wie sie mit Trisha sprechen wollte.

Am Ziel angekommen, riss Trisha abrupt die Tür auf und lief zum Haus. Bevor sie hineinstürmte, nahm sie sich noch Zeit, das Hausmädchen zu begrüßen, und Sekunden später war sie verschwunden.

Andrea blieb bei Andrew, der stirnrunzelnd und sichtlich hilflos dastand. »Bitte sagen Sie mir, dass das aufhört«, murmelte er.

»Das wird es. Gib ihr Zeit. Anfangs steht man neben sich, wenn so etwas passiert ist.«

Sie ging zu Trishas Zimmer voraus, und Andrew folgte ihr mit eingezogenem Kopf. Es war ihm unangenehm, sich in diesem Haus zu bewegen.

Trishas Zimmertür war abgeschlossen. Auf ihr Klopfen erhielt Andrea nicht die Antwort, mit der sie gerechnet hatte.

»Lasst mich in Ruhe. Ich brauche eine Pause.«

»Wir sind es nur«, sagte Andrea.

»Ich will niemanden sehen«, kam es dumpf von innen zurück.

»Vorhin warst du doch noch einverstanden, dass …«, begann Andrew, wurde aber von seiner Freundin unterbrochen.

»Das war auch, bevor mir der Kopf geplatzt ist! Geht einfach.«

Doch so leicht ließ Andrew sich nicht abwimmeln. Er wollte die Tür öffnen, aber sie war zugesperrt.

»Trish. Komm schon.«

»Nicht jetzt!«, rief sie patzig.

»Komm«, sagte Andrea zu Andrew. Missmutig folgte er ihr bis vor die Haustür, wo sie sich auf die sonnenbeschienenen Stufen setzten.

»Was ist hier los?«, fragte Andrew ratlos.

»Sie ist gestresst. Die Polizei hat sie ziemlich durch die Mangel gedreht, und ihre Eltern machen es auch nicht gerade besser.«

»Nein. Den Spruch vorhin von ihrem Vater fand ich echt daneben.«

»Ich auch«, stimmte Andrea zu. »Vorhaltungen kann Trisha gerade nicht brauchen.«

»Das ist bestimmt noch wegen heute Morgen. Die sind mit der Limousine bei uns in Havering aufgetaucht – die Nachbarn haben sich die Nasen an den Fenstern plattgedrückt! Na ja, eigentlich sollte ich nicht mit, und Trisha hat sich mit ihrem Vater deshalb gestritten. Sie ist überhaupt total streitsüchtig.«

»Tatsächlich?«

»Ja, irgendwie schon. Sie ist merkwürdig drauf. Vielleicht wäre ich das an ihrer Stelle auch …«

»Hat sie dir noch irgendwas erzählt? Etwas Interessantes?«, fragte Andrea.

»Nein. Sie ist gestern Abend ganz schnell eingeschlafen und war heute Morgen eher schweigsam. Ich habe sie in Ruhe gelassen, weil ich wusste, dass sie noch von der Polizei befragt wird. Ich weiß ja nicht, ob alles mit ihr okay ist, deshalb wollte ich sie nicht bedrängen.« Nachdenklich verzog er die Lippen. »Wobei ich ziemlich sicher bin, dass sie nicht alles erzählt hat.«

Andrea suchte ihr Erstaunen über diese Äußerung zu verbergen. Wenn sogar Andrew es schon merkte … »Wie kommst du darauf?«

»Keine Ahnung, ich meine …« Er überlegte kurz. »Ich kann mir irgendwie nicht vorstellen, was da am Wochenende mit dem Entführer passiert ist. Ich finde ihre Geschichte logisch bis zu der Stelle, als sie mit ihm allein war. Er hat ihr Pizza bestellt? Und sie hatte keine Angst mehr vor ihm? Wie kann das sein?«

In diesem Moment beschloss Andrea, Andrew zu erzählen, was das Stockholm-Syndrom war und dass sie es bei Trisha vermutete. Er hörte ihr aufmerksam zu und nickte schließlich.

»Das würde natürlich einiges erklären.«

»Das denke ich auch«, sagte Andrea. »Das würde erklären, warum sie keine Angst mehr vor ihm hatte. Er hat ihr keinen Grund geliefert. Aber trotzdem ist ihre Geschichte nicht vollständig. Sie hat uns nicht alles erzählt, und ich vermute, dass sie in gewisser Weise mit dem Mann zusammengearbeitet hat. Sie hat ihm irgendwie geholfen.«

»Meinen Sie?«

»Ja. Nur muss ich jetzt herausfinden, ob das stimmt.«

»Hm. Vielleicht kann ich Ihnen helfen. Im Moment redet sie zwar mit niemandem, aber wenn sie es vielleicht doch wieder tut … dann versuche ich, das herauszukriegen«, bot Andrew an.

»Oh, aber da musst du vorsichtig sein. Du darfst nicht bewerten, was sie getan hat, oder ihr sagen, dass es falsch war. Dann macht sie dicht«, warnte Andrea ihn. Sie kam zu dem Schluss, dass es wohl nicht die schlechteste Idee war, Andrew als Verbündeten zu gewinnen, deshalb erklärte sie ihm genau, worauf er achten musste.

»Lass sie einfach reden. Werte es nicht. Du musst ihr zeigen, dass du dir alles anhörst und es nicht wertest. Zeig ihr einfach, dass du ihr Freund bist«, sagte sie.

Als er alles verstanden hatte, beschlossen sie, erneut einen Versuch zu starten, mit Trisha zu sprechen. Dabei überließ Andrea ihm den Vortritt. Andrew klopfte an der Tür und wartete. Nichts.

»Trisha, mach die Tür auf. Bitte. Wir wollen doch nur mit dir reden«, sagte er.

»Lasst mich in Ruhe! Ihr habt alle keine Ahnung, ehrlich!«, kam es von innen zurück.

»Hey, es ist doch alles in Ordnung. Was ist denn dein Problem?«

Es knirschte im Schloss, die Tür wurde geöffnet. Mit verweinten Augen sah Trisha die beiden an. »Was mein Problem ist? Ich bin wieder zu Hause, und ich freue mich nicht … ich finde es furchtbar.« Sie verschwand in ihrem Zimmer, ließ aber die Tür offen, so dass Andrew und Andrea ihr folgen konnten. Sie fanden Trisha auf dem Bett sitzend vor.

»Ich denke die ganze Zeit nur, dass ich am liebsten … na ja.« Sie schniefte. »Dass ich am liebsten wieder zurück würde.«

Während Andrew diese Aussage noch zu verarbeiten versuchte, wunderte Andrea sich nicht darüber. »Das ist nicht schlimm, Trisha. Hier erwarten jetzt alle etwas von dir. Das war dort nicht der Fall. Der Mann hat dich eben gut behandelt. Du hattest keinen Grund, ihn zu fürchten. Du mochtest ihn, und das ist dir jetzt unheimlich.«

»Ja«, sagte Trisha. »Genau das ist es. Ich kann doch nicht meinen Entführer mögen.«

»Wie du siehst, geht das schon. Du musst dir deshalb keine Vorwürfe machen. So etwas kommt vor. Er hat dich beschützt, dich gut behandelt, und jetzt fürchtest du dich deshalb vor dir selbst.«

Sie nickte. »Am liebsten hätte ich einfach meine Ruhe.« Eindringlich sah sie Andrea an. »Bitte. Lassen Sie mir etwas Zeit. Ich rede morgen wieder mit Ihnen, aber jetzt …«

Es fiel Andrea schwer, doch sie zeigte sich einverstanden. Alles andere wäre ohnehin zwecklos gewesen.

»Kein Problem. Andrew bleibt ja bei dir. Ist das in Ordnung?«

»Ja, das ist okay«, sagte Trisha.

»Ich komme dann morgen wieder her, und wir sehen weiter. Wichtig ist nur, dass du gleich noch mit dem Zeichner sprichst.«

»Okay. Bis morgen.«

Andrea verabschiedete sich und verließ die Villa. Solange Andrew noch bei Trisha war, war nicht alles verloren.

Auf dem Weg zur U-Bahn geriet sie ins Grübeln. Hätte sie Trisha sagen sollen, dass das, was mit ihr los war, einen Namen hatte? Sie hatte sich dagegen entschieden, weil sie der Meinung war, dass das alles für Trisha nur noch schlimmer gemacht hätte. Vielleicht war es besser, einfach nur Verständnis zu zeigen. Sonst kam Trisha sich noch krank vor.

Zum Glück war Joshua derselben Meinung, als Andrea

ihn zurück am College darauf ansprach. Er war überrascht, sie schon zu sehen. »Mit dir hatte ich noch nicht gerechnet.«

»Trisha hätte abgeblockt, wenn ich weitergebohrt hätte.«

»Gut möglich. Wie geht es weiter?«

»Ich spreche morgen wieder mit ihr. Jetzt ist Andrew bei ihr und versucht sein Glück. Ich habe ihm erklärt, was er tun muss.«

»In Ordnung«, sagte Joshua zufrieden. »Du schaffst das. Da bin ich sicher.«

Andrea spürte, wie die Röte ihr ins Gesicht stieg. »Danke, dass du mich das machen lässt.«

»Ich habe da keine Bedenken – davon abgesehen haben wir auch keine Wahl. Mit jedem anderen würde Trisha noch weniger offen sprechen«, sagte Joshua nüchtern.

»Ich hoffe einfach, dass Andrew uns helfen kann.«

»Es war eine gute Idee, den Jungen einzuweihen. Das wird ganz bestimmt nützlich sein.«

»Das denke ich auch. Aber Barley dürfte vor Wut platzen, weil wir nicht weiterkommen, oder?«

»Nein, der versteht das schon«, sagte Joshua. »Richard Michaels sagte doch, ihm seien der Entführer und das Geld egal. Für ihn zählt nur, dass Trisha zurück ist, und das ist sie.«

»Aber das ist natürlich für Barley nicht genug«, sagte Andrea.

»Nein, natürlich nicht. Aber wenn er erst mal sein Phantombild von dem Toten bekommt, ist er schon glücklich. Er ist gerade damit beschäftigt, herauszufinden, ob die beiden Männer nicht doch inzwischen gefunden wurden.«

Doch darauf gab es noch keinen Hinweis. Andrea lief ziellos im College herum und beantwortete bis zum Feierabend einige E-Mails, bevor sie sich erleichtert auf den Heimweg machte. Allmählich wandte sich alles zum Guten.

***

Der Geruch von Fish and Chips, der von einem der nahen Imbissstände zu ihr herüberwehte, verursachte ihr beinahe Übelkeit. Fluchtartig eilte sie zur U-Bahn und war froh, als sie im Zug saß und mit geschlossenen Augen ihren rebellierenden Magen zu beruhigen versuchte. Erste Anzeichen der Schwangerschaft. In ein paar Tagen würde sie es endlich schwarz auf weiß haben.

Müde ging sie hinauf in die Wohnung. Kurz darauf traf auch Gregory ein und kochte nach einer liebevollen Begrüßung für sich und seine Frau. Andrea war die ganze Zeit über nicht ganz bei der Sache, weil sie an Trisha denken musste. Daran, wie sie sich wohl fühlte, und daran, was sie verheimlichte. Gregory störte sich nicht daran, dass Andrea beim Essen schweigsam war. Er kannte den Grund.

Sie waren gerade mit dem Essen fertig, als es klingelte. Stirnrunzelnd ging Andrea zur Sprechanlage. »Hallo?«

»Mrs. Thornton? Sind Sie das?«, fragte eine ihr bekannte tiefe Stimme zaghaft.

»Andrew?«, erwiderte sie überrascht.

»Bitte, ich muss mit Ihnen reden. Trisha ist weggelaufen.«

Ohne ein weiteres Wort drückte sie auf den Summer und wartete an der Tür.

»Wer ist da?«, fragte Gregory.

»Trishas Freund. Sie ist weg«, sagte Andrea. Augenblicke später traf Andrew oben ein. Seine Augen waren deutlich sichtbar gerötet.

»Komm rein«, sagte sie und bedeutete ihm, in die Küche zu gehen. »Möchtest du etwas trinken?«

»Bitte.«

»Setz dich«, sagte Andrea und goss ihm Limonade in ein Glas, ehe sie sich ihm gegenübersetzte und ihn ansah. Er holte tief Luft.

»Es ist der totale Horror«, sagte er und senkte den Blick. »Alles seinetwegen. Jetzt weiß ich auch, warum Trish so seltsam war …«

2. September, 21:30 Uhr

Dave vertraute ihr. Er ließ Türen und Fenster unverschlossen, achtete nicht darauf, ob sie das Telefon benutzte, kaufte ihr sogar ihre Lieblingsbonbons. Trisha dachte nicht im Traum daran, wegzulaufen.

Sie hatte darauf bestanden, nicht in seinem Bett zu schlafen, sondern auf dem Sofa. Im Bett eines fremden Mannes wollte sie nicht liegen. Dabei musste sie zugeben, dass er verdammt gut aussah – vor allem dafür, dass er schon achtundzwanzig war, wie er ihr verraten hatte. Er hatte tolle Augen.

Er lieh ihnen Filme aus, schaute mit ihr Dr. House, *ließ sich von Andrew erzählen. Für Trisha war es wie Urlaub bei einem Freund. Zwar konnte sie das Haus nicht verlassen, aber das störte sie nicht.*

Sie sahen sich zusammen Die Tribute von Panem *an. Völlig gefesselt saß Trisha vor dem Fernseher, die Beine angewinkelt, und tastete, ohne hinzusehen, nach der Schüssel mit den Chips. Er griff gleichzeitig in die Schüssel. Trisha machte es sich schließlich an der Armlehne gemütlich, rollte sich zusammen und schaute dem Treiben auf dem Bildschirm zunehmend müde zu.*

»Ist dir kalt?«, fragte Dave.

»Nein. Alles gut.«

»Erstaunlich, dass du mir nicht böse bist.«

Fragend runzelte Trisha die Stirn. »Was? Wieso?«

»Schließlich bist du hier immer noch eingesperrt.«

»Nein, das geht schon. Du bist ja schließlich nicht irgend so ein Irrer.«

»Himmel, nein! Ich habe Respekt vor Frauen. Vielleicht nicht vor allen …« Er grinste.

»Das haben auch nicht alle verdient«, fand Trisha.

»Du schon.«

Sie blickte auf. »Ist das ein Kompliment?«

»Natürlich.«

»Bin ich nicht viel zu jung für dich?«

Er musterte sie ernsthaft. »Ich weiß nicht. Du wirst achtzehn. Damit bist du fast volljährig.«

»Und du zehn Jahre älter«, stellte Trisha fest.

»Für dein Alter hast du viel auf dem Kasten.«

»Hm«, machte sie. »Andrew hat mir vieles gezeigt. Aber du weißt bestimmt mehr als er.«

»In welcher Beziehung?«

»In jeder.« Sie setzte sich wieder aufrecht hin, als der Abspann des Films begann.

»Ich habe mal mit meinen Freundinnen eine Wette abgeschlossen«, sagte sie in die Stille hinein. »Wir sind den halben Nachmittag mit der U-Bahn durch die Stadt gefahren und haben versucht, die Anzugträger im Abteil ein bisschen aus dem Konzept zu bringen. Wir wollten wissen, ob die alle so sind – scharf auf kleine Mädchen.«

Dave zog die Augenbrauen in die Höhe. »Und?«

»Das funktioniert eigentlich bei allen. Aber du bist nicht so.« Ihre Lippen verzogen sich zu einem Lächeln.

»Woher willst du das wissen?«, fragte er.

»Ich weiß es einfach.« Sie seufzte. »Du siehst gut aus. Wärst mein Typ.«

Dave erwiderte ihren Blick zurückhaltend. »Ist das ein Spiel?«

»Klar. Wir spielen doch längst ein Spiel. Ich sitze jetzt seit Tagen bei dir zu Hause, und wir spielen Realitätsverlust.«

Er lachte kurz. »Wohl wahr.«

Sie sah ihn geradeheraus an. »Würdest du mich küssen?«

Dave zögerte. »Würde ich, aber ich sollte nicht.«

»Ach komm. Erfährt doch keiner.«

»Was willst du?«

Trisha hielt inne. Das wusste sie selbst nicht so genau. Aber sie lebte nun schon seit Tagen bei Dave, und es hatte sich eine Beziehung zwischen ihnen entwickelt, mit der sie beide in dieser Form nicht gerechnet hatten. Sie vertraute ihm. Er hätte sonst was mit ihr anstellen können, aber das tat er nicht. Er hatte sie nur einmal an der Wange berührt, ganz zart. Das war schön gewesen.

»Mein Vater würde platzen, wenn er wüsste, dass ich so mit dir rede«, sagte sie, ohne groß darüber nachzudenken. »Das hier ist Freiheit.«

»Sagst du zu deinem Entführer.«

»Das bist du doch gar nicht. Wir sind Freunde, oder?«

Er zuckte mit den Schultern. »So etwas Ähnliches zumindest.«

»Lass mir doch meine Freiheit.«

Irgendetwas an diesem Satz berührte ihn. Trisha spürte das und streichelte seine Wange mit der Hand, ehe sie ihn küsste. Er ließ es zu.

Es war anders. Sie merkte sofort, dass er Erfahrung hatte, und war begeistert. Also küsste sie ihn wieder und wieder. Wortlos sah er sie an. Sie rutschte näher an ihn heran und legte ihren ganz speziellen Verführungsblick auf. Er lachte.

»Das musst du noch üben«, stellte er fest.

»Dann zeig es mir.«

»Das ist nicht dein Ernst.«

Trisha überlegte nicht lange, sondern legte eine Hand in seinen Schritt. »Deiner doch offensichtlich auch.«

Er war sprachlos. Mit einer solchen Unverfrorenheit ihrerseits hatte er nicht gerechnet. Trisha ließ das Schweigen jedoch nicht gelten. Sie bewegte ihre Hand in seinem Schoß, streichelte ihn. Dave hielt die Luft an.

»Jetzt bist du dran«, sagte sie.

Er starrte sie an. »Das willst du nicht wirklich.«

»Doch! Komm schon, du bist nicht abgeneigt, das merke ich.« Sie bewegte ihre Hand weiter. Augenblicke später hatte sie seinen Widerstand gebrochen. Sanft drückte er sie gegen die Rückenlehne des Sofas, beugte sich ein wenig vor und küsste sie.

»Also schön«, sagte er. »Anscheinend weißt du schon, dass Männer da schlecht nein sagen können.«

»Klar.«

Sie schloss die Augen, als sie die Berührung seiner Hand auf ihrer Brust spürte. So aufregend hatte sich das noch nie angefühlt. Es war, als täte sie etwas in jeder Hinsicht Verbotenes, und das machte es gleich noch besser. Niemand musste davon wissen, aber es würde ihr tiefste Genugtuung verschaffen. Ihr Vater hatte ja vor Elisa auch nicht Halt gemacht. Es war nur gerecht.

Sie half ihm, ihre Hose auszuziehen. Ihr Herz schlug wie wild, sie konnte es kaum noch erwarten. Jetzt wollte sie es wissen. Wann hatte man schon die Gelegenheit, etwas von einem gutaussehenden, zehn Jahre älteren Mann zu lernen?

Trisha schloss die Augen, als sie seine Hand im Schoß spürte. Es war anders. Und es war gut.

6. September, 21:15 Uhr

Andrew starrte ins Leere. Er hatte die Hände zu Fäusten geballt und auf seine Beine gelegt. Kopfschüttelnd wandte er sich ab und fuhr sich dann mit den Händen übers Gesicht. Im Augenwinkel bemerkte Andrea Gregory, der leise zu ihnen trat.

»Andrew«, sagte Andrea. Er fixierte sie und schluckte.

»Mein Mann, Gregory.«

Andrew drehte sich um und lächelte matt. »Oh. Hallo. Tut mir echt leid, dass ich störe.«

»Andrea hat mir von dir erzählt«, sagte Greg. »Ich weiß, dass sie dir helfen kann.«

»Dabei auch?«, fragte er. Tränen sammelten sich in seinen Augen, als er sich ihr wieder zuwandte.

»Ich gehe nach nebenan«, tat Gregory kund. Andrea war ihm dankbar für sein Einfühlungsvermögen.

Erst, als die Tür geschlossen war, fuhr Andrew fort. Er knetete seine Finger. »Vorhin hat sie es mir gesagt. Mir ins Gesicht geschrien.« Mit dem Handrücken wischte er sich über die Augen. »Ist auch dieses Stockholm-Dings der Grund dafür?«

Andrea beantwortete die Frage mit einem Schulterzucken. »Das weiß ich noch nicht, Andrew. Erzähl mir doch, was passiert ist, vielleicht kann ich es dir dann sagen.«

Mit zitternder Hand griff er nach dem Limonadenglas und trank hastig daraus. »Trish war doch die ganze Zeit so seltsam. Als sie gestern Abend vor meiner Tür stand, war das schon so. Ich habe mir nichts dabei gedacht. Ich habe sie umarmt und geküsst, aber sie war komisch. Das ist wegen der Entführung, dachte ich da noch. Wissen Sie, wir sind noch nicht so lang zusammen. Knapp fünf Monate. Normalerweise klebt sie regelrecht an mir, will kuscheln und so.« Er lächelte gequält.

»Sie ist immer wie eine Klette, aber jetzt? Wir sind hochgegangen, sie hat aus meinem Schrank ein T-Shirt geholt und es angezogen, um darin zu schlafen. Ich habe sie von hinten in den Arm genommen, als wir in meinem Bett lagen, aber sie hat nicht mehr mit mir gesprochen. Sie hat mich gar nicht angesehen. Heute Morgen war es etwas besser. Sie hat mit mir geredet, war eigentlich ganz normal. Die Distanz war aber trotzdem immer da. Ich habe das nicht verstanden, die ganze Zeit nicht.«

»Mir ist das auch aufgefallen«, sagte Andrea.

»Tatsächlich?«

»Ich habe in ihrem Tagebuch gelesen, dass sie dich heiß und innig liebt. Genau so stand es da. Die größten Liebesschwüre, die verrücktesten Träumereien. Ich war nicht überrascht, dass sie gestern als Erstes zu dir kam – aber ich war wirklich erstaunt, als sie dann neben dir saß und sich nicht rührte. Das passte nicht.«

»Ich habe mir nichts dabei gedacht«, sagte er gepresst. »Wissen Sie, ich wollte ja bei ihr bleiben, um ihr zu helfen. Ich wollte etwas mit ihr unternehmen, um sie auf andere Gedanken zu bringen. Aber wenn ich meinen Arm um sie gelegt habe, hat sie nicht reagiert. Sie saß stocksteif da. Wenn ich sie küssen wollte, hat sie sich weggedreht. Wir haben uns dann einen Film angesehen, die Haushälterin hat uns etwas zu essen gebracht. Sie ist echt toll, sie mag Trish. Die beiden haben auch geredet. Und ich habe mich mit Trish gestritten, weil sie draußen eine rauchen wollte.«

»Sie raucht?«, fragte Andrea erstaunt.

»Manchmal. Sie wollte ihre Eltern ärgern. Hat auch gut geklappt, aber das ist kindisch. Ich habe ihr gesagt, sie soll es lassen, und sie hat es auch gelassen. Doch vorhin wurde sie wütend und warf mir an den Kopf, dass ich genauso nervig sei wie ihre Mutter. Das wollte ich nicht auf mir sitzen lassen. Wir sind wieder hoch in ihr Zimmer, um zu reden. Ich habe ihr gesagt, dass ich mir nur Sorgen mache und will, dass sie bei mir glücklich ist. Da hat sie gar nichts mehr gesagt. Sie hat angefangen, wie wild in ihrem Zimmer herumzuräumen, und als sie die Packung von ihrer Pille in der Hand hatte, habe ich sie gefragt, ab wann die Pille wieder wirkt. Sie hat die Pille doch jetzt eine Woche nicht genommen und alles.« Er holte tief Luft.

»Dann hat sie mich angeschrien. Hat gesagt, dass ich nur das Eine im Kopf hätte. Ich wusste gar nicht, was ich sagen soll. Ich wollte sie in den Arm nehmen und ihr erklären, wie das gemeint war. Es war nur so dahergesagt! Ich hätte sie schon nicht bedrängt, ich meine, sie hat so viel durchgemacht …« Er fuhr sich durchs Haar und seufzte.

»Und dann?«, fragte Andrea.

»Ich habe ihr gesagt, dass das alles bei ihr liegt und dass sie zu mir kommen soll, wenn sie so weit ist. Da fing sie plötzlich an zu weinen. Ich wusste nicht, wie ich reagieren sollte. Natürlich wollte ich sie trösten, aber da wurde es nur noch schlimmer. Sie sagte zu mir, sie hätte mich gar nicht verdient und hätte einen Fehler gemacht.« Er nahm noch einen

Schluck Limonade. »Ich verstand natürlich kein Wort. Ich meinte, dass sie mir alles sagen könnte und dass ich es wissen müsste, wenn er sie angefasst hat und sie nur deshalb Angst vor meiner Nähe hat. Da hat sie es mir gesagt. Sie meinte, dass sie froh wäre, wenn es so gewesen wäre, aber eigentlich habe sie sich an ihn rangemacht. Ich dachte, sie nimmt mich auf den Arm, aber sie erzählte weiter, dass er wohl gut aussieht ... und dann hat sie mit ihm geschlafen.«

Andrea atmete tief durch. Ihr war nur allzu klar, wie Andrew sich fühlen musste. »Wann ist das passiert?«

»Am Sonntag.«

»Nur am Sonntag?«

Er zuckte mit den Schultern. »Keine Ahnung. Hab sie nicht gefragt. Ich will's gar nicht wissen.«

»Was hat sie noch gesagt?«

»Sie hat total geheult. Hat sich das selbst nicht verziehen und mich gefragt, ob ich es könnte. Ich habe geantwortet, dass ich es nicht weiß. Da hat sie sich einfach ihren Rucksack geschnappt, ist aus dem Zimmer gerannt und hat das Haus verlassen. Hätte ich das doch bloß nicht gesagt!«

»Das konntest du nicht wissen. Deine Reaktion war völlig normal«, versuchte Andrea den aufgelösten Jungen zu beruhigen.

»Ja, aber ihre nicht«, sagte er zornig. »Am Sonntag, meine ich. Wenn sie mich doch so sehr liebt, warum geht sie dann mit dem Kerl ins Bett, der sie entführt hat? Was soll denn das?«

Das war eine gute Frage. Andrea erzählte Andrew von Patty Hearst – und nicht nur das. »Kurz nach der Jahrtausendwende sind in Kolumbien zwei Frauen entführt und sechs Jahre lang gefangen gehalten worden. Eine dieser Frauen hat 2005 von einem der Entführer ein Kind bekommen. Über die Umstände hat sie bislang nie gesprochen, aber ich sehe da nur zwei Möglichkeiten. Entweder hat sie so dafür sorgen wollen, dass sie nicht getötet wird – oder es ist etwas passiert wie hier.«

»Aber das ist doch krank! Wie kann man sich denn in jemanden verlieben, der so etwas macht?«, begehrte Andrew verständnislos auf.

»Du musst dir die Situation vorstellen: Anfangs war es ein völliger Kontrollverlust für Trisha. Als der Mann sie schließlich vor seinen Komplizen gerettet hat, hat sie sich auf seine Seite geschlagen. Trisha ist ein junges Mädchen, das seine Grenzen austestet. Sie war mehrere Tage allein mit diesem Mann, fand ihn sympathisch. Wahrscheinlich hat sie nicht darüber nachgedacht. Junge Frauen probieren gern aus, wie sie auf Männer wirken. Vielleicht war die Situation irgendwann so ungezwungen, dass sie mit ihm geflirtet hat – und er hat angebissen. In diesem Moment war für sie nichts normal. Das ist, als befände man sich in einer Parallelwelt. Man denkt nicht mehr an die Welt da draußen.«

Andrew war nicht überzeugt. »Sie erwarten jetzt nicht im Ernst von mir, dass ich dafür Verständnis habe?« Die Ablehnung in seiner Stimme war kaum zu überhören. »Hat sie mich etwa vergessen?«

»Keine Ahnung, Andrew. Das müssten wir sie selbst fragen. Vielleicht hat sie beschlossen, dass in Ausnahmesituationen verrückte Dinge passieren können. Aber als sie wieder bei dir war, hat sie sich geschämt. Das ist ein gutes Zeichen. Sie ist wieder in der Realität angekommen und hat sich klargemacht, dass sie dich betrogen hat. Damit kommt sie nicht zurecht. Deshalb ist sie weggelaufen.«

»Das hätte sie sich doch auch vorher schon denken können!«

Andrea konnte seine Wut gut verstehen. Sie war durchaus berechtigt, allerdings musste sie die Wogen zu glätten versuchen.

»Sie hat sich gar nichts überlegt. Ich weiß nicht, ob es dir hilft oder dich tröstet – aber sie hat das nicht einfach so gemacht. Sie hat dich nicht so betrogen, wie sie es getan hätte, wenn sie nach einer Party mit einem anderen Jungen mitgegangen wäre. Sie befand sich in einer psychischen Ausnahmesituation, ganz egal, wie gut er sie behandelt hat. Wahrscheinlich ist gerade das sogar das Entscheidende – eben weil er sie so gut behandelt hat, hat er das Stockholm-Syndrom noch provoziert. Vielleicht ist sie sogar zu diesem Mann zurückgekehrt.«

Er machte eine abwehrende Handbewegung. »Dann soll sie mir bloß nicht mehr unter die Augen treten!«

»Andrew, ich verstehe deinen Zorn. Wirklich. Dass sie sich in einer Ausnahmesituation befunden hat, macht es auch nicht besser. Sie hat dich betrogen, so oder so. Aber du musst dir eins vor Augen halten: Da sind keine Gefühle im Spiel. Zumindest keine echten. Dich liebt sie. Das mit diesem Mann war eine Spinnerei. Daran solltest du denken, bevor du eine Entscheidung triffst.«

»Ich weiß nicht, ob ich das jemals vergessen kann.«

»Klar. Das ist ganz normal. Wichtig ist jetzt, sie zurückzuholen, bevor sie noch mehr Unfug anstellt.«

Die Polizei wusste längst Bescheid, und Andrew sagte, dass

er versucht hatte, Trisha anzurufen. Ihr Handy war jedoch ausgeschaltet. Das trug nicht gerade zu seiner Beruhigung bei, und sein Zorn wurde auch nicht geringer.

»Ich würde gern verstehen, was sie sich dabei denkt«, brummte er.

»Nichts«, sagte Andrea achselzuckend. »Gar nichts, das schwöre ich dir. Sie tut es einfach. Denk drüber nach und überleg dir, ob du ihr verzeihen kannst. Sie ist erst siebzehn. Du weißt doch, dass sie aus einem goldenen Käfig kommt. Vielleicht hatte sie wirklich nur Spaß an dem Gedanken, ihrem Vater damit eins auszuwischen, und hat gar nicht an dich gedacht.«

»Wie schön für sie.«

Seufzend zog Andrea die Schultern hoch. »Immerhin hat sie es dir gesagt. Sie hat es nicht ertragen, es dir zu verschweigen. Du bedeutest ihr wirklich viel! Dass sie weggelaufen ist, zeigt auch, dass sie sich schämt. Und wenn sie jetzt zu ihm gegangen ist, dann nur deshalb, weil sie sonst nirgends hinkann. Nach Hause geht nicht, zu dir geht nicht – wohin soll sie also gehen?«

Ein Schulterzucken war seine einzige Antwort.

»Eben. Und denk vor allem an eins, Andrew: Sie hat nur dich.«

Missmutig seufzte er. »Schon lustig. Ihr Vater hat mir vorgeworfen, nur auf ihr Geld aus zu sein. Aber betrogen hat sie mich.«

»Andrew, du bist deinem Alter voraus. Trisha ist noch nicht so weit. Du warst ihr erster Mann, das weiß ich. Man muss erst lernen, damit umzugehen. Gib ihr eine Chance, wirklich. Das zieht ihr sonst den Boden unter den Füßen weg. Sie braucht eine Konstante, denn sie weiß gerade selbst nicht, wer sie ist und was sie will.«

»Hm«, brummte er.

»Mach dir keine Sorgen wegen der ganzen Sache. Wir werden Trisha finden. So schwierig kann das nicht sein. Und dann biete ich euch gern an, dass wir zu dritt darüber sprechen. Am besten gehst du jetzt wieder nach Hause und denkst in Ruhe nach. Ich weiß, es ist schwer, aber hab ein wenig Verständnis für deine Freundin.«

»Okay«, sagte Andrew traurig. Sie brachte ihn noch zur Tür und verabschiedete sich von ihm, bevor sie zu Gregory ging.

»Was war los?«, fragte er.

»Frag nicht«, brummte sie und atmete tief durch. Dieser Fall machte sie verrückt.

7. September, 10:30 Uhr

Andrea saß mit Joshua in seinem Büro und überlegte, ob es etwas gab, das sie hätten tun können. Die Polizei hatte noch am Vorabend anhand von Überwachungsvideos festgestellt, dass Trisha in Notting Hill in die U-Bahn gestiegen war, doch dort hatte sich ihre Spur verloren. Mithilfe der Eltern hatte man alle Freunde und Bekannten von Trisha angerufen, um herauszufinden, ob sie sich bei einem von ihnen versteckte.

Doch Fehlanzeige. Keine Spur von Trisha Michaels. Für Joshua und Andrea gab es nur noch eine mögliche Erklärung: Sie war zu ihrem Entführer zurückgekehrt. Das war sogar ziemlich wahrscheinlich. Nur hatten sie keine Ahnung, wer der Entführer war.

Als das Telefon klingelte, griff Joshua sofort danach. »Carter.«

Andrea beobachtete seinen Gesichtsausdruck, während er zuhörte und dann kurz auf die Uhr blickte. »Klar. Können wir machen, wir sind ja eindeutig näher dran. Okay, bis gleich.«

Er legte wieder auf. »Der Techniker konnte Trishas Handy orten – und rate mal, wo.«

»Keine Ahnung«, sagte Andrea achselzuckend.

»In ihrer Schule. Barley ist noch in Notting Hill. Bis er da ist, dauert es noch ewig. Deshalb hat er uns gebeten, hinzufahren und nach Trisha zu suchen. Kommst du mit?«

»Klar komme ich mit!«

»Gut.« Joshua schnappte sich seine Jacke vom Stuhl und

hastete im Laufschritt mit Andrea durch die Gänge Richtung Parkplatz.

»Wo müssen wir hin?«, fragte sie unterwegs.

»Portland Place, am südlichen Ende vom Regent's Park«, erklärte er über die Schulter.

Das sagte Andrea auf Anhieb nicht allzu viel, aber sie beschloss, sich überraschen zu lassen. Während der Fahrt saß sie schweigsam neben Joshua im Wagen und überlegte, wo Trisha wohl gesteckt hatte und warum sie jetzt ausgerechnet in ihrer Schule Zuflucht suchte. Das war so ziemlich das Letzte, worauf Andrea in ihrem Alter verfallen wäre.

Joshua wusste genau, wo ihr Ziel lag. Er arbeitete sich durch zahlreiche Nebensträßchen vor, bis sie wenig später eine breite, mehrspurige Straße erreicht hatten. Dort fuhr er etwas langsamer und suchte gleichzeitig die Gebäude an der Seite ab, bis er plötzlich den Blinker setzte und auf den Bordstein fuhr.

»Und wehe, die schleppen mich ab«, brummte er mit Blick auf das entsprechende Verkehrsschild. »Gerade sehe ich mich als Polizeibeamten!«

Grinsend stieg Andrea aus. Auf den ersten Blick mutete das Gebäude nicht unbedingt wie eine teure Schule an, nur das Schild an der Eingangstür verriet es als solche. Es war eine gepflegte Stadthausfassade mit hohen Fenstern.

Joshua achtete gar nicht darauf. Er marschierte schnurstracks zur Tür und hielt sie für Andrea offen, doch danach kamen sie erst einmal nicht weiter. Ein Pförtner beäugte sie über den Rand seiner Zeitung hinweg. Auf dem langen Flur hinter dem Pförtnerhaus war es still. Der Blick auf die Uhr verriet, dass der Unterricht im Gange war.

»Kann ich Ihnen weiterhelfen?«, erkundigte sich der Pförtner.

Joshua zeigte ihm seinen Ausweis. »Wir ermitteln im Fall Trisha Michaels. Vorhin hat ein Polizeitechniker ihr Handy hier geortet.«

»Ja, sicher«, sagte der Pförtner, als sei es logisch, dass Trisha in der Schule war. »Sie kam vor zwanzig Minuten her. Ich habe sie nicht gleich erkannt, sie trug auch keine Schuluniform. Aber dann hat sie mir ihren Schülerausweis gezeigt. Ich weiß nicht, was sie hier will und wo sie jetzt ist. Sie ist den Flur langgegangen und dann die Treppe hinauf.«

»Super, danke«, sagte Joshua. Mit schnellen Schritten liefen er und Andrea den langen, hellen Gang entlang. An den Wänden hingen Urkunden mit den Auszeichnungen einzelner Schüler. Viele Urkunden.

Eine Halle mit einer doppelläufigen Treppe empfing die beiden. Nach der Treppe zweigten zwei weitere Flure mit Klassenräumen ab. Diese beachteten sie nicht weiter, sondern gingen nach oben in den ersten Stock. Dort angekommen, spähten sie in jeden Flur. Im zweiten wurden sie fündig. Hinten auf einer Fensterbank saß Trisha; sie hatte die Beine angewinkelt und schaute mit neugierigem Blick in ihre Richtung. Als sie die beiden erkannte, sprang sie auf.

»Was machen Sie hier?«, rief sie durch den leeren Flur.

»Dein Handy wurde hier geortet«, erklärte Joshua. »Wir wollten sehen, ob es dir gut geht.«

»Ja«, sagte sie mürrisch. »Was soll schon sein?«

Joshua zuckte mit den Schultern. »Das wussten wir ja nicht.«

»Andrew hat mir erzählt, was passiert ist«, sagte Andrea. Daraufhin machte Trisha sich klein. »Er hat sich Sorgen gemacht. Wir alle haben uns Sorgen gemacht.«

»Es geht mir gut«, erwiderte sie knapp.

»Was machst du hier?«, fragte Joshua.

»Ich warte auf meine beste Freundin, um mit ihr zu reden.«

Das überraschte die beiden Profiler nicht im Geringsten. Joshua wusste, was in diesem Moment zu tun war. Er zog demonstrativ seine Zigarettenpackung aus der Tasche und fragte: »Wo kann man denn hier rauchen?«

Trisha deutete auf das Fenster. »Unten ist der Hof. Da können Sie rauchen. Wir Schüler dürfen es nicht, deshalb gibt es keine Aschenbecher ... aber folgen Sie einfach den Kippen.«

Grinsend machte Joshua sich wieder auf den Weg nach unten. Andrea hatte den Wink mit dem Zaunpfahl verstanden, ging langsam auf Trisha zu und lächelte sie an. »Wolltest du deiner Freundin erzählen, was passiert ist?«

»Ja. Und außerdem muss ich doch irgendwohin. Ich kann sonst nirgends bleiben«, erwiderte Trisha missmutig.

»Es kommt alles wieder in Ordnung«, sagte Andrea.

»Meinen Sie?« Trisha glaubte ihr kein Wort.

»Ja, ganz bestimmt. Niemand ist dir böse, Trisha. Alle haben sich Sorgen gemacht.« Zögerlich überlegte Andrea, ob sie einen weiteren Vorstoß wagen konnte. »Wo bist du denn heute Nacht gewesen?«

»Hm«, machte Trisha. »Was glauben Sie denn?«

»Was ich glaube?«, fragte Andrea. »Ich glaube, dass du wusstest, wo du deinen Entführer findest, und dass du zu ihm gegangen bist.«

Sofort röteten sich Trishas Wangen. »Ja, das stimmt. Ich wusste doch nicht, wohin! Das ist verrückt.«

»Nein, ist es nicht.« Jetzt sah Andrea den Moment gekommen, Trisha zu erklären, dass es einen Grund für ihr scheinbar irrationales Verhalten gab. Andrea erzählte ihr von der Stockholmer Geiselnahme und den Folgen. Während sie sprach, sah Trisha sie mit großen Augen an.

»Dafür gibt es einen Namen?«, fragte sie ungläubig.

»Ja. Bei dir ist nichts geschehen, was sich nicht erklären ließe. Mach dir keine Gedanken.«

»Ich mache mir aber Gedanken. Dass ich ihm geholfen habe, ist doch trotzdem falsch ...«

Andrea wollte schon etwas erwidern, als ein lauter Knall sie beide zusammenzucken ließ. Trotz des Echos auf den Gängen erkannte Andrea das Geräusch sofort – das hatte sie schon einmal gehört. Gleich neben ihrem Ohr.

Das war eine Schusswaffe. Schlagartig wurde ihr heiß.

Trisha erkannte das Geräusch ebenfalls. Ihre Augen wurden groß. »Das war doch ein Schuss.«

Andrea nickte. Ihr ganzer Körper stand unter Strom.

»Verdammt, dann hat er mich gefunden!«, sagte Trisha halblaut.

»Wer?«, fragte Andrea.

»Dave ... der Entführer, meine ich«, stammelte Trisha. »Er heißt Dave. Ich bin vorhin abgehauen ...«

Andrea war nur einen kurzen Moment überrascht. »Was will er hier?«

»Keine Ahnung! Er hat doch wohl nicht ...« Entsetzt blickte Trisha den Gang entlang. »Hat er jemanden erschossen?«

Andrea dachte sofort an den Pförtner. Weiter vorn auf dem Flur wurde eine Tür geöffnet. Ein Mann mittleren Alters trat auf den Flur und schaute sich um.

»Trisha«, sagte er überrascht, als er sie entdeckte. »Da bist du ja wieder.«

»Hallo, Mr. Deacon«, erwiderte Trisha verhalten.

»Ich wollte nur mal sehen, was das für ein Geräusch war.«

»Das haben Sie gehört?«

»Das war ein Schuss«, hörte Andrea sich sagen. Das Blut rauschte ihr in den Ohren.

Der Lehrer warf ihr einen irritierten Blick zu. »Und Sie sind …«

»Sie ist eine Ermittlerin, eine Profilerin«, sagte Trisha atemlos. »Und sie hat recht. Das war …«

Als sie schleifende Schritte auf der Treppe hörten, drehten sie sich um und sahen ihn, den Kopf zuerst. Er war maskiert, trug eine schwarze Sturmhaube. Kopflos wich Andrea zurück, bis sie die Wand im Rücken spürte.

In einer Hand hielt er tatsächlich eine Waffe. Er kam die Treppe hoch und blieb kurz stehen, als er sie bemerkte.

»Trisha!«, rief er ungehalten. Wie erstarrt blickten Trisha, der Lehrer und Andrea auf den Mann.

»Ich weiß nicht, wer Sie sind, aber um Himmels willen …«, setzte der Lehrer an. Er kam nicht mehr dazu, den Satz zu vollenden. Der Maskierte hob die Waffe, zielte und drückte ab. Dass Trisha gleich neben dem Lehrer stand, scherte ihn nicht.

Andrea zuckte zusammen und schrie. Es passierte einfach. Die Wand im Rücken erinnerte sie daran, dass sie keine Fluchtmöglichkeit hatte. Reglos sah Andrea zu, wie der Lehrer in die Knie ging, beide Hände an die Brust gedrückt. Der Maskierte erhob die Waffe erneut und schoss dem Mann in den Kopf. Trisha kreischte in heller Panik.

Für einen Moment setzte Andreas Herzschlag aus. Hinter den Türen hörte sie erstickte Schreie und Stühlerücken.

»Bist du verrückt? Warum tust du das?« Keuchend blickte Trisha zu dem Mann, der die Waffe wieder sinken ließ. Der Lehrer fiel zu Boden. Augenblicke später breitete sich eine Blutlache unter ihm aus. Zum Glück wurde keine Tür geöffnet.

»Das bist du also«, sagte der Maskierte. Irgendwann begriff Andrea, dass er sie meinte. Langsam hob sie den Kopf und sah ihn mit schreckgeweiteten Augen an. Ihr Magen verkrampfte sich. Sie zwang sich, tief durchzuatmen. Antworten konnte sie jedoch nicht. Ihr Blickfeld hatte sich verengt, vor ihren Augen tanzten Sternchen.

»Ja, genau du«, sagte er. »Mit dir hätte ich hier nicht gerechnet. Sieht aus, als hättest du einfach immer wieder Pech.«

Andrea rührte sich nicht. Das war keine bewusste Entscheidung, sie konnte einfach nicht. In ihr tobte ein heftiger Kampf. Vergeblich versuchte sie, die Panik niederzuringen. Weil Trisha fürchtete, dass er Andrea etwas antun könnte, stellte sie sich zwischen die beiden.

»Was willst du hier?«, fragte sie Dave.

»Ich wollte verhindern, dass du Unsinn machst.« Er blickte auf den toten Lehrer am Boden.

Andrea rang mit sich. Eigentlich wäre es ihre Aufgabe gewesen, sich schützend vor Trisha zu stellen. Aber sie konnte nicht. Es war schlichtweg nicht möglich.

»Du bist verrückt«, schrie Trisha dem Mann unter Tränen ins Gesicht. »Warum tust du das? Warum?«

»Wer ist denn vorhin einfach weggelaufen? Ich will schlicht nicht deinetwegen in den Knast, aber ich fürchte, du kannst einfach die Klappe nicht halten!«

»Das macht es natürlich viel besser!«, schrie Trisha und schluchzte. »Du hast meinen Mathelehrer erschossen!«

»Na, das ist doch kein Verlust«, sagte Dave trocken. »Aber ich denke schon, dass es das besser macht. Wie wird die Polizei wohl reagieren, wenn ich ein paar reiche Söhnchen und Töchter als Geiseln nehme?« In seinen Augen blitzte etwas Manisches auf.

»Du bist irre!«

Andrea stand einfach da und beobachtete die Szene. Das war doch nicht echt. Da stand doch nicht wirklich ein Maskierter mit Schusswaffe vor ihr.

»Kommt gefälligst mit«, herrschte er die beiden an und winkte ihnen zu. Trisha schaffte es, sich in Bewegung zu setzen, aber Andrea stand immer noch an der Wand und rührte sich nicht. Ihr Herz raste.

»Na los«, schnauzte er. »Was ist dein Problem?«

Das war viel zu nah dran. In Gedanken sah sie Jonathan Harold vor sich, das blutverschmierte Messer in der Hand. Maskiert. Dave hatte sogar eine ähnliche Augenfarbe.

»Komm jetzt!«, brüllte er ihr ins Gesicht. Aber es ging nicht. Er musste sie packen und von der Wand wegreißen, bevor sie in der Lage war, sich zu bewegen. Fast hätte sie geschrien, aber sie schaffte es, den Reflex zu unterdrücken. Ihr war eiskalt, als sie Trisha folgte. Hastig schloss sie zu ihr auf. Als er ihnen befahl, die Treppe hinunterzugehen, taten sie es.

Trisha war ruhiger. Warum, war Andrea ein Rätsel. Aber eigentlich war es ihr egal. Sie wollte bloß nicht sterben.

Unten angekommen, blieb Dave plötzlich stehen und griff in seine Jackentasche. Er warf Trisha ein Paar Handschellen zu und sagte: »Du wirst sie fesseln.«

Andrea rührte sich nicht. Es dauerte einige Momente, bis sie begriff, dass Dave von ihr sprach.

»Was hast du vor?«, fragte Trisha nervös.

»Das geht dich einen Scheißdreck an!«

»Dave, wenn es dir um mich geht – ich gehe jetzt sofort mit dir, wenn du nur meine Mitschüler in Ruhe lässt«, sagte sie beherzt und entschlossen zugleich.

»Nein. Mach jetzt! Ich diskutiere nicht mit dir!«

Trisha warf ihm einen hasserfüllten Blick zu und schaute dann zu Andrea, die immer noch bewegungslos dastand.

»Hände auf den Rücken«, knurrte Dave.

»Nein«, entfuhr es Andrea leise.

»Was heißt hier nein?«, zischte er, entsicherte die Waffe erneut und hielt sie ihr an den Kopf. »Soll ich dich erschießen? Ich brauche dich nicht! Ist reine Freundlichkeit. Wäre schade, ein so hübsches Ding zu erschießen.«

Doch selbst in diesem Moment gelang Andrea es nicht, sich zu bewegen. Dave musste Trisha helfen, ihr die Handschellen anzulegen. Allerdings wehrte Andrea sich nicht. Anschließend fesselte Dave Trisha selbst, ließ dafür sogar die Waffe für einen kurzen Moment sinken. Dennoch dachte Andrea nicht an Flucht. Auf diese Weise kam man nicht weit.

Das Gefühl, der Situation machtlos ausgeliefert zu sein, hatte sie fest im Griff. Es lähmte sie immer stärker.

Schließlich riss Dave die erstbeste Tür auf und zielte mit der Waffe in den Raum. Drinnen war niemand zu sehen – zumindest auf den ersten Blick. Die Schüler hatten sich unter ihren Tischen verkrochen, genau wie die Lehrerin. Jemand hatte den richtigen Instinkt besessen.

»Nanu, niemand zu Hause?«, höhnte Dave und schoss einmal in die Decke. Erstickte Schreie wurden laut, die Lehrerin kam mit erhobenen Händen unter ihrem Pult zum Vorschein.

»Tun Sie den Kindern nichts«, sagte sie.

»Aufstehen«, befahl Dave. Sie tat es. Trisha stand dicht neben Andrea und beobachtete ebenfalls voller Anspannung das Geschehen.

»Sie gehen jetzt mit uns dorthin, wo man eine Durchsage machen kann. Ich will, dass die ganze Schule weiß, was hier gespielt wird. Niemand kommt auf die Idee, wegzulaufen. Wir verriegeln alles! Kriegen Sie das hin?«

Die Lehrerin nickte nervös. Dave ließ sich von ihr den Schlüsselbund aushändigen, scheuchte die drei aus dem Klassenraum und schloss von außen die Tür ab. Anschließend befahl er der Frau, in die anderen Klassenzimmer zu gehen, sich die Schlüssel der Lehrer aushändigen zu lassen und die Türen abzuschließen.

»Und was ist in einem Notfall?«, wandte sie vorsichtig ein.

»Was für ein Notfall soll das bitte sein?«, brüllte Dave ihr ins Gesicht. Eingeschüchtert lief sie mit dem Schlüsselbund davon und tat, was er gesagt hatte. Dave blieb mit den anderen vorn am Gang stehen und hielt Trisha die Waffe an den Kopf. Davon zeigte Trisha sich zu Andreas Erstaunen jedoch völlig unbeeindruckt.

Andreas Knie hingegen waren ganz weich, ihr war flau im Magen. Es war, als zöge sich eine Schlinge um ihren Hals zu. Für einen Moment schloss sie die Augen und konzentrierte sich wieder nur aufs Atmen. Sie musste ruhig bleiben. Wenn sie nicht ruhig blieb, konnte sonst was passieren. Dabei war ihr längst danach, zu schreien und um sich zu schlagen, auch wenn sie das gar nicht mehr konnte.

»Geht das auch ein bisschen schneller?«, brüllte Dave über den Gang, während die Lehrerin ohnehin schon ihr Bestes gab. Leider spielten zwei Lehrer nicht gleich mit. Als Dave das beim zweiten Mal hörte, nahm er die Waffe hoch und schoss noch einmal in die Decke.

»Noch Fragen?«, rief er.

Augenblicke später hatte er alle Schlüssel von diesem Flur. Im Nachbargang und anschließend auch im oberen Stockwerk ließ er die Prozedur wiederholen und scheuchte dann die Frauen zu den Ausgängen. Mit zitternden Fingern schloss die Lehrerin jede Tür ab und führte sie schließlich zum Zimmer des Direktors. Andrea verfolgte die Ereignisse beinahe emotionslos.

Der Direktor war nicht in seinem Büro, aber das interessierte Dave nicht weiter. Die Lehrerin zeigte ihm, wo er eine Durchsage machen konnte, und er setzte sich selbstgefällig in den großen Schreibtischstuhl hinter dem Tisch des Direktors. Dann drückte er auf den Sprechknopf.

»Liebe Schüler, wie ihr sicher schon bemerkt habt, ist ein maskierter und bewaffneter Mann in eure Schule eingedrungen – das ist meine Wenigkeit – und hat auch schon zwei Männer erschossen. Wenn es euch nicht genauso ergehen soll, hört ihr jetzt genau zu. Ihr bleibt alle, wo ihr seid, und verhaltet euch ruhig. Ich werde gleich in jedes Klassenzimmer gehen und eure Handys einsammeln. Also wenn ihr die Polizei rufen wollt, tut es jetzt! Wobei ich sicher bin, dass der eine oder andere von euch das schon längst getan hat. Aber das macht nichts. Also, keine Heldentaten, dann passiert euch nichts. Und ansonsten: Ich mache auch vor Kindern nicht Halt!«

Seine Lippen verzogen sich zu einem siegesgewissen Lächeln, als er den Knopf losließ.

»Du bist ein Arsch«, warf Trisha ihm wütend an den Kopf.

»Das war aber nicht nett! Charlie hätte dich doch erschießen sollen. So, und euch beide werde ich jetzt hierlassen, denn ihr seid mir noch am allerliebsten. Los, an die Heizung!«

Weil er wild mit der Waffe herumfuchtelte, taten sie, was er sagte, und gingen zum Fenster. Beinahe setzte Andreas Herzschlag aus. Wieder war ihr am ganzen Körper heiß und kämpfte sie darum, nicht die Beherrschung zu verlieren.

Neben dem Heizkörper sollten sie sich auf den Boden setzen. Dann griff Dave zu seinem Schlüssel und nahm Andrea eine der Handschellen ab. Sie legte die Hand auf die andere Seite des Rohres. Reglos starrte sie ihn an und spürte, wie ihr die Sicht schwand. Sie konnte gar nichts dagegen tun, obwohl ihr das Gefühl vertraut war.

Sie schnappte nach Luft. »Tun Sie das nicht«, sagte sie gepresst. »Das ist nicht nötig.«

»Ach, und warum nicht?«, schnaubte er, dann ließ er die Schelle wieder zuschnappen. Jetzt kam sie dort nicht mehr weg.

Sie wollte schreien. Ihr Blickfeld verengte sich erneut. Sie war völlig verkrampft, konnte kaum noch atmen. Das Blut in ihren Adern schien zu kochen, das Prickeln auf der Haut war ihr vertraut. Nichts als bloße Panik. Ihre Kehle war wie zugeschnürt, auf der Haut spürte sie kalten Schweiß. Als sie nach Luft rang, merkte sie, wie sich ihr Brustkorb unter hektischen Atemzügen hob und senkte. Die Übelkeit wurde stärker.

Trisha starrte Dave böse an. Ihre Stimme vernahm Andrea wie durch einen Nebel. »Ich hätte nicht gedacht, dass du das tust.«

Er starrte zurück. »Ach nein? Dann kennst du mich aber schlecht!«

»Unglaublich, dass zwischen uns etwas gelaufen ist …«

Seine Hand schnellte vor, er packte sie an der Kehle und drückte sie unsanft nach hinten. Trisha starrte ihn voller Entsetzen an und wehrte sich nicht, als er auch sie an die Heizung fesselte.

Andrea versuchte sich zu beruhigen. Sie musste. Für einen Moment fixierte sie den Tisch gegenüber, versuchte sich auf ihn zu konzentrieren. Auf ihn und aufs Atmen. Nicht auf die Tränen, die in ihren Augen brannten, nicht auf die rasende Furcht, nicht auf den Schrei, der nur darauf wartete, dass sie ihn herausließ.

»Und dich habe ich laufen lassen«, sagte Dave kopfschüttelnd. Halb wahnsinnig vor Angst holte Andrea tief Luft und konzentrierte sich auf einen Gedanken.

»Dave«, sagte sie mit leiser, bebender Stimme. Einfach reden. »Sie ist fast noch ein Kind! Sie ist nur überrascht, dass Sie so etwas tun.«

»Ich habe sie doch auch schon entführt«, erwiderte er.

Andreas Herz pochte so heftig, dass sie das Blut in ihren Ohren rauschen hörte. Ihre Stimme zitterte immer noch, aber sie redete weiter, um sich selbst zu beruhigen. Zu denken, dass man etwas ausrichten konnte, half. »Sie hat Sie aber anders kennengelernt. Sie hat Angst! Was wollen Sie eigentlich mit alldem erreichen?«

»Dass du vielleicht einfach mal die Klappe hältst!«, brüllte er ihr ins Gesicht.

»Dave, ich will Ihnen doch nur helfen«, sagte Andrea. Ihre Stimme wurde wieder fester. Allmählich ließ ihr Herzrasen nach.

»Wie wollen Sie mir denn helfen?«

»Bleiben Sie einfach ruhig. Reden Sie mit mir.« Andrea bewegte sich gerade auf millimeterdünnem Eis und wusste, sie war nicht weit von einem Zusammenbruch entfernt. Ein falsches Wort, eine falsche Bewegung und sie hatte sich nicht mehr im Griff.

Es war wichtig, bei solchen Verhandlungen verschiedene Dinge zu beachten. Sie hatte das gelernt. Krampfhaft versuchte sie sich zu erinnern, während sie Dave nicht aus den Augen ließ. Joshua hatte ihr alles beigebracht. Zentrale Forderungen herausstellen, Vertrauen gewinnen, das Selbstbild nicht aus den Augen lassen und spontane oder negative Affekte reduzieren. Man konnte unter verschiedenen Gesichtspunkten an die Sache herangehen und entweder die Forderungen im Blick behalten und für eine erbrachte Leistung eine Gegenleistung fordern, oder man konnte sich auf emotionale Weise nähern.

Eigentlich wusste sie das alles. Sie war nur nicht in der Lage, es umzusetzen. Trisha kauerte neben ihr und rang noch mit sich, ob sie nun Angst vor Dave haben sollte oder nicht. Andrea hatte sie sehr wohl. Er handelte vollkommen irrational. Das war nicht gut.

Andrea atmete ruhig weiter und dachte nach, dann versuchte sie noch einmal ihr Glück und sprach mit Dave. »Ich weiß, was Sie zu alldem getrieben hat. Ich verstehe auch, dass Sie Angst haben, wirklich.«

Er brummte etwas, erhob sich, hielt jedoch inne, als sein Blick auf Trishas Halstuch fiel. Er nahm es ihr ab, obwohl sie protestierte. Doch erst, als er damit zu Andrea zurückkehrte, begriff sie wirklich, was er vorhatte. Er knüllte es zusammen und versuchte sie damit zu knebeln.

Sie schrie. Sie hätte auch dann um sich geschlagen, wenn er die Waffe noch in der Hand gehabt hätte. Es war wie ein Reflex. Alles, nur das nicht. Er durfte das nicht tun. Nicht schon wieder …

Dave schlug ihr wütend ins Gesicht, packte sie mit ungeahnter Kraft an den Haaren und hielt sie fest, um sie zu knebeln. Tränen schossen ihr in die Augen, bis sie nichts mehr sehen konnte. Sie wollte schreien, aber das Tuch verhinderte es. Mehr als ein Wimmern brachte sie nicht zustande. Da war nur Angst. Pure, nackte Angst. Vor ihrem inneren Auge blitzten Bilder aus dem Kellerverlies auf. Sie fühlte sich genauso hilflos. Ihr war, als starrten Jonathan Harolds grüne Augen direkt durch sie hindurch. Sie sah ihn, sein Messer, spürte wieder den Schmerz und die Angst, die er ihr zugemutet hatte. Monatelang hatte sie dagegen angekämpft. Aber jetzt brach das Kartenhaus ein. Keuchend schnappte sie nach Luft.

»Jetzt kannst du mich nicht mehr bequatschen«, stellte Dave zufrieden fest und gab der Lehrerin einen Wink, die, verängstigt wie sie war, die ganze Zeit reglos an der Wand gestanden hatte. »Mitkommen.«

Sie verließen das Zimmer, Dave schloss von außen ab. In

Andrea rumorte es bis zur Übelkeit, ihr Herz raste wieder. Sie schloss die Augen und redete sich selbst gut zu. In ihr erwachte der Fluchtinstinkt.

Sie hatte das Gefühl, sie müsse sich vor Angst in die Hose machen, und ballte die Hände zu Fäusten. Die Panik ließ nicht nach. Sie atmete schwer und konnte nichts dagegen tun, dass ihr die Tränen über die Wangen liefen. Keuchend lehnte sie den Kopf an die Wand und schloss die Augen, aber das half nicht viel. Sie hatte keine Kontrolle mehr, nicht einmal über sich selbst. Die Welt um sie herum verschwamm, sie achtete nur auf ihre flachen Atemzüge und ihr Herzrasen. Erfolglos versuchte sie, sich zu beruhigen.

»Mrs. Thornton«, wisperte Trisha leise. Es kostete Andrea einiges an Willenskraft und Beherrschung, sie anzusehen.

»Ist alles okay?«, fragte das Mädchen besorgt und verzog die Lippen. »Ich meine … nein, es ist nicht alles okay. Das ist klar. Ich meine nur … das ist wegen damals, oder?«

Andrea nickte stumm, schloss die Augen und konzentrierte sich aufs Atmen.

»Das tut mir leid … Er hat Ihren Namen gegoogelt, nachdem Sie mit ihm telefoniert hatten. Da wussten wir, wer Sie sind. Das war bestimmt viel schlimmer als alles, was die mit mir gemacht haben.«

Andrea antwortete nicht. Wie sollte man das werten? Trishas Bericht hatte sie auch schrecklich gefunden.

Aber vielleicht hatte sie recht. Trisha war zumindest nicht gefoltert worden.

Andrea hatte immer noch die Hände zu Fäusten geballt, spürte die Tränen auf ihren Wangen und kämpfte gegen den Drang zu schreien an, denn das ging ja nicht.

Es dauerte Minuten, bis die körperliche Reaktion nachließ. Minuten, in denen nichts geschah. Andrea wandte den Kopf zur Seite und wischte sich die Wangen an ihrem T-Shirt ab. Trisha musterte sie die ganze Zeit voller Sorge und Mitgefühl. Andrea hasste das. Die Situation war auch ohne diese Flashbacks schon schlimm genug.

Dave hatte recht: Sie hatte wirklich Pech, was das anging.

Sie hatte sich ganz klein gemacht und konzentrierte sich weiter aufs Atmen, denn sie bekam auch durch die Nase kaum noch Luft.

»Geht es Ihnen besser?«, fragte Trisha besorgt. Andrea nickte, obwohl sie sich nicht sicher war. Nein, eigentlich ging es ihr immer noch schlecht. Aber vielleicht wirklich ein kleines bisschen besser als zuvor.

»Vielleicht … vielleicht wird es besser, wenn ich mit Ihnen rede?«, überlegte Trisha. Diesen Vorschlag beantwortete Andrea mit einem Nicken. Das war eine gute Idee. Was auch immer sie erzählen wollte – Andrea wollte es hören. Ablenkung war alles.

»Ich habe gerade über das nachgedacht, was Sie vorhin sagten. Dieses Stockholm-Syndrom. Genauso muss es gewesen sein, denke ich. Es ist genauso passiert, wie Sie sagten. Erst waren da diese drei Männer, und der eine hat mir richtig Angst gemacht. Nur Dave war die ganze Zeit nett. Ich glaube, ich habe ihm leidgetan. Und als er nicht wollte, dass der andere mich erschießt … er hat mich beschützt. Ich war ihm dankbar. Er war nett zu mir. Er hat mir immer gutes Essen gebracht, und dann hatte ich einen Fernseher … und er hat mich zum Klo gelassen. Anfangs hat er mich noch gefesselt und beaufsichtigt, aber dann … dann hat er mir diese Geschichte über meinen Dad und Elisa aufgetischt. Ich habe das geglaubt. Ich meine, hätte ich das nicht glauben sollen?« Sie schaute Andrea fragend an.

»Er hat mir angeboten, mich mit ihm im Haus aufzuhalten. Nicht nur im Keller. Tagsüber jedenfalls. Ich war immer bei ihm. Wir haben zusammen ferngesehen. Geredet. Und irgendwann … es ist eben einfach passiert. In dem Moment wollte ich das. Mir war alles so egal! Ich meine, ich weiß auch nicht. Aber das ist ja nicht alles. Ich habe ihm geholfen. Ich weiß, wo er wohnt und wie er heißt. Einfach alles. Wir waren miteinander im Bett, und ich habe ihm geholfen, sich etwas für die Geldübergabe auszudenken. Als die dann stattgefunden hat, hätte ich auch weglaufen können. Er hat mich allein zu Hause gelassen. Nicht eingeschlossen. Aber ich bin geblieben. Im Nachhinein ist das alles so verrückt …«

Andrea wollte sich gar nicht vorstellen, wie Trisha sich dabei wohl fühlte. Sie hielt sich vermutlich selbst für verrückt.

»Sagen Sie das der Polizei?«, fragte Trisha.

Andrea zuckte mit den Schultern. Musste sie das? Sie wusste es nicht. Sie wusste gar nichts.

Als das Telefon auf dem Schreibtisch des Direktors klingelte, zuckten Trisha und Andrea zusammen. Das schrille Geräusch zerriss die Stille. Beide beobachteten das Gerät, aber natürlich geschah nichts. Es stand außerhalb ihrer Reichweite, und sie waren allein im Zimmer.

»Ich frage mich, was Dave jetzt vorhat«, sagte Trisha. »Was er hier macht, ist komplett idiotisch.«

Da hatte sie allerdings recht. Er hatte sich in eine beinahe unlösbare Situation manövriert.

Eine Stimme drang dumpf an ihre Ohren. Sie kam von draußen, von einem Megafon. »Ich spreche zu dem Geiselnehmer in der Schule. Mein Name ist Joshua Carter.«

Andrea blickte auf. Ein warmes Gefühl der Erleichterung durchströmte sie.

»Das gesamte Gelände ist umstellt. Es gibt keinen Fluchtweg für Sie. Aber ich will mit Ihnen verhandeln. Gehen Sie an das Telefon des Direktors. Reden Sie mit uns!«

»Das ist doch Ihr Kollege«, sagte Trisha mit leuchtenden Augen. Andrea nickte stumm. Ja, das war er. Und sie hatte sich noch nie so sehr darüber gefreut, seine Stimme zu hören.

Für einen Moment war alles still. Nichts rührte sich. Es dauerte jedoch nicht lange, bis sie Schritte auf dem Gang hörten. Die Tür wurde aufgesperrt, und herein kam Dave mit zwei Lehrerinnen. Eine der beiden war die Frau, die sie schon zuvor begleitet hatte. Die andere war schwanger, vielleicht fünfter oder sechster Monat.

Mit vorgehaltener Waffe scheuchte Dave sie in eine Ecke. Die Schwangere durfte sich hinlegen, die andere Frau blieb bei ihr.

»Hat hier das Telefon geklingelt?«, fragte Dave harsch.

»Ja, vorhin«, sagte Trisha. »Wie du dir denken kannst, konnten wir nicht rangehen.«

Dave starrte zurück. Er fand das nicht besonders lustig.

»Lassen Sie Susan gehen!« Die Frau meinte ihre schwangere Kollegin.

»Ich habe hier das Sagen!«, brüllte Dave sie an. In diesem Augenblick klingelte das Telefon erneut. Dave nahm sofort den Hörer ab und stellte auf Lautsprecher. »Ja?«

»Hier ist Joshua Carter. Ich bin Psychologe und arbeite mit der Polizei als Unterhändler zusammen. Was wollen Sie?«

»Was ich will?« schnauzte Dave. »Ich will verschwinden! Auf dem Dach der Schule kann doch bestimmt ein Helikopter landen, oder?«

»Das kann ich Ihnen nicht beantworten«, sagte Joshua ruhig und wollte noch etwas hinzufügen, doch Dave ließ ihn nicht.

»Was heißt, das wissen Sie nicht? Dann finden Sie es heraus! Ich will einfach nur von hier verschwinden. Sie sollten sich auch darum kümmern, dass das ermöglicht wird!«

»Ich werde mein Möglichstes tun. Zuerst müssen Sie mir aber sagen, wie es Ihren Geiseln geht!«

»Es geht allen gut«, erwiderte Dave knapp. »Also, klären Sie das mit dem Helikopter.«

»Selbstverständlich. Ich werde tun, was ich kann. Bitte haben Sie ein wenig Geduld und bleiben Sie, wo Sie sind.«

»Ja, natürlich warte ich! Was denken Sie denn, wo ich in der Zwischenzeit hingehe?« Dave knallte den Hörer auf die Gabel und starrte Andrea an. »Ich glaube, das war Ihr Kollege. Auch so ein Profiler.«

Andrea war erleichtert. Joshua würde alles in Ordnung bringen, dessen war sie sicher.

Dave blickte zu der gefesselten Lehrerin. »Wissen Sie, wo man hier die Schülerbögen einsehen kann?«

Die Frau nickte schüchtern. »Ist alles in dem Schrank hier an der Wand.«

In aller Seelenruhe öffnete Dave die Schranktüren und wühlte die Schubladen durch, bis er etwas gefunden hatte, das ihn interessierte.

»Ein Nachweis über Fördergelder«, murmelte er und studierte eine Liste von Namen. Schließlich pfiff er durch die Zähne. »Wen haben wir denn da? Den Sohn des Bürgermeisters! Den brauche ich hier. Unbedingt. Und da … die Tochter des Labour-Fraktionsvorsitzenden …« Grinsend vertiefte Dave sich in die Akten und las mehrere Namen vor, die den anderen mehr sagten als Andrea.

Dave machte sich gezielt auf die Suche nach den Schülern. Unter den entsetzten Blicken der Lehrerinnen notierte er ihre Klassenräume und hob schließlich triumphierend den Zettel hoch. »Wollen doch mal sehen, wofür das gut ist.«

Allerdings wartete er geduldig, bis das Telefon wieder klingelte, und hob gespannt ab. Dann froren seine Gesichtszüge ein.

»Was heißt, das geht nicht? Dann denken Sie sich etwas aus! Wissen Sie, wessen Kinder ich hier habe?« Er begann, seine Liste vorzulesen. »Ich wette mit Ihnen, diese Eltern finden es nicht sehr amüsant, wenn ich ihre Kinder abknalle, denken Sie nicht? Wenn Sie schon keinen Helikopter herbringen können, dann verlange ich, dass man mir freies Geleit und absolute Straffreiheit zusichert!«

Wieder legte er auf, nahm seine Waffe vom Tisch auf und blickte in die Runde. »Hier bewegt sich absolut niemand, ist das klar? Wenn ich wiederkomme und mir passt hier irgendwas nicht, dann ist eine von euch tot!«

Andrea hatte nicht vor, das zu riskieren. Dave verließ den Raum und schloss sie erneut ein.

»Trisha«, sagte die Lehrerin, die sich auf den Boden gelegt hatte. »Was machst du hier?«

Trisha zog ein resigniertes Gesicht. »Fragen Sie besser nicht, Mrs. Simmons. Ehrlich.«

»Ist das einer deiner Entführer?«

»Ja. Der Kerl ist komplett durchgedreht.«

»Er sollte Sie gehen lassen«, beharrte die andere Lehrerin mit Blick zu Mrs. Simmons.

»Ach, es geht schon. Ich würde es ihm sagen, wenn ich ärztliche Hilfe bräuchte. Ich bin schon froh, dass er die Sache überhaupt ernst zu nehmen scheint.«

»Er ist … er ist nicht böse. Eigentlich«, sagte Trisha.

Die andere Lehrerin lachte schrill. »Das sehe ich aber anders!«

Trisha erwiderte nichts. Natürlich wollte sie vor den Lehrerinnen nicht ausbreiten, was geschehen war.

Die Frau stand auf und blickte sich um. »Vielleicht finde ich ja irgendwo ein Kissen für Sie, Susan.«

»Bleiben Sie lieber sitzen«, mahnte Susan. »Haben Sie nicht gehört, was er gesagt hat?«

»Ich mache doch nichts Schlimmes!«

»Sie hat recht«, stimmte Trisha zu. »Er hat vorhin Mr. Deacon einfach so erschossen!«

»Der Arme«, murmelte Mrs. Simmons. »Kommen Sie schon, Mary, lassen Sie es gut sein. Mir fehlt nichts.«

Doch die Angesprochene dachte gar nicht daran. Sie nahm das Sitzkissen vom Stuhl des Direktors und brachte es ihrer Kollegin.

»Vielleicht sollten wir ihn bitten, dass Sie etwas zu trinken bekommen.«

»Ehrlich, Mary, es geht mir gut. Setzen Sie sich.«

Das tat die Frau nun endlich. Andrea war erleichtert.

Schweigen kehrte ein. Es dauerte nicht mehr lang, bis sie erneut Schritte auf dem Gang hörten. Die Tür wurde geöffnet, und Dave betrat den Raum mit vier Kindern zwischen zwölf und fünfzehn – zwei Jungs, zwei Mädchen. Trisha riss die Augen auf; sie erkannte ihre Mitschüler. Die Kinder waren ebenfalls alle gefesselt.

»Rein hier«, sagte Dave und scheuchte die Kinder durch die Tür. Dann schloss er erneut ab. Auf seinen Befehl hin setzten die Schüler sich alle an eine Wand.

Dann fiel sein Blick auf Susan, die ihren Kopf auf das Kissen gebettet hatte. Er entsicherte die Waffe. »Wo kommt das Kissen her?«

Die andere Lehrerin stand auf. »Ich habe es ihr gebracht. Ich dachte …«

Ein Schuss zerriss die Luft. Die Kinder schrien, Blut spritzte an die Wand. Andrea machte sich ganz klein an der Wand und beobachtete mit Herzrasen, wie die Frau tot zu Boden ging. Ein gut gezielter Kopfschuss.

Mrs. Simmons weinte laut. Trisha blickte apathisch auf die tote Lehrerin am Boden. Andrea sah nur das Blut. Von den Kindern sagte keins etwas.

»Nur zur Information«, schnappte Dave. »Ich hatte gesagt, dass sich niemand bewegt. Wer nicht gehorcht, stirbt. Das gilt für jeden hier! Ausnahmslos!«

Einer der Jungen starrte schockiert auf die Lehrerin und begann zu würgen. Die Mädchen hatten sich schluchzend aneinandergeschmiegt.

»Wie kannst du bloß?«, schrie Trisha plötzlich. »Bringst du jetzt jeden um, der dir nicht passt? Sie wollte nur nett sein!«

Dave zielte mit der Waffe auf Trisha, so dass sie verstummte. »Willst du mit mir streiten, Kleines?«

»Mach doch!«, schrie sie impulsiv. »Knall mich doch ab! Aber das traust du dich nicht, oder?«

Sie hatte recht. Er ließ die Waffe wieder sinken und drehte sich um, als der würgende Junge sich auf den Teppich übergab.

»Na klasse«, brummte Dave.

Mrs. Simmons lag mit geschlossenen Augen da, hatte die Hände auf den Bauch gelegt und atmete ganz ruhig. Andrea blinzelte an ihren gefesselten Händen vorbei in Daves Richtung.

Das Telefon klingelte wieder. Dave drückte den Lautsprecherknopf. »Jetzt machen Sie da mal ein bisschen Dampf! Ich habe hier jetzt insgesamt …« Er schaute sich um. »Sieben Geiseln. Machen Sie Druck. Ich will in einer Stunde mit dem Bürgermeister sprechen und hören, was ihm lieber ist – das Leben seines Sohnes oder ich im Knast! Beides kann er nicht haben! Und wenn die Herrschaften zu lange brauchen, um sich zu einigen, gehe ich los und töte alle fünf Minuten jemanden! Es sind ja genug Kinder da …«

»Du Scheusal!«, brüllte Trisha unter Tränen.

»War das Trisha Michaels?«, fragte Joshua am anderen Ende.

»Ja, das war Trisha«, sagte Dave unbeeindruckt.

»Sind die Geiseln wohlauf?«

»Nein. Diese freche Englischlehrerin nicht.«

Joshua sammelte sich und atmete tief durch. »Ich will die anderen sehen. Ist das möglich?«

»Ja, von mir aus können Sie die anderen sehen. Mir doch egal. Kommen Sie zum Haupteingang.«

Dave legte auf und trat zu Trisha und Andrea. »Du machst die Tür auf«, sagte er und löste Trishas Handschellen.

»Mistkerl«, zischte sie zwischen den Zähnen hindurch. Dave packte sie am Kragen und schob sie aus dem Zimmer. Diesmal schloss Dave die Tür nicht, deshalb konnte man die beiden auf dem Flur hören – streitend.

Das hätte Andrea sich nicht getraut. Aber Trisha wusste, wie weit sie gehen konnte.

Die Mädchen weinten immer noch. Der kleinere Junge war ganz grün um die Nase. Und mitten im Raum lag die tote Englischlehrerin.

Übel war Andrea auch. Sie fühlte sich so hilflos. Die Beine so dicht an den Körper gezogen wie möglich, hockte sie da und versuchte, das Kribbeln in ihren taub gewordenen Händen zu ignorieren. Die Situation war völlig verfahren. Andrea war wütend auf sich selbst, denn sie hatte in ihrer Ausbildung gelernt, was zu tun war. Aber statt zu handeln, saß sie verschreckt da und haderte mit sich.

Auf dem Flur waren wieder Schritte zu hören. Es dauerte nicht lang, bis sie das Zimmer erreichten. Als Erster betrat Joshua den Raum – mit erhobenen Händen und in einer kugelsicheren Weste. Konzentriert versuchte er, die Situation mit einem Blick zu erfassen. Man sah, wie in ihm die Wut hochkochte, als er Andreas Verfassung bemerkte. Er nickte ihr zu und gab ihr zu verstehen, dass er das in Ordnung bringen würde. Andrea hätte gelächelt, hätte sie gekonnt. Ihr Körper befand sich immer noch im Alarmzustand, und sie verstand alles, was gesagt wurde, nur mit Verzögerung. Sie fühlte sich wie in Watte gepackt.

»Ich mache Ihnen einen Vorschlag. Sie lassen jetzt die Frau«, Joshua deutete auf Mrs. Simmons, »und meine Kollegin gehen und behalten mich dafür hier.«

Am liebsten hätte Andrea protestiert, aber der Lehrerin zuliebe blieb sie still.

Dave schnaubte. »Auf keinen Fall. Ich soll zwei Leute gehen lassen und bekomme im Austausch nur einen? Vergessen Sie es.« Er blickte zu Trisha. »Zurück an die Heizung. Kriegst du die Handschellen selbst dran?«

»Was, wenn nicht?«, fragte sie schnippisch zurück, tat aber, was er gesagt hatte, und legte sich die Handschellen an.

»Kommen Sie«, wandte Joshua sich an Dave. »Die Frau ist schwanger. Sie ist keine gute Geisel!«

»Bisher hat sie sich nicht beschwert.«

»Im Ernst, lassen Sie sie gehen. Ich bleibe hier. Ich kann auch von hier aus die Verhandlungen unterstützen.«

Dave musterte ihn argwöhnisch und nickte schließlich. »Also schön. Warum eigentlich nicht.«

»Gut. Ich gehe dann jetzt raus, erstatte Bericht …«

»Das können Sie auch am Telefon. Wir bringen jetzt die Frau raus, und dann bleiben Sie hier.«

Ohne lange Diskussionen verließen sie zu dritt den Raum. Wenig später kehrten Dave und Joshua allein zurück. Joshua hatte die Hände vor dem Körper mit Handschellen gefesselt. Er trug es jedoch mit Fassung.

Dave schloss sie alle wieder ein und befahl Joshua, sich auf den Schreibtischstuhl zu setzen. Der Psychologe tat es, ohne zu zögern, ließ aber Andrea nicht aus den Augen. »Gab es ein Problem mit meiner Kollegin?«

»Sie kann einen ganz schön bequatschen«, erwiderte Dave.

»Kommen Sie. Sie verhandeln jetzt mit mir. Meine Kollegin wird kein Wort zu Ihnen sagen.«

»So mit Sicherheit nicht«, erwiderte Dave mit Blick auf Andrea.

Joshua schüttelte den Kopf. »Lassen Sie das. Sie machen ihr nur unnötig Angst.«

»Das ist mir völlig egal!«

Joshua atmete tief durch. »Sie müssen uns auch ein wenig entgegenkommen«, sagte er. »Ich bin im Augenblick derjenige, der Ihnen Zugang zu allem verschaffen kann, was Sie verlangen. Allerdings erwarte ich, dass Sie Ihre Geiseln gut behandeln.«

»Sie ist doch unverletzt!«

Vorsichtig stand Joshua auf. »Ich werde jetzt zu ihr gehen und ihr den Knebel abnehmen.«

Über diese forsche Haltung war Dave so verdutzt, dass er einen Moment lang nicht wusste, was er antworten sollte. Dann fing er sich. »Wenn Sie das tun, sind Sie tot. Und das sollten Sie besser glauben.«

Joshua hielt inne und drehte sich um. »Okay. Darf ich mich wenigstens dort hinsetzen?«

»Meinetwegen.«

Sofort ging Joshua zu Andrea und ließ sich neben ihr nieder. »Dürfen die Kinder auch herkommen?«, fragte er.

»Von mir aus«, sagte Dave. Andrea wusste, warum Joshua das wollte. Er hatte etwas dagegen, dass die Kinder die ganze Zeit auf die tote Frau vor ihren Füßen starren mussten.

Schnell huschten die Kinder zu ihnen und scharten sich um Trisha. Joshua sah Andrea nicht direkt an, beobachtete sie aber aus dem Augenwinkel.

»Und jetzt?«, fragte Dave.

»Mein Kollege von der Polizei spricht mit dem Bürgermeister und den anderen Eltern. Ich bin sicher, es wird eine zufriedenstellende Lösung für alle geben!«

»Glauben Sie das wirklich?«, fragte Dave skeptisch.

»Ja. Nichtsdestotrotz denke ich, wir könnten das Ganze weitaus unproblematischer beenden, wenn Sie jetzt aufgeben würden. Es hat bereits genug Tote gegeben.«

»Vergessen Sie es«, sagte Dave.

»Das ist mein Ernst. Es hat doch niemand etwas gegen Sie. Sie können mir vertrauen. Ich bin Psychologe; Wissenschaftler.«

»Wissenschaftler«, höhnte Dave. »Sie können einen genauso bequatschen wie Ihre Kollegin.«

»Ja, aber mit mir sollten Sie reden«, sagte Joshua.

»Ich stelle hier die Forderungen!«, donnerte Dave.

Jetzt war Joshua vor eine Mauer gelaufen. Er probierte es noch einmal. »Sie wollen doch niemandem schaden, das weiß ich. Man kann doch mit Ihnen reden. Sie sind besonnen, haben Trisha gut behandelt, haben sie sogar freigelassen. Sie hat Ihnen so sehr vertraut, dass sie heute Nacht Schutz bei Ihnen gesucht hat. Kommen Sie, Sie sind kein Geiselnehmer!«

Andrea konzentrierte sich ganz auf Joshuas Vorgehen. Er wollte die Spannung aus der Situation nehmen und Dave vor Augen führen, dass er kein schlechter Mensch war. Das war sehr wichtig zur Deeskalation.

»Gerade bin ich ein Geiselnehmer«, widersprach Dave.

Darauf wusste Joshua auch nichts mehr zu erwidern. Genervt beobachtete er, wie Dave sich auf den Schreibtischstuhl sinken ließ. »Ich bin gespannt. Ungefähr eine Stunde noch. Wenn sie dann nicht mit einer guten Nachricht anrufen, jage ich einem von euch eine Kugel in den Kopf.«

»Für wie wahrscheinlich halten Sie es denn, dass der Bürgermeister das wirklich tut?«, fragte Joshua vorsichtig.

»Das ist mir scheißegal. Irgendwann werden sie einwilligen. Ich nehme nicht an, dass die hier ganz viele tote Kinder sehen wollen!«

»Aber Ihnen ist klar, dass Ihre Forderungen und das, was die Gegenseite zu geben bereit ist, ziemlich weit auseinanderliegen?«

»Klar. Und?«

»Haben Sie einkalkuliert, dass Sie vielleicht tot hier rauskommen?«

Andrea konnte Dave ansehen, dass er das wohl nicht getan hatte. »Wer will mich denn hier erschießen?«

»Ich frage Sie ja auch nur, ob Sie dieses Risiko eingehen wollen. Es ist relativ unwahrscheinlich, dass Sie bekommen, was Sie verlangen. Das Risiko, getötet zu werden, ist nicht zu unterschätzen. Aber wenn Sie aufgeben, muss es keine Verletzten mehr geben!«

»Ach, das ist ja schön. Und was denken Sie, für wie viele hundert Jahre die mich einlochen? Ich habe mehrere Menschen auf dem Gewissen!«

»Wenn Sie aufgeben, wird das strafmildernd ausgelegt.«

Andrea verstand. Joshua versuchte, ihn zur Aufgabe zu überreden. Es war klar, dass niemand auf Daves Forderungen eingehen konnte und wollte. Joshuas Aufgabe war die Schadensbegrenzung, und er wusste auch, was die anderen draußen planten. Dass er sich zum Austausch angeboten hatte, war kein spontaner Entschluss gewesen. Seine Aufgabe war, in einem vorgegebenen Zeitraum etwas zu erreichen. Aber das war nicht einfach.

»Denken Sie darüber nach«, schob Joshua nach. »Sie könnten jetzt einfach hier rausspazieren. Sie sind allein! Können Sie wirklich die ganze Schule kontrollieren?«

»Ich fühle mich ganz wohl mit meinen Geiseln hier drin.«

Joshua ließ sich seinen Frust nicht anmerken. Dave war ein verzweifelter Geiselnehmer, der längst begriffen hatte, in welch verfahrener Situation er sich befand. Die Frage war, wie viel er noch zu verlieren hatte.

Dave ging ran, als das Telefon klingelte. »Ja?«

Während er zuhörte und etwas in den Hörer knurrte, sah Joshua seinen Moment gekommen. Er sagte mit unbewegter Miene und fast nicht hörbar zu Andrea: »Scharfschützen. Er muss vors Fenster. Ich mache ein Zeichen, und du simulierst eine Panikattacke. Geht das?«

Unruhig versuchte Andrea festzustellen, ob Dave etwas gehört hatte, doch er stritt sich mit seinem Gesprächspartner. »Nein, die Kinder dürfen nicht ans Telefon!«

Mit einem Blick signalisierte Andrea, dass sie verstanden hatte. Damit ergab alles einen Sinn – Joshua hatte ihr helfen wollen, doch jetzt nutzte er ihre missliche Lage, um Dave eine Falle zu stellen. Andrea musste so tun, als würde sie ersticken. Joshua versuchte, die Situation zu retten, aber sollte das scheitern, würde Dave sterben.

Er musste zu ihnen ans Fenster. Irgendwo hatten sich Scharfschützen postiert, die sie im Visier hatten. Und das war auch der Grund dafür, dass Joshua bei ihnen war. Er musste sehen, dass alles so ablief wie geplant.

Dave blickte auf die Uhr. »Fünfundvierzig Minuten! Wenn der Bürgermeister dann nicht einwilligt, stirbt sein Sohn!«

Damit war das Gespräch beendet. Der ältere der Jungen war der Sohn des Bürgermeisters. Er war zusammengezuckt, hielt sich ansonsten aber tapfer.

»Sie haben doch schon Trisha das Leben gerettet«, setzte Joshua erneut an. »Da haben Sie bewiesen, was wirklich in Ihnen steckt. Diese Toten kann Ihnen niemand anlasten!«

»Sie wollen wirklich, dass ich aufgebe, ja?«, fragte Dave genervt.

»Das möchte ich, ja. Ich möchte das hier mit möglichst geringen Verlusten beenden.«

»Und ich will Straffreiheit. Ich habe noch die sechs Millionen von Richard Michaels. Die will ich ausgeben!«

Unnachgiebig starrten die beiden einander an. So kamen sie nicht weiter. Aber Joshua nervte Dave auch nicht länger.

Er wandte sich an Andrea. »Alles in Ordnung?«

Sie machte ein unbestimmtes Geräusch.

»Wir reden später.« Er hob den Blick zu den anderen. »Alles okay bei euch?«

»Er hat sie umgebracht«, sagte der kleinere der Jungen düster.

»Ja, ich weiß. Aber ihr müsst keine Angst haben. Das kommt alles wieder in Ordnung.«

»Verdammt, ihr Psychologen könnt aber wirklich viel reden! Du hältst jetzt mal die Klappe, klar?«

»Klar«, erwiderte Joshua. Derweil fragte Andrea sich, wie sein Zeichen wohl aussah.

Sie schloss die Augen und versuchte, an nichts zu denken. Das war nicht besonders einfach, denn ihre Hände waren taub, die Handschellen schnürten ihr das Blut ab. Wahrscheinlich war sie ein größeres Nervenbündel als die Kids.

Die hatten sich inzwischen beruhigt und trugen die Situation mit Fassung.

Schließlich entschied Dave, noch eine Durchsage zu machen, und drückte auf den Knopf. »Mit etwas Glück ist in vierzig Minuten alles überstanden. Dann könnt ihr alle wieder nach Hause gehen. Also betet dafür, dass der Bürgermeister tut, was ich will. Ansonsten gibt es noch ein paar Tote!«

»Das war jetzt nötig«, brummte Joshua. Dave grinste bloß.

Der Blick auf die tote Lehrerin ließ Andreas Angst nicht verebben. Inzwischen hatte sie ihre Kleidung nassgeschwitzt. Ihr Herz raste. Hoffentlich musste sie das nicht mehr allzu lange aushalten. Sie wollte weg. Nicht dran denken, einfach nur durchhalten, bis es endlich vorbei war. Ihr war elend zumute, am liebsten hätte sie geheult. Der Druck war zu groß. Wahrscheinlich hätten die meisten Menschen in dieser Situation den Kopf verloren, aber für sie war es, als schicke man sie geradewegs in die Hölle. Die Angst hatte sie paralysiert. Daran änderte auch Joshuas Anwesenheit nicht viel.

Sein Blick war auf die Uhr geheftet. Zehn Minuten später spürte Andrea plötzlich den Stoß seines Ellenbogens an ihrem. Er warf ihr unauffällig einen vielsagenden Blick zu.

Das musste das Zeichen sein.

Sie versuchte, sich zu sammeln. Jetzt hing alles davon ab, dass sie Dave herlockte. Dafür erinnerte sie sich einfach an die Panikattacke, die sie zuvor gehabt hatte. Hektisch atmen. Sie schloss die Augen und ballte die Hände zu Fäusten. Dann versuchte sie, so laut Luft zu holen, dass Dave es hörte.

Wie es war, wenn man hyperventilierte, wusste sie. Leider fiel es ihr nicht einmal besonders schwer, das zu spielen.

Hätte sie nicht gewusst, dass sie nur markierte, hätte sie sich ihren pfeifenden Atem selbst abgenommen. Mühelos ließ sie Tränen über ihre Wangen laufen und blickte in Daves Richtung. Dann wimmerte sie ängstlich.

»Was ist hier los?«, fragte Dave unwirsch.

»Sie kennen doch ihre Geschichte«, sagte Joshua. »Das packt sie nicht! Kommen Sie, lassen Sie sie gehen, bevor sie noch zusammenklappt!«

»Nichts da.«

Händeringend sah Joshua ihn an. »Nehmen Sie ihr den Knebel ab. Sie bekommt keine Luft. Machen Sie sie los!«

Dave rührte sich nicht. Andrea gab sich noch mehr Mühe und tat so, als bekäme sie überhaupt keine Luft mehr. Dann schloss sie die Augen und spielte Dave vor, sie sei bereits halb weggetreten.

Dave stand auf und kam näher. Da waren seine Schritte. Sie spürte, dass er vor ihr stand, aber sie rührte sich nicht. Er machte sich an ihrem Knebel zu schaffen. Danach wollte er auch ihre Handschellen lösen – doch dazu kam es nicht.

Die Fensterscheibe über ihrem Kopf zersplitterte, und Andrea hörte ein dumpfes Geräusch. Erschrocken öffnete sie die Augen.

Sie sah in Daves aufgerissene Augen. Er schnappte nach Luft und geriet ins Taumeln. Dann fiel er rücklings zu Boden. Er begann heftig zu zucken und tastete nach seiner Waffe, aber ob das noch bewusst geschah, wusste Andrea nicht. Joshua sprang auf und trat die Waffe beiseite.

Im gleichen Augenblick flog die Tür auf. Dave lag still auf dem Boden. Die Mädchen schrien erschrocken, als sie die schwarz uniformierten und bis an die Zähne bewaffneten

Männer des SAS in der Tür sahen, doch Andrea fiel ein Stein vom Herzen.

Joshua kniete vor ihr und hantierte mit dem Schlüssel an ihren Handschellen herum. Das Herz klopfte ihr bis zum Hals. Die Uniformierten zielten mit ihren Waffen auf Dave, der immer noch reglos dalag. Einer fühlte nach seinem Puls.

»Er lebt noch! Einen Arzt, schnell!«

In diesem Moment schnappten Andreas Handschellen auf. Joshua nahm sie hastig weg. Ohne ein Wort umarmte sie ihn und wollte ihn gar nicht mehr loslassen. Er ließ es geschehen, auch wenn es ihm schwerfiel.

»Ist okay«, sagte er. »Alles ist gut. Das hast du spitze gemacht, Andrea.«

Sie lachte bitter. »Erfahrung ist alles, Josh.« Plötzlich kamen ihr wieder die Tränen.

»Ja, ich weiß. Aber deshalb habe ich dich darum gebeten. Ich wusste, dir nimmt er es ab. Ich bin stolz auf dich.« Und das meinte er so.

Augenblicke später schwärmten Sanitäter und Polizeibeamte in den Raum. Aus dem Augenwinkel beobachtete Andrea, wie Trisha und die anderen Kinder befreit wurden, und erhob sich auf wackeligen Knien.

An Joshua vorbei sah sie, wie Dave auf eine Trage gewuchtet wurde. Die Maske hatte man ihm abgenommen. Er war ein gutaussehender Mann, kaum älter als sie selbst, braunes Haar, markante Gesichtszüge. Der Schuss hatte ihn seitlich am Kopf getroffen. Ein Wunder, dass er noch lebte.

»Komm«, sagte Joshua und half Andrea auf. Die Kinder waren bereits in den besten Händen. Auch Joshua entspannte sich sichtlich.

»Gut gemacht«, sagte einer der Männer des SAS zu Joshua.

Er winkte genervt ab. »Ich wollte ihn eigentlich zur Aufgabe überreden. Und zum Fenster gelockt hat meine Kollegin ihn.«

Das konnte der Mann sich angesichts von Andreas aufgelöster Erscheinung kaum vorstellen. »Ach so?«

»Ich habe einen Nervenzusammenbruch vorgetäuscht«, sagte sie leise. »War ganz einfach!«

Der Mann zwinkerte ihr grinsend zu. »Das glaube ich Ihnen gern. Aber jetzt sind Sie ja in Sicherheit.«

Joshua hatte immer noch einen Arm um Andrea gelegt und führte sie an den Männern und Kindern vorbei aus dem Raum und über den Flur. In diesem Augenblick war sie unglaublich froh, dass er bei ihr war. Ihre Anspannung wollte einfach nicht weichen. Einen solchen Flashback hatte sie noch nie erlebt, und das machte ihr Angst. Wenn sie etwas hasste, dann war es der Kontrollverlust. Das war ihr Schwachpunkt.

Joshua sagte nichts, obwohl ihm anzusehen war, dass ihn Andreas Zustand alles andere als kaltließ. Vermutlich hätte er ihr das gern erspart.

Schweigend verließen sie die Schule durch den Haupteingang. Eine ganze Schulklasse folgte ihnen.

Als sie den Platz des Pförtners passierten, sahen sie das Blut an der Wand – und einen zugedeckten Leichnam. Andrea wandte den Blick ab.

Draußen erwartete sie eine Heerschar von Polizisten. Ein gutes Dutzend Streifenwagen und mindestens ebenso viele Krankenwagen blockierten die Straße. Andrea entdeckte zwei Übertragungswagen des Fernsehens. Ein Bus des SAS stand quer auf dem Bürgersteig, unzählige Beamte und Sanitäter liefen durch die Gegend.

»Könnten Sie mal einen Blick auf meine Kollegin werfen?«, fragte Joshua einen Sanitäter. Andrea ließ sich zu einem Krankenwagen führen und setzte sich auf eine Trage. Sie funktionierte bloß, saß reglos da. Ihr Puls wurde langsamer, die Anspannung wich. Sie lehnte den Kopf an die Wand des Wagens, schloss die Augen und bewegte die Finger, streckte die Beine aus, konzentrierte sich nur auf sich selbst. Das half. Sie achtete gar nicht darauf, wie der Sanitäter ihren Blutdruck maß und sicherzugehen versuchte, dass ihr nichts fehlte. Schließlich reichte er ihr eine Decke und fragte, ob sie etwas trinken wolle. Andrea winkte ab. Mit der Decke um die Schultern verließ sie den Krankenwagen wieder, denn inzwischen füllte sich der Vorplatz der Schule mit einer beachtlichen Anzahl von Kindern. Die brauchten auch noch Hilfe.

»Komm«, sagte Joshua und führte sie zu einer Stelle ein wenig abseits, wo sie sich auf den Bordstein setzten. Sie musterte ihren Kollegen nachdenklich und lächelte. Die kugelsichere Weste stand ihm gut.

»Willst du reden?«, fragte er.

Wollte sie das? Eigentlich wollte sie im Moment gar nichts. Aber Joshua ließ sich nicht davon aus der Ruhe bringen, dass sie nicht gleich antwortete.

»Ich bin so froh, dass du rauchen gehen musstest«, murmelte sie schließlich.

Er lachte. »Ja, und wie. Eigentlich war ich fast fertig, als ich den Schuss gehört habe. Ich habe vorsichtig durchs Fenster gespäht und sofort die ganze Kavallerie gerufen. Die haben nicht lang gebraucht.«

»Und wie bist du aus dem Hof gekommen?«

»Hinten gibt es noch ein Tor. Da konnte ich raus.«

»Das ist der helle Wahnsinn.« Andrea holte tief Luft. Ihre Anspannung ließ immer weiter nach. »Joshua, ich hatte dich doch um ein Gespräch gebeten.«

»Ja. Wie kommst du jetzt darauf?«, fragte er verwirrt.

»Ich glaube, du weißt, was da eben passiert ist.«

Er nickte und machte eine unbestimmte Handbewegung. »Ich vermute es zumindest. Sah ganz so aus, als hättest du einen Flashback gehabt. Was bei den vielen Auslösern kein Wunder wäre.«

»Ja, sicher. Aber … das passiert öfter.«

Nun wurde er todernst. »Wie oft?«

»Zu oft«, sagte Andrea und zog die Decke fester um ihren Körper.

»Nur Flashbacks, oder ist da noch mehr? Alpträume?«

Sie schluckte. »Ständig.«

»Dissoziationen?«, fragte Joshua weiter.

»Ja«, erwiderte Andrea. Es kam immer wieder vor, dass sie sich in ihrem eigenen Körper fremd fühlte und alles als unwirklich empfand.

»Seit wann? Nachdem du damals mit Gordon gesprochen hast, warst du doch stabil.«

»Ja. Ein paar Monate später kam es wieder«, sagte sie unglücklich.

Er seufzte tief. »Warum hast du nichts gesagt? Ich habe mir so etwas schon gedacht, als du mir von der Schwangerschaft erzählt hast. Mir war klar, dass du unter großem Stress stehen musst. Aber ich wollte nicht glauben, dass es vielleicht doch ein Trauma ist.«

»Sag es ruhig«, murmelte sie. »PTBS, oder?« Eine posttraumatische Belastungsstörung. Sie konnte es nicht ewig verdrängen.

»Ich weiß nicht. Du solltest mit Gordon sprechen«, sagte er ausweichend.

»Wahrscheinlich hast du recht.« Sie schloss die Augen und atmete tief durch. Jetzt war es raus. Und sie bewunderte Joshua dafür, dass er trotzdem immer noch so große Stücke auf sie hielt. Er hatte es verdammt schwer mit ihr.

Genau wie Gregory.

»Ich muss meinen Mann anrufen«, sagte sie und kramte nach ihrem Handy.

»Ja, gute Idee. Ich glaube, das täte dir jetzt ganz gut«, murmelte er geistesabwesend.

Der Meinung war Andrea auch. Sie drückte eine Kurzwahl und lauschte auf das Freizeichen, bis es von Gregorys Stimme abgelöst wurde.

»Hey, Süße. Was gibt es? Warum rufst du an?«, fragte er gut gelaunt.

»Hast du die Nachrichten gehört?«

»Vorhin, ja. Warum?«

»War in den Nachrichten die Rede von einer Geiselnahme in einer Schule?«, fragte sie und rieb sich die Schläfe.

»Ja, ich hab da irgendwas gehört.«

»Das war in Trishas Schule. Ich war mit Joshua dort, als es passiert ist.«

»Das heißt, du …«

»Es geht mir gut. Aber der Kerl hatte uns als Geiseln, ja.«

»Ach du liebe Güte«, entfuhr es ihm. »Wo bist du?«

»Ich bin immer noch dort …«

»Okay. Bleib da, ich komme.«

»Nein, ich wollte doch nur deine Stimme hören und dir Bescheid sagen, dass es mir gut geht. Du kannst doch nicht …«

»Und ob ich kann«, unterbrach Gregory sie. »Bis gleich.«

Schon hatte er aufgelegt. Verwundert steckte sie ihr Handy wieder weg.

»Was hat er gesagt?«, fragte Joshua, der kein Wort verstanden hatte, weil Andrea wie meistens auf Deutsch mit Greg gesprochen hatte.

»Er kommt her. Davon wollte er sich nicht abhalten lassen.«

»Kann ich verstehen.« Joshua lächelte.

Schweigend beobachteten die beiden den Trubel rund um die Schule. Immer mehr Kinder tauchten auf, Polizisten diskutierten mit Journalisten, die ersten Eltern trafen ein. Zwar hatte die Polizei inzwischen auch Absperrungen errichtet, aber es waren zu wenig Polizisten vor Ort, um wirklich effektiv zu verhindern, dass Neugierige den Platz vor der Schule betraten. Es war ein einziges Chaos.

Andrea dachte an gar nichts. Sie fühlte sich leer. Trisha hatten sie aus den Augen verloren, und ob Dave noch lebte, war ihr herzlich egal. Joshua hatte nicht von der Gefahr einer Retraumatisierung sprechen müssen – die sah sie selbst. Die letzten Stunden waren die Hölle gewesen.

Und dabei hatte es gar nicht so lange gedauert …

Krankenwagen fuhren ab. Die Polizei versuchte, alles unter Kontrolle zu halten. Ein Beamter sprach durch ein Megafon, aber es war hoffnungslos. Glücklicherweise berührte sie das alles nicht so, denn sie saßen ganz am Rand.

Andrea blickte auf und blinzelte in die Sonne. Eigentlich war ihr nicht kalt, aber die Decke tat trotzdem gut.

Als sie sich umschaute, glaubte sie plötzlich, Gregorys Gesicht zu sehen. Sie schaute genauer hin, bis sie sicher war, dass sie sich nicht irrte. Sofort stand sie auf und winkte ihm verhalten.

Sie hatte ihn noch nie so schnell rennen sehen. Ohne ein Wort stürzte er an den ersten Polizisten vorbei, blieb atemlos vor ihr stehen und drückte sie stürmisch an sich. Er glühte regelrecht, schwitzte am ganzen Körper, sein Herz raste. Das konnte sie hören, weil er ihren Kopf an seine Brust gedrückt hatte und sie liebevoll in den Armen wiegte.

In diesem Moment hatte sie keine Angst mehr. Sie schloss die Augen und achtete nur auf seine Wärme. Das tat so gut.

»Bin ich froh«, sagte er und küsste sie auf die Stirn. »Meine Güte …«

7. September, 12:30 Uhr

»Ich dachte, ich bekomme einen Herzinfarkt, als du mich vorhin angerufen hast«, sagte Gregory. Er saß neben Andrea auf dem Bordstein, Joshua stand ein Stück entfernt. Andrea hatte sich an ihren Mann geschmiegt und war froh, dass er bei ihr war. Sie genoss einfach die Ruhe und das Gefühl der Erleichterung. Gregory sprach die ganze Zeit, so dass sie einfach nur zuhören und sich ablenken lassen konnte.

»Tut das weh?«, fragte Gregory und deutete auf die Striemen an ihren Handgelenken, die sie von den Fesseln zurückbehalten hatte. Der Anblick machte ihn nervös.

»Geht so«, behauptete sie, obwohl es brannte. Als er sie bat, alles zu erzählen, gab Andrea ihm einen Abriss der wichtigsten Ereignisse, die ihm offensichtlich einen Schock versetzten. Ihr war, als funktioniere sie in diesem Moment einfach nur. Wie auf Autopilot. Sie fühlte nichts, aber das überraschte sie nicht.

»Der blöde Kerl hat sich leider nicht auf meinen Vorschlag eingelassen, Andrea und die Lehrerin gegen mich auszutauschen«, sagte Joshua von der Seite. »Er hat nur die schwangere Lehrerin gehen lassen. Das fand ich alles andere als lustig. Er wusste genau, wer Andrea ist, und es war deutlich sichtbar, dass es ihr nicht gut ging, aber das hat ihn nicht interessiert.«

»Du hast es versucht«, sagte Gregory achselzuckend. »Wenigstens warst du in der Nähe.«

»Ja, wenigstens das.« Joshua fuhr sich durchs Haar. »Am

liebsten würde ich sofort nach Hause fahren. Aber ich gehe jede Wette ein, dass die Polizei jetzt erst noch mit uns reden will.«

»Toll«, brummte Andrea. »Nach Hause fahren … gute Idee.«

»Wenn du willst, sage ich ihnen, dass du heute nicht mehr mit ihnen reden kannst.«

»Wieso das? War es so schlimm?«, fragte Gregory besorgt. Er hatte ein untrügliches Gespür dafür, wenn etwas nicht stimmte. Aber es half ja nicht – er musste es sowieso erfahren.

»Kurz bevor Joshua kam, hatte ich eine Panikattacke. Einen Flashback. Ich weiß nicht genau«, sagte Andrea verhalten.

»Oh verdammt.« Greg drückte ihre Hand. »Das klingt nicht gut.«

»Und es war auch nicht das erste Mal«, schob sie leise hinterher.

»Wie meinst du das?«

»Ich vermute, dass Andrea noch unter dem leidet, was sie in Norwich erlebt hat«, sagte Joshua. »Deshalb möchte ich, dass sie bei Gelegenheit mit Gordon darüber spricht.«

Gregory wurde blass. Diese Eröffnung schockierte ihn mehr, als Andrea erwartet hatte. Er drückte sie noch fester an sich.

»Tut nicht so, als wäre ich schwer krank«, murrte Andrea.

»Du solltest das ernst nehmen«, sagte Joshua.

Sie kam nicht mehr dazu, noch etwas zu erwidern, denn in diesem Moment tauchte Barley auf. Gehetzt und außer Atem blieb er vor ihnen stehen. »Hier sind Sie!«

Joshua nickte. »Was ist denn los?«

»Ich habe mir gerade die Mühe gemacht, alle zu suchen, die der Mann persönlich als Geiseln genommen hat. Wir möchten noch mit Ihnen sprechen.«

Gequält verdrehte Joshua die Augen, allerdings so, dass Barley es nicht sehen konnte. »Damit meinen Sie dann wohl auch mich.«

»So sieht es aus. Sie und Ihre Kollegin. Mit den Kindern bin ich schon durch.«

»Denkst du, du packst das?«, erkundigte Joshua sich bei Andrea.

»Ja, geht schon«, sagte sie kurz entschlossen. Es würde wohl nie besonders angenehm werden, darüber zu sprechen. Sie standen auf und folgten Barley zu einem Streifenwagen. Unterwegs stellte Gregory sich dem Inspector vor.

Vor dem Streifenwagen wartete Trisha bereits und lächelte scheu. Im Wagen nahm Joshua vorn neben Barley Platz, Andrea quetschte sich hinten zwischen Trisha und Greg in die Mitte.

»Immer noch nicht vorbei«, sagte Trisha wenig begeistert.

»Nein, aber hoffentlich bald«, erwiderte Andrea.

»Wenn alles gutgeht, können wir bald auch mit dem Geiselnehmer sprechen«, sagte Barley. »Er hat den gezielten Schuss des Scharfschützen ja überlebt. Warum, weiß ich nicht. Die Sanitäter konnten mir nicht viel sagen. Er wird jetzt operiert, und mit etwas Glück kommt er wieder auf die Beine – und kann uns vielleicht sogar etwas sagen.«

»Meinen Sie?«, fragte Joshua.

»Hoffentlich. Aber wenigstens wissen wir ja schon, wie er heißt.«

Andrea blickte zu Trisha, die mit einem Pokerface neben ihr saß, die Arme vor der Brust verschränkt. Also kannte

Barley den Namen nicht von ihr. Er navigierte sie vorsichtig durch das allgemeine Chaos vor der Schule, bis sie die Straßensperren hinter sich gelassen hatten. Dann fuhr er etwas schneller.

»Wissen Sie noch mehr über ihn?«, fragte Andrea.

»Ja, meine Kollegen im Büro haben ihn schon oberflächlich durchleuchtet. Der Mann ist zurzeit arbeitslos und vorbestraft.«

»Was hat er gemacht?«, fragte Trisha.

»Körperverletzung und Raubüberfall mit Todesfolge. Damals wurde er noch nach Jugendstrafrecht verurteilt und ist mit einem blauen Auge davongekommen.«

»Er hat keine besonders hohe Frustrationstoleranz«, sagte Joshua. »Er wird sofort gewalttätig, wenn ihm etwas nicht passt.«

Während Barley nickte, sagte Andrea: »Vorhin hätte er niemanden erschießen müssen. Absolut niemanden.«

»Nein«, murmelte Trisha. »Aber er hat ja auch schon seine Komplizen erschossen.«

»Das macht dann schon fünf«, sagte Barley seufzend.

Sie brauchten nicht allzu lang bis zur Polizeiwache. Auf dem Hof parkte Barley und stieg als Erster aus. Ein Stück weiter entdeckte Andrea die Limousine von Trishas Eltern.

Barley und Joshua gingen voran ins Präsidium. Langsam und mit zögerlichen Schritten tapste Trisha auf dem Hof herum und blickte schließlich zu Andrea.

»Kann ich Sie etwas fragen?«

»Geh schon vor«, sagte Andrea zu Gregory und blieb allein mit Trisha auf dem Hof zurück. »Was ist denn?«

»Mrs. Thornton … niemand weiß, was passiert ist. Dass ich

Dave geholfen habe, meine ich. Das habe ich außer Andrew nur Ihnen gesagt.«

Das überraschte Andrea nicht. Erwartungsvoll sah sie Trisha an.

»Ich weiß, wahrscheinlich darf ich Sie das gar nicht fragen … mir fiel das ja vorhin schon mal ein.« Verlegen starrte sie zu Boden. »Mrs. Thornton, müssen Sie denen das sagen?«

Andrea seufzte tief. »Ja, genau genommen müsste ich das wohl. Das wäre zumindest korrekt.«

»Hm«, machte Trisha. Sie wirkte reuig auf Andrea und tat ihr irgendwie leid. Mit siebzehn machte man Dummheiten. Da bildete Andrea keine Ausnahme. Und auch wenn sie das Stockholm-Syndrom nie würde verstehen können, wusste sie doch zumindest um dieses Phänomen und darum, dass Trisha nicht Herrin ihrer Sinne gewesen war.

Aber das hatte Patty Hearst auch nicht geholfen. Für sie hatte es keine Ausnahme gegeben – doch sie war auch selbst zur Verbrecherin geworden.

»Aber ich bin auch Psychologin«, sagte Andrea. »Ich muss nicht alles weitergeben, was mir jemand erzählt.«

»Würden Sie … ich meine … Ich habe Mist gebaut«, stellte Trisha fest. »Ganz klar. Weiß eigentlich sonst noch jemand, was zwischen Dave und mir gelaufen ist?«

»Andrew hat es nur mir erzählt«, sagte Andrea. »Und ich habe mit niemandem außer meinem Kollegen Joshua darüber gesprochen.«

»Das ist gut.« Trisha lächelte schüchtern. »Ich weiß, eigentlich darf ich Sie wohl nicht darum bitten. Aber … könnten Sie das alles für sich behalten? Ich weiß nicht, was da mit mir los war. Ich bin total sauer auf mich. Wenn ich könnte, würde ich alles ungeschehen machen. Ich habe mittlerweile erkannt, wie dumm das alles von mir war. Deshalb bin ich heute Morgen auch weggelaufen.«

Trisha hatte ihr böses Erwachen. Dass sie in ihre Zuneigung für Dave hineingeschlittert war, konnte Andrea verstehen. Er hatte sie beschützt und war freundlich zu ihr gewesen. Er hatte sie manipuliert, angelogen und auf seine Seite gezogen. Ganz bestimmt hatte er sie auch nicht gebremst, als sie ihm Avancen machte.

Aber nun hatte er gezeigt, wer er wirklich war, und Trisha damit beschämt. Sie war wieder auf Kurs.

»Du bist also gestern wirklich zu ihm gegangen?«, fragte Andrea, als sie ihre Gedanken sortiert hatte.

»Ja, ich wollte einfach nur noch weg. Damit mich niemand findet, verstehen Sie? Bei meinen Freundinnen hätten Andrew oder meine Eltern mich gefunden. Da ist mir nur noch Dave eingefallen.«

Das konnte Andrea nachvollziehen. Die verrückten Ideen eines Teenagers.

»Ich mochte Dave ja. Er hat mich auch tatsächlich bei sich aufgenommen«, fuhr Trisha fort.

»Aber warum bist du dann heute Morgen weggelaufen?«, fragte Andrea.

»Weil er paranoid wurde. Er dachte, ich würde ihn doch verraten, weil ich schon die Nerven verloren und Andrew gesagt habe, was zwischen Dave und mir gelaufen ist. Als ich das Gefühl bekam, dass er nicht mehr richtig tickt, bin ich abgehauen. Ich habe die Beine in die Hand genommen und bin weggerannt. Irgendwie hatte ich das Gefühl, er dreht durch und bringt mich um oder so …«

Das konnte Andrea ihr gut nachfühlen. Er war Trisha bewaffnet gefolgt und hatte sie zurückholen wollen. Das hatte sie wachgerüttelt.

Andrea wusste, in diesem Moment hatte sie weniger Distanz zu Trisha, als sie hätte haben müssen. Als Trisha einem Verbrecher geholfen hatte, hatte sie sich strafbar gemacht.

Aber dann hatte Dave sie doch wieder als Geisel genommen. Und jetzt wollte sie nicht dafür bluten, dass sie auf ihn hereingefallen war.

»Ich sage der Polizei nichts«, verkündete Andrea entschlossen. Das musste Trisha schon selber tun.

Trisha nickte scheu und dankbar, dann machten sie sich gemeinsam auf den Weg ins Gebäude. Während Barley mit Joshua sprach, beobachtete Andrea, wie Trisha eine SMS tippte, und ging noch einmal zu ihr.

»Wenn du möchtest, dann spreche ich mit dir und Andrew. Das tut euch vielleicht ganz gut.«

»Eine Paartherapie?«, fragte sie grinsend.

»Nein, nicht ganz. Aber vielleicht so ähnlich.«

»Hm«, machte Trisha. »Vielleicht ist das nicht verkehrt. Ich habe Andrew vorhin geschrieben, dass es mir leidtut. Dass ich einen Fehler gemacht habe und mit ihm reden möchte. Er hat auch schon von der Geiselnahme gehört, und gerade habe ich ihm gesagt, dass es mir gut geht. Aber noch ist das alles nicht so toll.«

»Na klar«, sagte Andrea. »Überleg dir mal, wie er sich fühlt.«

Trisha nickte nur.

Kurz darauf begann Barley mit der Befragung. Er wollte von Trisha wissen, wo sie die vergangene Nacht verbracht hatte, weil immerhin die halbe Londoner Polizei auf der Suche nach ihr gewesen war. Andrea saß einfach da und hörte zu. Gregory hatte seine Hand auf ihre gelegt.

Trisha gab zu, dass sie bei Dave gewesen war, und auch, dass sie wusste, wie er hieß und wo er wohnte. In diesem Augenblick hörte Andrea zum ersten Mal seinen vollständigen Namen: Dave Stuart.

»Weißt du auch, wie die anderen Männer hießen?«, fragte Barley.

»Nicht genau. Er nannte sie Charlie und Tom. Mehr weiß ich nicht.«

»Und er hat dir wirklich nicht gesagt, was er mit ihnen gemacht hat?«

»Nein, keine Ahnung. Tut mir leid.«

»Würdest du sagen, du hast mit ihm kooperiert?«

Andrea beobachtete, wie Trisha den Kopf schüttelte. »Er hat irgendwann seine Maske abgezogen und mich im Haus herumlaufen lassen, aber das war auch schon alles. Den Rest konnte er schön allein machen. Ich wollte ja kein Geld von meinem Dad!«

Sie lügte wie gedruckt, ohne mit der Wimper zu zucken. Schon war Andrea sich nicht mehr so sicher, ob sie richtig entschieden hatte. Aber im Moment war sie weder eine gute Zeugin noch eine gute Beraterin.

Trisha verriet Barley nicht, dass sie mit Dave geschlafen hatte. Alles andere, was sie sagte, hielt Andrea für wahr. Dass sie und Dave sich gut verstanden, zusammen Filme geschaut hatten. Trisha gab sich viel Mühe, schlüssig zu erklären, warum sie zu Dave zurückgekehrt war.

»Aber heute Morgen hat er mir wirklich Angst gemacht. Da

habe ich gemerkt, dass es ein Fehler war. Er war so besessen von der Idee, dass ich ihn verraten könnte … da bin ich lieber abgehauen. Der hätte mich noch umgebracht«, sagte Trisha.

»Wozu er bereit war, haben wir ja in der Schule gesehen«, sagte Joshua.

»Womit wir beim Thema wären«, hakte Barley ein. Er stellte Trisha noch ein paar Fragen und wandte sich dann Joshua und Andrea zu. Ihn interessierte besonders, von Andrea zu erfahren, was geschehen war.

Sie sammelte sich und erzählte mit überraschend fester Stimme, wie Dave Trisha und sie gefunden hatte. Wie er den Mathelehrer erschossen und die gesamte Schule in seine Gewalt gebracht hatte. Und auch, wie sie im Direktorat die Nerven verloren hatte.

Ihr entging nicht, wie nervös Gregory neben ihr wurde, als er ihr zuhörte. Plötzlich summte es vernehmlich in seiner Hosentasche, und er holte sein Handy heraus. Auf dem Display stand Rachels Name. Er entschuldigte sich und ging hinaus. Die Tür hatte er noch nicht ganz geschlossen, als er sich umdrehte und Andrea heftig winkte. Irritiert stand sie auf und ging zu ihm auf den Flur. Kreidebleich im Gesicht stand er da, starrte ins Leere, hörte nur zu.

»Danke, dass du Bescheid gesagt hast«, sagte er unvermittelt und legte auf. Während er das Handy wegsteckte, sah er Andrea an. »Es gab Ärger. Danny, der Stalker, hat herausgefunden, wo mein Bruder und Rachel wohnen. Er hat ihr dort aufgelauert, kurz bevor Jack nach Hause kam. Als Jack auftauchte, ist er auf ihn losgegangen. Die beiden liegen jetzt im Krankenhaus. Jack hat ihn ordentlich verprügelt und genauso kräftig kassiert.«

Andrea war fassungslos. »Was ist mit Jack? Geht es ihm gut?«

»Ein paar Prellungen, Schürfwunden, Knochenbrüche. Nichts Ernsthaftes, aber schlimm genug.«

»Nichts Ernsthaftes? Wir müssen nach Norwich!«

»Halt, warte«, sagte er und machte eine beschwichtigende Handbewegung. »Du brauchst auf jeden Fall Ruhe.«

»Ja, aber es geht um Jack! Was hast du jetzt vor? Willst du allein zu ihm fahren und mich hierlassen? Willst du gar nicht fahren? Beides finde ich nicht okay. Wir fahren gleich zusammen hin«, beharrte sie.

Neugierig steckte Joshua seinen Kopf durch die Tür. »Was ist los?«

»Mein Bruder ist im Krankenhaus«, sagte Greg.

Joshua war bestürzt. »Geht es ihm gut?«

»Ja, es ist nichts Ernstes, aber trotzdem haben wir jetzt ein Problem.« Gregory seufzte unglücklich.

»Wir fahren hin«, sagte Andrea entschlossen. Sehr zu Gregorys Missfallen hatte Joshua keine Einwände.

»Also?«, sagte Andrea.

»Du gibst ja doch keine Ruhe«, brummte Greg.

Joshua grinste amüsiert. »Ich denke nicht, dass wir hier noch sehr lange brauchen. Und dann verschwinde ich mit euch, da könnt ihr Gift drauf nehmen!«

Nachdem sie in den Raum zurückgekehrt waren, schilderten sie kurz, warum sie sich bald auf den Weg machen mussten, und Barley bemühte sich, die Befragung zügig über die Bühne zu bringen. Allerdings wurden sie bald erneut unterbrochen. Ein Sergeant betrat den Raum.

»Heute Morgen wurden zwei Leichen in einem Abwasserkanal in Croydon gefunden. Beide erschossen. Sie wurden vorhin identifiziert: Charles Mitchell und Thomas Pike.«

Barley blickte grinsend zu Trisha. »Da haben wir deine Entführer.«

»Ja, das müssen sie sein«, sagte sie.

»Das sind sie bestimmt. Beide sind vorbestraft, einer wegen schwerer Körperverletzung und schweren Raubs«, sagte der Sergeant.

»Passt doch«, fand Joshua.

»Und die Kollegen waren vorhin in Dave Stuarts Wohnung. Sie haben das Lösegeld gefunden. Er hatte es immer noch in dem Zimmer liegen, in dem Trisha höchstwahrscheinlich gefangen gehalten wurde.«

Andrea war nicht überrascht, dass Trisha so gar keine Reaktion zeigte. Sie hatte es gewusst. Allmählich gelangte Andrea zu dem Schluss, dass Trisha berechnender war, als sie vermutet hatte. Und sie half dem Mädchen auch noch …

Aber sie beschloss, sich darüber keine Gedanken mehr zu machen. Es würde sowieso herauskommen. Und falls nicht, war das nicht ihr Problem. Nicht in diesem Moment – da gab es ganz andere Dinge, über die sie nachdenken musste.

Kurz darauf entließ Barley sie alle. Joshua schloss sich Gregory und Andrea an, und auch Trisha und ihre Eltern konnten nach Hause zurückkehren.

»Danke für alles«, sagte Trisha an die Profiler gewandt, blickte dann jedoch nur Andrea an. »Vor allem Ihnen. Sie haben so viel für Andrew und mich getan.«

»Gern«, erwiderte Andrea, obwohl sie sich nicht wohl in ihrer Haut fühlte.

***

Mit Joshua und Gregory machte Andrea sich auf den Weg zur U-Bahn. Greg schilderte Joshua unterwegs kurz, warum Jack nun im Krankenhaus lag, doch sie hörte gar nicht richtig zu. Jack war verletzt worden. Plötzlich waren all ihre eigenen Sorgen vergessen. Und das war ihr ganz recht so.

Sie war froh, dass Gregory bei ihr war. Er hielt ihre Hand.

Unruhig tänzelte sie am Bahnsteig herum, während sie auf die U-Bahn warteten. Kurz darauf fuhr der Zug ein.

»Gleich schalte ich mein Handy aus und bin für niemanden mehr erreichbar«, sagte Joshua. »Das war heute wirklich genug Aufregung.«

»Da hast du recht«, stimmte Andrea zu. »Und jetzt noch Jack.«

»Das hört sich wirklich böse an.«

»Die beiden hatten mich bereits um Rat gebeten. Ich hätte nur nicht gedacht, dass das so eskalieren würde …«

»Du musst herausfinden, was dieser Stalker an ihr so bewundert, und dieses Bild gezielt demontieren«, riet Joshua. »Wie lang geht das schon so? Was genau hat er bislang getan?«

»Eigentlich hat er ihr immer nur vor dem Krankenhaus aufgelauert. Das geht noch nicht lang so, vielleicht zwei Wochen.«

»Und dann hat er sie jetzt zu Hause belästigt?«, fragte Joshua ungläubig. »Hat sie gesagt, was passiert ist?«

Andrea schüttelte den Kopf. »Warum fragst du?«

»Weil das verdammt schnell geht. Das ist gefährlich. Es gibt verschiedene Stalker-Typen. Er scheint der beziehungssuchende Typ zu sein, der Rachels Bereitschaft, sich auf ihn einzulassen, falsch interpretiert. Anscheinend ist er erotoman veranlagt. Wenn du herausfindest, was er an ihr bewundert, kann sie ihr Verhalten gezielt ändern und sein Interesse einschläfern.«

»Das geht?«, fragte Andrea skeptisch.

»Kommt auf den Versuch an. Ich hoffe, er lässt sich abschütteln. Vor allem solltet ihr sie auch im Auge behalten, denn das kann schnell zu einer ernsten Belastung für das Stalking-Opfer werden.«

»Ich weiß«, sagte Andrea. »Wenigstens hat sie Hilfe gesucht, auch bei Detective Sergeant McKenzie.«

»Das ist gut. Polizei ist immer gut.« Er atmete tief durch. »Wenn du zurück bist, sprechen wir mit Gordon.«

»Du weißt, ich wollte das sowieso tun«, erinnerte Andrea ihn.

»Das wäre auch dringend nötig gewesen. Aber so sind wir Profis, nicht wahr? Alle sind krank, nur wir nicht.«

Darauf erwiderte Andrea nichts. Er hatte recht.

»Hab ein Auge auf sie«, sagte Joshua zu Gregory.

»Da kannst du Gift drauf nehmen«, erwiderte Greg. »Wenn ich doch nur etwas gemerkt hätte!«

»Wenn sie dir nichts sagt …« Joshua zwinkerte ihr zu, doch Andrea fühlte sich trotzdem wie ein gescholtenes Kind. Die Besorgtheit der beiden machte sie nervös.

Sie verabschiedeten sich, als sie die Station erreichten, an der Joshua aussteigen musste. Bevor Greg und Andrea zum Bahnhof fahren konnten, mussten sie noch kurz nach Hause, um ein paar Sachen einzupacken.

Als sie endlich im Zug saßen, ließ Andrea sich erschöpft in

den Sitz zurücksinken und schloss für einen Moment die Augen. Endlich Ruhe. Zumindest für die zweistündige Bahnfahrt. Sie hatte sich noch nie so sehr darauf gefreut.

Greg saß direkt neben ihr und machte keinen Hehl aus seiner Sorge. Er wackelte nervös mit dem Fuß und sah sie die ganze Zeit an.

»Was ist los?«, fragte sie.

»Rachel klang nicht gut«, murmelte er. »Ich weiß nicht, was ich von alldem halten soll. Mein Bruder liegt im Krankenhaus. Was muss passiert sein, dass er so ausgeflippt ist?«

»Jack ist impulsiv.«

»Ich weiß. Trotzdem geht er nicht einfach so auf jemanden los. Mir raucht der Kopf. Erst du, jetzt Jack. Was kommt noch?«

Es tat Andrea leid, dass er sich sorgte.

»Was ist vorhin wirklich passiert?«, fragte er. »Was ist los mit dir?«

Zwar würde es ihm nicht guttun, das zu hören, aber Andrea hatte keine Wahl. Sie wollte ihn nicht anlügen.

»Ich habe Alpträume«, begann sie. »Regelmäßig. Manchmal ist es, als wäre ich gar nicht ganz da. Dann sehe ich irgendwelche Dinge. Von damals, verstehst du? Ich hatte Panikattacken. Flashbacks. Ich habe sogar manchmal Angst vor dir – wenn du Dinge tust, die mich an ihn erinnern. Das macht mich verrückt.« Mit hängenden Schultern saß sie da und betrachtete eingehend ihre Schuhe.

Gregory war erschüttert. »Dass etwas nicht stimmt, habe ich manchmal vermutet. Aber dass es so schlimm ist … Warum hast du mir nichts gesagt?«

»Weil mir nicht klar war, was los ist. Ich habe das für normal gehalten. Aber nichts ist normal. Und genau deshalb habe ich auch die Pille vergessen. Ich weiß nicht mehr, was ich tue …« Das auszusprechen fiel Andrea nicht leicht.

Greg knetete seine Finger und starrte stur geradeaus. »Das hätte nie passieren dürfen, Andrea. Er hätte dich nie in die Finger bekommen dürfen, das habe ich versaut.«

»Du solltest froh sein, dass er dich nicht umgebracht hat«, widersprach sie. »Damit wäre mir auch nicht geholfen.«

»Ich bin aber nicht tot, ich sitze hier.«

»Das habe ich gar nicht verdient.« Sie machte sich klein.

»Doch, gerade du hast das verdient. Klar war es vielleicht unvernünftig, gleich zu heiraten. Klar ist es nicht immer einfach. Aber ich wollte dich heiraten, damit du weißt, dass ich für dich da bin! Unsere Beziehung war die meiste Zeit alles andere als normal. Dass er dich mir weggenommen hat, hat mir deutlich gezeigt, was du mir bedeutest, und deshalb habe ich dir zwei Wochen später den Antrag gemacht. Ich wollte nicht warten, ich wollte dir zeigen, dass ich immer mit dir zusammen sein möchte, ganz egal was mit dir los ist.« Er holte tief Luft. »Aber ganz davon abgesehen, dass ich dich liebe, bin ich dir das auch schuldig. Ich könnte mir selbst nicht mehr in die Augen sehen, wenn ich jetzt kneifen würde. Er hat mich ohne Mühe außer Gefecht gesetzt. Ich habe nie verstanden, warum du mir deshalb nicht böse bist. Du hast mir doch vertraut, oder? Du hast doch geglaubt, dass ich dich beschütze. Aber das habe ich nicht. Ich habe dich davor nicht bewahrt, und das Mindeste, was ich tun kann, ist doch, nun mit dir die Konsequenzen zu tragen.«

Jetzt war es an Andrea, ihn sprachlos anzusehen. Sie hatte zwar gewusst, dass er nicht damit zu Rande kam, sie nicht beschützt zu haben. Dass er sich allerdings die Schuld für alles gab, was sie durchgemacht hatte, hatte Greg so noch nie gesagt.

»Willst du wissen, warum ich dir nicht böse war?«, fragte Andrea. Er nickte.

»Mir war klar, dass du es nicht schaffen kannst. Dafür kannte ich Jonathan Harold gut genug. Ich habe nur Sekunden gebraucht, um zu erkennen, dass er die Oberhand behalten würde, aber ich wusste auch, dass du mich finden würdest.«

»Komm her«, sagte er und umarmte sie fest. Seine Wärme und Gegenwart waren so tröstlich, dass sie beinahe schon wieder zu weinen anfing. Gregory allerdings ließ sich nichts anmerken. Er hielt sie einfach nur im Arm. Fragend blickte Andrea auf.

»Wie kannst du so ruhig bleiben? Ich weiß, dass es dich nicht kaltlässt.«

»Nein, natürlich lässt es mich nicht kalt. Überhaupt nicht. Aber ich denke immer an das, was Gordon zu mir gesagt hat. Er meinte, dass du vielleicht manchmal Dinge tust, die ich nicht verstehe oder die mich auch verletzen, aber dass dahinter keine böse Absicht stecken würde. Von ihm weiß ich, was mit dir los ist. Er hat mir erklärt, wie du vermutlich tickst und wie sich das anfühlt. Ich weiß noch, wie er mich davor gewarnt hat, dass das vielleicht von Dauer ist.«

»Und wenn es wirklich so ist?«, fragte Andrea nervös. »Was wird dann aus unserem Kind?«

Er legte den Finger auf ihre Lippen, damit sie nichts mehr sagte.

»Wir kriegen das hin. Du wirst sehen. Ich bin doch auch noch da«, sagte er.

»Ich habe Angst …«

Alles würde wieder von vorn losgehen. Sie würde darüber reden müssen, und das wollte sie nicht. Das alles hatte in ihrem Leben nichts verloren. Die Seele verfügte über enorme Selbstheilungskräfte, wo waren denn ihre?

Am liebsten hätte sie geschrien. Ihrer Wut darüber Luft gemacht, dass ihr das passiert war und dass ihr Leben seitdem nicht mehr dasselbe war. Aber dann tat sie es doch nicht.

Eine posttraumatische Belastungsstörung. Das hätte sie merken müssen. Das hatte sie sogar, aber sie hatte es nicht wahrhaben wollen. Sie fand die verdammten Alpträume viel zu normal.

Und jetzt auch noch ein Kind. Wieder schossen ihr die Tränen in die Augen. Doch Gregory war da. Wortlos umarmte er sie; so fest, dass ihr die Luft wegblieb. Er strich über ihr Haar, drückte ihren Kopf an seine Brust. Er war einfach nur da und hielt sie fest. In diesem Moment spürte Andrea, dass sie das wie die Luft zum Atmen brauchte.

7. September, 17:30 Uhr

In Norwich fuhren sie vom Bahnhof gleich weiter zum Krankenhaus. Anders als in London war es hier angenehm warm und sonnig, was ihre Stimmung hob. Sofort fühlte Andrea sich befreiter und ruhiger. Hier zu sein fühlte sich gut an, besser als beim letzten Mal. Wie Heimat.

Das Krankenhaus lag gleich neben dem Campus der University of East Anglia. Am Empfang erfuhren sie, auf welcher Station Jack lag. Gregory wurde immer nervöser. Im Aufzug stand er seiner Frau schweigend gegenüber und starrte Löcher in die Luft.

Jacks Zimmer zu finden war einfach. Weil gerade die Tabletts vom Abendessen eingesammelt wurden, fiel Andrea auf, wie spät es bereits war. Sie gingen an dem Essenswagen vorüber und klopften an die Tür. Im Zimmer befanden sich Rachel, Anna und Christopher. Sie standen alle vor dem Bett und verdeckten die Sicht auf Jack.

»Greg! Andrea! Da seid ihr ja«, begrüßte Anna sie auf Deutsch und umarmte sie nacheinander. Andrea atmete tief, das fühlte sich gut an.

»Hallo, ihr beiden«, sagte Christopher.

»Du bist also auch hier«, erwiderte Andrea und lächelte ihm zu.

»Du hast ja keine Ahnung«, stöhnte er. »Ich bin ehrlich gesagt überrascht, dich hier zu sehen. War bei dir heute noch nicht genug los?«

»Hm?«

»Ich höre Radio! Es hieß, die Millionärstochter sei in eine Geiselnahme verwickelt, und mit ihr zwei Profiler.«

»Ach«, sagte Andrea genervt.

»Das warst nicht wirklich du«, sagte Rachel.

»Doch … war ich. Mit Joshua.« Andrea grinste schief, um ihre Verlegenheit zu überspielen.

»Warum sagst du denn nichts?«, wandte Rachel sich aufgebracht an Gregory. »Das hast du am Telefon mit keiner Silbe erwähnt!«

»Du hattest mir gerade gesagt, dass mein Bruder im Krankenhaus liegt, und ich wusste sowieso schon nicht, wo mir der Kopf stand! Entschuldige.«

»Ja, hallo«, meldete sich in diesem Moment Jack zu Wort. »Genauso ist es. Dein Bruder liegt im Krankenhaus.«

»Jack.« Gregory schlängelte sich vorbei zum Bett. Andrea folgte ihm und ignorierte die anderen für einen Moment.

Man sah ihm an, dass er sich leidenschaftlich und ausgiebig geprügelt hatte. Gregory setzte sich zu ihm und nahm ihn genau in Augenschein. Jack hatte ein blaues Auge, seine gebrochene Nase war unter einem Pflaster verborgen. Als er sprach, zeigte sich, dass ihm ein Zahn fehlte. An der Wange hatte er Schürfwunden, zudem klebte ein großes Pflaster an seinem Kinn. Sein Arm war eingegipst, mehr war nicht zu sehen. Er steckte in einem Krankenhaushemd.

»Alles in Ordnung bei dir?«, fragte Gregory.

»Passt schon. Schmerztabletten sind irre gut. Jetzt weiß ich, warum du das damals sagtest!«

Gregory grinste flüchtig. »Du hast dir den Arm gebrochen?«

»Nicht nur«, sagte Jack, und es sah so aus, als fände er das lustig. »Auch zwei Rippen.«

»Deine Laune möchte ich haben.«

»Das sage ich ihm schon die ganze Zeit«, warf Rachel ärgerlich ein. »Prellungen hat er auch.«

»Die kommen von den Brüchen«, sagte Jack. »Du stellst dich vielleicht an. Ich komme doch wieder auf die Beine!«

»Ich kann immer noch nicht glauben, dass du dich mit ihm geprügelt hast!«

»Was hätte ich denn tun sollen?«

»Was war denn überhaupt los?«, fragte Gregory.

»Das würde ich auch gern endlich erfahren«, sagte Christopher von hinten. Sie scharten sich um das Bett; Gregory und Rachel setzten sich auf die Bettkante. Es wurde ziemlich eng.

»Also nochmal von vorn«, begann Jack, aber Rachel unterbrach ihn.

»Ich kam von der Frühschicht nach Hause, als es an der Tür klingelte. Danny hat seine Stimme verstellt und behauptet, er wäre der Schornsteinfeger. Ich dachte mir nichts dabei und habe ihn hereingelassen. Das war ein Fehler. Ich habe weiter aufgeräumt und erst bemerkt, dass es Danny war, als er schon in der Wohnung stand und die Tür hinter sich geschlossen hatte. In der Hand hielt er Rosen. Ich war erschrocken, weil ich gar nicht wusste, dass er unsere Adresse kennt! Ich habe ihn sofort aufgefordert, zu gehen. Er war eigentlich ganz nett und gar nicht aufdringlich, zumindest anfangs. Er wollte nur nicht gehen. Ich sagte, dass ich Christopher anrufen würde, doch das hat ihn gar nicht interessiert. Er hat sich umgesehen, die Blumen auf den Tisch gelegt und ist überall herumgelaufen. Ich war wütend, habe das Telefon genommen und wollte Christopher anrufen, als er sich überlegt hat, doch einfach mal ins Schlafzimmer zu spazieren. Ich bin ihm gefolgt. Wahrscheinlich war das eine dumme Idee, aber ich wollte nicht, dass er da herumschnüffelt.«

»Du hättest anrufen sollen«, murmelte Christopher.

Rachel fuhr unbeirrt fort. »Er ist einfach reingegangen, hat sich umgesehen und die Schränke geöffnet. Ich dachte, ich sehe nicht richtig. Ich habe ihn angeschrien, wollte ihn rauszerren, aber das ging nicht. Dann zog er meine Unterwäsche aus dem Schrank und spekulierte laut darüber, wie ich darin wohl aussehen würde. Ich wurde wütend und wollte ihm die Sachen wegnehmen, aber da hat er mich gepackt, aufs Bett geworfen und mich festgehalten. Ich habe geschrien und ihn getreten, weil ich Angst hatte, er schnappt völlig über. Zum Glück – oder vielleicht auch nicht – kam in diesem Moment Jack.«

Der stierte in Christophers Richtung und brummte: »Was hättest du denn gemacht, wenn du siehst, dass da in deinem eigenen Schlafzimmer ein fremder Typ auf deiner Freundin hockt?«

Christopher zuckte mit den Schultern. »Wahrscheinlich nichts anderes.«

»Eben!« Jack schaute zu seinem Bruder, als erhoffe er sich Beistand von ihm. »Ich habe ihn gepackt und gegen die Wand geworfen. Da wurde er fuchsteufelswild. Er ging auf mich los, rammte mir den Schädel in den Bauch und hat mich gegen die andere Wand geschleudert, so dass ich fast den Vorhang heruntergerissen hätte. Danach ging es richtig zur Sache. Wir haben uns gegenseitig ziemlich eins gegeben, das muss ich sagen. Die Rippenbrüche habe ich mir an der Bettkante geholt, mit dem Arm bin ich unglücklich gestürzt. Irgendwann hat er mich dann mit dem Kopf gegen den Nachttisch geschlagen.«

Gregory und Andrea waren fassungslos.

»Die haben das halbe Schlafzimmer zerlegt«, sagte Rachel gepresst und kämpfte mit den Tränen. »Ich bin zum Telefon gerannt und habe die Polizei gerufen. Notruf. Ich wusste nicht, was ich machen soll! Die Schranktür hat jetzt eine Delle. Ihr habt keine Ahnung, wie es da aussieht! Der Teppich ist voller Blut …«

»Wie geht's diesem Danny?«, fragte Andrea.

»Noch viel beschissener«, verkündete Jack zufrieden.

»Das ist es nämlich«, sagte Christopher. »Jack hat sich nicht damit zufriedengegeben, sich kurz und klein schlagen zu lassen. Er hat trotz seiner Verletzungen noch ordentlich zurückgehauen. Gefunden haben meine Kollegen die beiden auf dem Küchenboden. Danny hatte ein Messer in der Schulter.«

»Bitte was?«, rief Andrea entsetzt. »Jack!«

»Was denn?«, erwiderte er achselzuckend. »Der hatte einfach nichts in unserer Wohnung zu suchen! Mir ging es mies, ich hatte mir den Arm gebrochen und fühlte mich selbst, als hätte mir jemand ein Messer in die Rippen gerammt. Ich wollte, dass der Scheißkerl einfach nur daliegt und gar nichts mehr tut!«

»Was hast du noch gemacht?«, fragte Gregory.

»Ihm ein paar Zähne ausgeschlagen, Rippen gebrochen … er sieht genauso aus wie ich. Im Grunde.«

»Dafür hat er einen Milzriss und du nicht«, sagte Rachel.

»Sein Pech«, sagte Jack. »Und dann kommen doch diese bescheuerten Bullen, und was tun die? Die legen mir Handschellen an!«

»Er hat auf Danny gehockt, und es war wohl klar, dass er ihn mit dem Messer verletzt hat«, erklärte Christopher.

»Ja, na und? Ich bin vielleicht auch verletzt! Jedenfalls glauben diese Hornochsen, ich wäre ein Schläger und ich hätte angefangen!«

»Du hast angefangen«, erinnerte Rachel ihn.

»Okay, gut, beim nächsten Mal stelle ich mich daneben und gucke mir an, wie ihr zwei ein bisschen Spaß habt!«, schnappte Jack.

»Schluss jetzt!«, rief Gregory genervt. Augenblicklich wurde es still – bis Jack vorwitzig sagte: »Ja, Bruderherz?«

»Halt deine vorlaute Klappe! Du weißt, ich bin der Letzte, der das nicht versteht, aber du musst doch nicht gleich eure Wohnung zerlegen!«

»Sagt der, der lieber gleich einen Kopfschuss hingelegt hat!«, ätzte Jack.

Gregory ballte sichtlich wütend die Hand zur Faust.

»Was ist überhaupt das Problem?«, fragte Andrea, weil es sich ihr nicht auf Anhieb erschloss. »Danny hat Rachel belästigt und ist zudringlich geworden. Ich kann mir ungefähr vorstellen, wie lustig Jack das fand.«

»Das Problem ist die Vehemenz, mit der er vorgegangen ist«, sagte Christopher. »Danny ist gerade noch im OP. Jack hat ihm das Messer vollständig durch die Schulter gerammt, so dass es auf der anderen Seite wieder herauskam, und der Milzriss ist auch nicht schön. Meine Kollegen sagten mir vorhin, Jack muss sich wie ein Irrer aufgeführt haben.«

»Und Danny ja überhaupt nicht!«, verteidigte Jack sich voller Sarkasmus.

»Ja, ich weiß. Der Punkt ist nur, dass es für sie so aussieht, als wärst du derjenige, der mehr Dreck am Stecken hat.«

»Deshalb habe ich dich doch angerufen!«, rief Rachel dazwischen. Durch gezieltes Nachfragen erfuhr Andrea, dass die Polizisten Jack wirklich nicht sehr nett behandelt hatten. Jack sah das Problem nicht, denn in seinen Augen hatte er nichts falsch gemacht.

Andrea verstand beide Positionen. Jack war in Handschellen in den Krankenwagen gebracht worden, und die Polizisten hatten ihm mit einer Anzeige wegen schwerer Körperverletzung gedroht. Er hatte daraufhin erklärt, dass er nur Rachel beschützt habe, aber das hatte Danny auf den Plan gerufen.

Danny hatte behauptet, er habe nur mit Rachel geplaudert und nichts gegen ihren Willen getan. Die Polizisten hatten sich auf das alles keinen Reim machen können, weil Rachel Danny immerhin in die Wohnung gelassen hatte – und das, obwohl sie wusste, dass sie einen Stalker hatte. Danny, den es schlimmer erwischt hatte, behauptete, Jack wäre der Übeltäter, und die Polizei glaubte ihm. Schließlich war Christopher dazugestoßen, weil die verzweifelte Rachel ihn angerufen hatte, und hatte den Fall übernommen. Die anderen Beamten hatten mit Jack nämlich nicht reden können, weil er sie nur angebrüllt hatte. Erst bei Christopher hatte er sich beruhigt.

Das Problem war nur, dass Jack tatsächlich gewütet hatte wie ein Verrückter. Außerdem glaubte Danny wirklich, Rachel wäre einverstanden gewesen. Das war das Problem bei Erotomanen – sie sahen Dinge, die gar nicht da waren.

Rachel beruhigte sich allmählich. Andrea beugte sich vor und sah die anderen eindringlich an.

»Natürlich reden wir dabei über ungelegte Eier, aber ich bin ziemlich sicher, dass Jacks rechtzeitiges Eintreffen gut war. Stalker im Liebeswahn interpretieren alles falsch. Es gibt hier gleich mehrere Probleme: Er hat herausgefunden, wo

Rachel wohnt; er hat geklingelt, sich mit einer Lüge Zutritt verschafft und ist aufdringlich geworden. Und das alles innerhalb so kurzer Zeit! Das hätte ernst werden können. Er hätte noch geglaubt, Rachel mag ihn, wenn sie ihn gekratzt und gebissen hätte. Ich bin mir ziemlich sicher, dass er nicht aufgehört hätte, wäre Jack nicht gekommen.«

»Das ist nicht dein Ernst«, schniefte Rachel.

»Doch. Von daher muss ich mich auf Jacks Seite schlagen. Er hat überreagiert, das stimmt. Das Messer hätte nicht sein müssen. Er hat aber die Situation richtig eingeschätzt. Wichtig ist jetzt, dass das auch aktenkundig wird. Von Danny dürft ihr keine andere Aussage erwarten. Wenn du ihm vorwerfen würdest, er hätte Rachel vergewaltigen wollen, würde er das besten Gewissens leugnen, weil er es nicht so sieht. Er würde dir bestimmt sagen, dass sie nur darauf gewartet und sich nicht getraut hätte, das zu sagen.«

»Na wunderbar«, sagte Christopher.

»Vielleicht solltest du und deine Kollegen darüber nachdenken, bevor ihr Jack ans Kreuz nagelt. Das hätte böse ausgehen können. Normalerweise sind Stalker penetrant und nervig, und das über Wochen und Monate. Aber das hier geht extrem schnell, und er ist auch sehr forsch. Wenn dich meine Meinung interessiert – ihr müsst auf den Kerl ein Auge haben. Der kann gefährlich werden.«

»Gut, du bist die Expertin«, sagte Christopher.

»Sag ich doch!«, warf Jack zufrieden ein, bevor er sich Andrea zuwandte. »Und du warst mitten in einer Geiselnahme? Das ist doch alles ein Scherz. Ich rette meine Freundin vor einem Irren, und du hast auch noch mit so einem zu tun! Das ist ein bisschen viel für einen Tag …«

8. September, 3:10 Uhr

Mit einem Auge blinzelte Andrea in Richtung Wecker. Zehn nach drei. Es war stockfinster, wenn man von der kleinen Leuchte absah, die in der Steckdose steckte. Neben ihr war das Bett leer. Andrea kniff die Augen zusammen und blinzelte noch einmal. Ihre Augen brannten immer noch. Schläfrig überlegte sie, ob sie sich dazu überwinden konnte nachzusehen, wo Greg steckte. Es war nicht seine Art, nachts aufzustehen und herumzugeistern.

Sie schlug die Decke zurück, streckte die Füße aus dem Bett und gähnte. Das ließ ihr keine Ruhe.

Langsam verließ sie das Gästezimmer. Im Flur war es auch dunkel, allerdings schien der Mond hell durchs Fenster herein. Es war totenstill. Die Tür von Annas Schlafzimmer war wie üblich nur angelehnt. Beim genauen Hinhören bemerkte Andrea ihre ruhigen Atemzüge.

Während sie der Treppe nach unten folgte, schweiften ihre Blicke über die Fotos, die Anna dort aufgehängt hatte. Es waren Familienfotos, die sie mit Clive, Gregory und Jack zeigten. Einen Augenblick lang sah Andrea genauer hin. Greg war das jüngere Ebenbild seines Vaters. Man sah es auf diesem Bild nicht so deutlich, weil Clive darauf schon ergraut war. Es war eines der letzten Bilder von den vieren zusammen. Das Hochzeitsbild von ihm und Anna daneben faszinierte Andrea immer wieder, denn es sah aus, als stünde Greg neben seiner Mutter. Er war Clive unfassbar ähnlich. Auch wenn es Anna nicht bewusst war und sie es vermutlich nie zugegeben hätte, liebte sie ihn dafür. Er fehlte ihr sehr, seit er in London lebte. Das tat Andrea leid.

Ganz leise betrat sie das Wohnzimmer. Ein Windhauch berührte ihr Gesicht. Die Terrassentür stand offen, draußen konnte sie schwach Gregorys Umrisse erahnen. Er lehnte an der Hauswand und starrte reglos in die Nacht. Er trug nur seinen Pyjama. Andrea fror bereits beim bloßen Hinsehen.

Als sie sich auf den Fußabtreter draußen vor der Tür stellte, reagierte Gregory erst gar nicht. Auf dem Tisch stand ein noch nicht ganz leeres Whiskyglas.

»Was würde ich jetzt für eine Zigarette geben«, sagte er leise.

Irritiert sah sie ihn an. »Das meinst du nicht ernst.«

»Ich habe früher mit Jack geraucht. Heimlich, ein paar Mal. Das muss fünfzehn Jahre her sein. Und jetzt stehe ich hier und träume von einer Zigarette.«

»Den Alkohol hast du dir ja schon geholt.«

Er blickte niedergeschlagen zu Boden. »Der hilft nur nicht.«

»Nein, natürlich hilft er nicht. Vielleicht kann ich dir helfen.«

Nun hob er den Kopf wieder. »Darum geht es doch gerade. Vorhin habe ich kein Auge zugetan.«

»Das habe ich gar nicht gemerkt.«

»Natürlich, du bist ja auch gleich eingeschlafen. Zum Glück. Aber ich – ich kann einfach nicht.«

»Was ist los?«, fragte sie besorgt.

»Das war heute einfach zu viel. Erst muss ich hören, dass du in eine Geiselnahme verwickelt warst. Später erfahre ich dann, was das mit dir gemacht hat, und dann erfahre ich, dass mein Bruder im Krankenhaus liegt, weil er diesen Irren davon abhalten wollte, über Rachel herzufallen. Es fühlt sich an, als hätte die Erde sich heute mehr als einmal gedreht.«

»Wegen mir musst du dir keine Sorgen machen, Greg.«

Skeptisch hob er eine Augenbraue. »Das hast du damals auch gesagt. Nichts für ungut, aber du nimmst das nicht ernst genug, fürchte ich. Du bist ein Profi, ich weiß. Bei anderen erkennst du die Dinge ganz großartig, aber nicht bei dir selbst. Das konntest du damals schon nicht. Aber der Kerl hat dich dazu gebracht, die Fassung zu verlieren. Ich kann nicht glauben, dass dir das jetzt nichts ausmacht.«

»Es macht mir etwas aus. Allerdings ist da eine Sache, die das Ganze für mich relativiert.«

Er sah sie an und seufzte. »Der Rapist.«

»Genau.« Sie lehnte sich an den Türrahmen. »Klingt verrückt, aber es ist so. Ich habe Jonathan Harold überlebt. Der Rest ist dagegen bloß noch ein Witz.«

»Du übernimmst dich.«

»Spar dir deine Sorgen für Jack. Ganz im Ernst«, sagte sie.

»Ja, aber der Rapist hätte dich verletzen können. Töten können. So sollte das nicht sein. Du bist nicht bei der Polizei! Das wird mir alles zu viel. Ich musste schon einmal befürchten, dich zu verlieren. Damals dachte ich, wir fischen dich in einem unaussprechlichen Zustand aus dem Sumpf.«

»Er hätte mich nicht umgebracht.«

»Ja, sagst du. Hast du auch mal über die Konsequenzen nachgedacht?«

»Natürlich«, sagte Andrea unwirsch. »Ich hatte genug Zeit dazu.«

Die Fassungslosigkeit stand ihm ins Gesicht geschrieben. »Nach dem, was du damals erlebt hast, ist es mir ein Rätsel, dass du Fallanalytikerin geworden bist. Mir ist das entschieden zu viel.«

Das saß wie ein Schlag in den Magen. Andrea schluckte hart. »Eigentlich dachte ich, du verstehst das.«

»Ich akzeptiere es. Aber heute hatte ich wieder diese Angst, dich zu verlieren. Das ertrage ich nicht. Und kaum dass du wieder da bist, höre ich von Jack. Dann sagst du noch, der Stalker sei gefährlich – ich hätte euch heute alle verlieren können. Irgendwie schläft es sich mit diesem Gedanken nicht sonderlich gut.«

»Greg«, sagte sie, trat neben ihn und legte ihre Hand auf seinen Arm. »Jack hat sich bloß geprügelt.«

»Er hat sich nicht bloß geprügelt! Er hat seine eigene Wohnung zerlegt und ist dabei ganz schön heftig verletzt worden. Ich weiß, wie das ist. Ich hatte schon das Vergnügen, mir den Kopf gegen einen Türrahmen schlagen zu lassen. Was rede ich eigentlich? Du hast deinen Bruder schon verloren! Davor hatte ich heute Angst. Ich hatte heute um die Menschen Angst, die mir am wichtigsten sind.«

»Ich verstehe, dass das heute viel war. Zu viel. Aber Jack kommt wieder auf die Beine, und wegen mir musst du dir wirklich keine Gedanken machen! Das sage ich auch nicht einfach nur so. Komm wieder ins Bett.«

Er sah sie auf eine Weise an, die ihr verriet, dass daran für ihn nicht zu denken war. Dann verlor sich sein Blick im Garten. »Es war schlimm, zu wissen, dass Jonathan Harold dich entführt hat. Ich könnte mich heute noch dafür erschießen, dass ich das nicht verhindert habe. Seitdem hat sich jedoch einiges verändert. Du bist meine Frau. Wir bekommen ein Kind. Weißt du – ich habe damals schon nicht gezögert, ihn zu erschießen, um dich zu beschützen. Das würde ich immer wieder tun.«

Sprachlos sah sie ihn an. Sie war schockiert, weil Greg es immer noch schaffte, vor ihr zu verbergen, was er dachte. Das hatte er seit jeher gekonnt. Andrea konnte jeden Menschen analysieren, aber bei sich selbst und bei Greg versagte sie grandios. Eigentlich war das auch gut so. Trotzdem schockierte es sie, dass sie nicht bemerkt hatte, wie er sich fühlte. Dabei konnte sie es verstehen. Seit dem Tod ihres Vaters waren er und Jack ein verschworenes Team. Clives Tod hatte die ganze Familie hart getroffen. Dennoch war Andrea geneigt, Greg an den Kopf zu werfen, dass sie sich mit Verlustgefühlen noch besser auskannte. Er hatte seinen Vater verloren? Schön, sie ihre ganze Familie.

Aber sie sprach es nicht laut aus.

»Komm her«, sagte sie und umarmte ihn liebevoll. Er erwiderte die Umarmung unerwartet kräftig und drückte ihr fast die Luft ab, aber sie sagte nichts. Sie kannte ihn als stark und unverwüstlich, doch manchmal war er das nicht. Er war ein sehr ernsthafter Mensch, nahm sich vieles zu Herzen.

»Komm mit rein«, sagte sie und nötigte ihn, ihr zu folgen. Sie schloss die Tür hinter ihnen und schaffte es sogar, ihn mit nach oben zu nehmen. Dort setzte er sich aufs Bett, während sie ins Bad ging und im Medikamentenschrank herumwühlte. Sie wusste, Anna hatte Baldriantropfen oder dergleichen. Schließlich hatte Andrea sie gefunden und reichte sie Greg.

»Nein«, brummte er unwirsch.

»Doch«, sagte sie und brachte ihn dazu, einige Tropfen davon zu schlucken. Schließlich hatte sie ihn so weit, dass er sich zu ihr ins Bett legte. Sie schlang von hinten die Arme um ihn und wartete, bis er endlich eingeschlafen war.

Er wachte nicht einmal auf, als Andrea morgens aufstand und zu Anna in die Küche ging. Ihre Schwiegermutter war gerade dabei, das Frühstück vorzubereiten, und begrüßte Andrea gut gelaunt.

»Was war eigentlich heute Nacht los?«, fragte sie.

»Du merkst aber auch alles.«

»Man merkt, wenn etwas mit dem eigenen Kind nicht stimmt.«

Andrea machte eine wegwerfende Handbewegung. »Vor mir versteckt er das.«

»Er will nicht, dass du dir Sorgen machst.«

»Die mache ich mir dann nur umso mehr.«

»Das verstehe ich«, sagte Anna. »Komm, wir frühstücken allein und lassen ihm etwas übrig. Wie spät war es eigentlich?«

»Er ist gegen vier eingeschlafen.«

Anna schaute auf die Uhr. »Nein, jetzt wecken wir ihn wirklich nicht. Ach, er tut mir leid.«

Während sie frühstückten, fiel Andrea auf, wie gelassen Anna war. Sie ließ sich nicht mehr aus der Ruhe bringen, nur weil einer ihrer Söhne wieder etwas angestellt hatte. Im Gegenteil, besonders seit sie Andrea am Vortag gehört hatte, war sie stolz, dass Jack auf Rachel aufgepasst hatte. Sie war wie immer unabhängig in ihrer Meinung.

Irgendwann kam Bewegung ins obere Stockwerk. Wasser lief. Es dauerte nicht lang, bis sie Schritte auf der Treppe hörten.

Mit noch etwas feuchten Haaren und sichtbar unausgeschlafen kam Gregory ins Wohnzimmer und schaute sich fragend um.

»Was ist denn hier los?« Er lächelte.

»Ja, mein lieber Sohn, es ist gleich halb zwölf – dachtest du, wir warten auf dich?«, fragte Anna spöttisch.

»Nein, das nicht ... keine Ahnung«, sagte Gregory, verzog sich an den Frühstückstisch und verschlang in Windeseile eine stattliche Menge an Köstlichkeiten. Alle schwiegen.

Als Gregory fertig war, lehnte er sich zufrieden zurück und blickte in die Runde. »Wir hätten da noch eine Neuigkeit, Mum.«

»Ach so?«, fragte Anna überrascht. »Na, da bin ich aber gespannt.«

»Darauf kommst du nie.« Gregory lächelte. »Wir erwarten Zuwachs. Andrea ist schwanger.«

Anna zog die Augenbrauen in die Höhe und warf ihrem Sohn einen strengen Blick zu. »Und das sagst du mir nach dem Frühstück, als wäre das nichts!«

Während Gregory einen Lachanfall bekam, ignorierte Anna ihn zur Strafe und wandte sich Andrea zu. »Das ist aber eine schöne Neuigkeit. Meinen herzlichen Glückwunsch!« Voller Stolz umarmte sie ihre Schwiegertochter.

»Hätten wir das vielleicht gestern erzählen sollen?«, fragte Gregory humorlos.

»Meinetwegen immer!« Anna zögerte. »Aber ein ungewöhnlicher Zeitpunkt ist das schon.«

»Es war auch ein Unfall«, warf Andrea ein.

»Oh.«

»Ach, das ist halb so wild«, wiegelte Gregory ab. »Es war nicht geplant, aber wir freuen uns trotzdem.«

Anna nahm das wörtlich. »Andrea, ich hoffe sehr, dass dir solche Wildfänge wie meine Jungs erspart bleiben. Du siehst ja, was man davon hat!«

Andrea lachte. »Ach komm. Dieser Sohn hier ist doch ganz prächtig!«

Gregory grinste und ließ sich geduldig von seiner Mutter ausfragen. Sie wollte alles wissen – wann es so weit war, ob Andrea schon beim Arzt gewesen war, wie sie sich die Zukunft vorstellten. Kurz darauf machten sie sich auf den Weg zum Krankenhaus. Rachel war schon da, als sie eintrafen. Andrea fragte sich, ob sie überhaupt zu Hause gewesen war, aber sie wirkte ausgeschlafen.

Auch dort übernahm Gregory die Aufgabe, den anderen vom Familienzuwachs zu erzählen. Rachel stieß einen Freudenschrei und umarmte Andrea so fest, dass der beinahe die Luft wegblieb, während Jack seinem Bruder auf die Schulter klopfte. »Hast du gut gemacht.«

»Ich bin so neidisch«, gestand Rachel.

Jack bekam beinahe einen Anfall. »Tu mir das jetzt bloß nicht an, ja?«

»Feigling«, spottete sie.

»Das ist mein Ernst! Es reicht mir schon, dass du unbedingt bei mir einziehen musstest, und heiraten willst du auch! Was noch? Jetzt sollen wir uns auch noch vermehren?«

»Feigling«, stimmte Greg zu. »Übrigens, wärst du gern Patenonkel?«

Jacks entsetzter Gesichtsausdruck brachte sie alle zum Lachen. Im ersten Moment war er zutiefst schockiert, aber dann fing er sich und richtete sich mental schon einmal auf die Onkelrolle ein.

Als sich die Aufregung gelegt hatte, erzählten Jack und Rachel, dass noch am Nachmittag Polizeibeamte kommen wollten, um sowohl ihre Aussagen als auch die von Danny aufzunehmen. Vor allem Jack war alles andere als erfreut.

»Der Kerl lügt die Bullen doch nur an«, brummte er.

»Aber es steht zwei gegen eins«, sagte Rachel. »Und wenn Andrea auch noch etwas dazu sagt ...«

»Kann ich machen«, sagte sie. »Vielleicht hilft es.«

»Denkst du denn, es bringt etwas, eine Verfügung gegen ihn zu erwirken?«

»Vielleicht hilft etwas ganz anderes. Ganz unabhängig davon. Allerdings klingt auch eine Verfügung nicht schlecht.«

»Was hast du vor?«

Nachdem Andrea es Rachel erklärt hatte, fuhren sie beide in die Wohnung, um die Blumen zu holen, die Danny für Rachel gekauft hatte.

»Ich habe schon ein bisschen aufgeräumt«, sagte Rachel, als sie die Blumen vom Tisch nahm. Andrea schaute sich um. Rachel zeigte ihr, an welcher Stelle in der Küche ein riesiger Blutfleck auf dem Boden zu sehen gewesen war. Als sie im Schlafzimmer auf den Schrank blickte, traute sie ihren Augen kaum. Die Schranktür hatte mehrere Risse und eine tiefe Delle.

Ansonsten war nicht mehr sehr viel von der Verwüstung zu sehen, die Jack und Danny angerichtet hatten, aber als Rachel ihr das Chaos beschrieb, konnte sie es sich lebhaft vorstellen. Auf eine unheimliche Art und Weise erinnerte sie das Ganze an Jonathan Harold. Es tat ihr so leid für Rachel, dass sie damit konfrontiert worden war und es auf diese Weise hatte enden müssen – wenn es überhaupt schon vorbei war.

Auf der Rückfahrt zum Krankenhaus war Rachel sehr

schweigsam. Andrea konnte es ihr nicht verdenken. Das Gefühl, sich in der eigenen Wohnung nicht mehr sicher zu fühlen, kannte sie nur zu gut. Als sie Rachel darauf ansprach, bestätigte diese ihren Verdacht.

»Jetzt in der Wohnung zu sein, ist schwierig. Vor allem allein. Ich sehe überall, was passiert ist. Wie die beiden gewütet haben. Das macht einem ganz schön Angst.«

Sie konnte froh sein, dass Jack rechtzeitig aufgetaucht war. Aber das sagte Andrea nicht.

Im Krankenhaus erkundigten sie sich, auf welchem Zimmer Danny lag. Rachel würde allein hineingehen und mit ihm reden, aber Andrea hatte versprochen, draußen zu warten und zuzuhören. Vielleicht half ihre Idee.

Rachel klopfte an die Tür von Dannys Zimmer und ging hinein. Sie lehnte die Tür nur an, so dass Andrea alles mitbekam.

»Rachel«, sagte Danny, und es klang überaus erfreut. Sie hörte es rascheln, als Rachel die Blumen hinlegte.

»Die waren doch für dich«, sagte Danny.

»Ich will sie nicht. Das habe ich dir gestern schon gesagt. Ich will sie nicht, weil ich schon einen Freund habe.«

»Dieser Verrückte hat mich verletzt!«

»Und weißt du auch, warum?«, fragte Rachel.

»Weil er eifersüchtig ist! Er will nicht, dass du mich liebst!«

»Nein, Danny, das ist es nicht. Dazu müsste ich dich erst einmal lieben! Was willst du eigentlich von mir?«

»Ich will mit dir zusammen sein.«

»Ich will das aber nicht. Das scheinst du auch zu wissen, sonst hättest du gestern nicht behauptet, du seist der Schornsteinfeger! Willst du mein Herz gewinnen, indem du mich anlügst? So kannst du mir gestohlen bleiben, Danny.«

»Ich wollte dich überraschen!«

»Nein, du hast mich angelogen!«, rief sie. »Du bist in meine Wohnung eingedrungen und hast herumgeschnüffelt. Das geht zu weit. Ich bin wütend. Wolltest du das?«

»Nein, ich möchte, dass du glücklich bist.«

Perfekt. Andrea hatte gehofft, dass er so etwas sagen würde. Jetzt musste Rachel ihn nicht erst in diese Richtung drängen.

»Gut, Danny. Seit gestern bin ich nicht glücklich. Du hast meinem Freund zwei Rippen gebrochen! Soll mich das vielleicht glücklich machen?«

»Er hat doch angefangen!«

»Ja, weil du mir wehtun wolltest. Denkst du, das macht mich glücklich? Denkst du, irgendwas davon macht mich glücklich?«

»Du gibst mir keine Chance!«, protestierte er.

»Nein, du hast auch keine verdient. Danny, ganz im Ernst: Wenn du mich glücklich machen willst, dann lass mich in Ruhe. Ich will nichts von dir hören und sehen. Seit gestern hast du dir jede noch so kleine Chance restlos verbaut! Wenn du wirklich willst, dass ich glücklich bin, dann versprich mir, dass du mich ab sofort in Ruhe lässt.«

»Aber du liebst mich doch!«

»Nein, Danny, das tue ich nicht. Würde ich dich lieben, würde ich seit gestern an deinem Bett sitzen und nicht an dem meines Freundes. Ich bin enttäuscht von dir, weil du Dinge getan hast, die ich nicht wollte, und weil du meinen Freund verletzt hast. Ich will dich nie wieder sehen!«

»Nicht doch … Ich habe mich nur verteidigt! Er hat zum Messer gegriffen!«

»Und das tut mir auch nicht leid«, schoss sie zurück. »Adieu, Danny.«

Andrea trat ein paar Schritte zurück; sie wunderte sich nicht, Rachel tatsächlich so wütend zu sehen, wie sie sich angehört hatte. Zornig starrte sie Andrea an und knallte die Tür hinter sich zu.

»Denkst du, das hat er gefressen?«, fragte sie.

»Ich hoffe es. Wenn nicht, kannst du immer noch eine Verfügung gegen ihn erwirken.«

»Ja. Ganz toll. Ich bin so was von sauer!«

»Ich weiß«, sagte Andrea und seufzte. »Ich hatte auch schon das Vergnügen, mich zu fürchten, wenn ich aus dem Fenster schaute. Damals hätte ich gern eine Verfügung erwirkt!«

Rachel erwiderte ihren Blick ernst. »Das ist überhaupt kein Vergleich. Bei dir war das viel schlimmer.«

»Das würde ich nicht so sehen. Du leidest auch darunter, dass dir jemand nachstellt. Wer und warum, ist erst mal unerheblich.«

Es tat Rachel gut, ernst genommen zu werden. Bevor sie zu den anderen zurückkehrten, machten sie einen Umweg über den Vorplatz des Krankenhauses, um ein wenig frische Luft zu schnappen. Rachel war immer noch sehr aufgewühlt. »Ich hatte wirklich Angst.«

Andrea schaute Rachel an. »Vor Danny?«

»Ja. Als er mich aufs Bett geworfen hat. Mir war klar, was er wollte. Ihm vielleicht nicht, aber mir. Ich habe Jack gar nicht erzählt, wie er mich angefasst hat. Wahrscheinlich würde er ihn dann erst recht abstechen wollen.« Mit hochgezogenen Schultern starrte sie ins Leere. »Ich war so froh, dass Jack auf einmal da war. Er hat mich gerettet.«

Andrea antwortete mit einem Nicken. Das Gefühl kannte sie gut.

»Genau wie Greg«, sagte Rachel unvermittelt.

»Hm?«

»Er hat dich damals auch gerettet.«

»Ja«, sagte Andrea und lächelte. »Ich weiß genau, wie es dir geht, Rachel. Damals war ich so froh, als ich Greg gesehen und seine Stimme gehört habe. Er ist wirklich in letzter Sekunde aufgetaucht …«

Rachel legte ihre Hand auf Andreas Arm. »Du bist der tapferste Mensch, den ich kenne. Ich weiß jetzt, wie es dir gegangen sein muss. Ich ahne es zumindest.«

»Lass uns damit aufhören«, bat Andrea.

»Klar.« Sie lächelte, und Andrea spürte, dass es echte Sympathie war. Plötzlich hob Rachel ihre Hand und winkte jemandem. Andrea drehte sich um und begann zu lächeln, als sie Christopher erkannte.

»Du schon wieder«, begrüßte sie ihn mit einem Augenzwinkern, als er in Hörweite war.

»Ja, ich schon wieder. Es gibt noch ein paar Dinge zu klären.«

»Zur Sicherheit könntest du mir verraten, wie ich eine Verfügung gegen Danny erwirken kann«, sagte Rachel.

»Kein Problem. Hast du etwas dagegen, wenn ich Andrea kurz entführe?«

Rachel verneinte und kündigte an, zu Jack und den anderen zu gehen. Neugierig blieb Andrea mit Christopher draußen und wartete ab, was er zu sagen hatte.

»Wie geht es dir?«, fragte er.

Sie war irritiert. »Wie soll es mir denn gehen?«

»Man macht sich eben so seine Gedanken. Bei dem, was gestern alles passiert ist.«

»Du hast ja keine Ahnung, was die ganze Woche los war!«, sagte sie lachend. »Die Ereignisse gestern waren allerdings die Krönung des Ganzen, das stimmt schon.«

»Die Geiselnahme war bestimmt genau das Richtige für dich«, sagte Christopher sarkastisch.

»Oh ja … Ehrlich gesagt bin ich froh, dass wir wegen Jack hergekommen sind, denn so kann ich mich nicht die ganze Zeit damit beschäftigen, was passiert ist. Diese Ablenkung ist mir sehr willkommen.«

»Verständlich. Für deinen Einstand in London ist das ziemlich heftig.«

»Allerdings. Ich habe ganz tief hinter die Fassade einer mehr als gut situierten Familie geblickt. Es ist verrückt – Trisha hat sich in ihren eigenen Entführer verguckt und dann auch noch ihren Freund betrogen. Sie ist ein nettes Mädchen, keine Frage. Aber man merkt ihr ihre Herkunft deutlich an. Ich hoffe, sie bleibt bei ihrem Freund und es färbt von ihm etwas auf sie ab.«

»So ist das in London«, sagte Christopher seufzend. »Ihr fehlt mir. Ich kann mir gar nicht mehr vorstellen, wie es war, dich nicht zu kennen. Wir haben so viel erlebt!«

»Oh ja«, sagte Andrea nachdenklich und lächelte. »Ich war immer froh, dass es dich gibt, Christopher.«

Er legte seine Hand auf die Stelle an seinem Bauch, wo Jonathan Harold ihn getroffen hatte. »Immer, wenn ich vor dem Spiegel stehe, muss ich an dich denken. Wenn ich die Narben sehe. So einen Fall werde ich nie wieder haben. Diese Nacht werde ich auch nie vergessen – wie John neben mir starb und ich vor lauter Blut im Mund nicht mal schreien konnte. Ich habe Harold noch nachgeschaut, während ich dalag und dachte, ich müsse an meinem eigenen Blut ersticken. Wäre ich auch fast. Das war aber nicht mein einziges Problem. Ich war so verzweifelt, weil du mir doch alles über ihn erzählt hattest. Wir waren schöne Helden – allesamt. John, Greg und ich. Hätte nicht gedacht, dass du dich davon so wenig beeindrucken lässt und trotzdem Fallanalytikerin wirst. Ich glaube, du machst deine Sache gut.«

»Gewissermaßen müsste ich ihm dankbar sein«, sagte Andrea. »Ich habe damals unfassbar viel gelernt, auch über mich selbst. Vergessen werde ich diese Nacht nie. Jede noch so kleine Einzelheit hat sich in meine Erinnerung eingebrannt. Ich weiß bis heute noch, wie er ausgesehen, wie er gesprochen hat.«

»Das hätten wir dir ersparen müssen.«

»Ach, Christopher. Es hätte Greg und dir wie John ergehen können.«

»Und dir wie Caroline.«

Sie sah ihn unverwandt an. »Vielleicht noch schlimmer als das. Habe ich dir je erzählt, wie er über das Täterprofil sprach?«

Christopher schüttelte den Kopf. »Was hat er gesagt?«

»Er lobte das Profil, fragte mich, ob ich ihn verstehen könnte. Er wusste nicht, dass das Profil von mir stammte, aber ich habe genickt, als er wissen wollte, ob ich ihn verstehe. Irgendwie ist das beängstigend. Was sagt es über mich, dass ich in diese Abgründe schauen kann?«

»Dass du ein sehr mutiger Mensch bist.«

10. September, 7:50 Uhr

In der Ferne ertönten Sirenen. Obwohl es noch früh am Morgen war, tobte in London bereits das Leben. Vom Hof her drang das Gelächter der Studenten an seine Ohren, die Sonne schien ihm ins Gesicht. Gordon wollte gerade weiter an seinem Bericht tippen, als es an der Tür klopfte. Es war Joshua.

»Komm rein«, sagte er zu seinem Kollegen und bot ihm mit einer Geste einen Platz an.

»Hast du schon mit Andrea gesprochen?«, fragte Joshua, nachdem er die Tür hinter sich geschlossen hatte. Erst dann setzte er sich.

»Ja, sie war vorhin hier«, erwiderte Gordon.

»Und? Was denkst du?«

»Dasselbe wie du. Sie hat eine posttraumatische Belastungsstörung, wie man erwarten würde und wie du auch schon vermutet hast.«

Joshua seufzte tief. »Aber das ist doch nichts, was nicht hinzukriegen wäre, oder?«

Gordon antwortete nicht direkt darauf. »Als ich damals nach ihrer Entführung mit ihr gesprochen habe, war sie ziemlich schnell wieder stabil. Schneller als erwartet, so dass ich keinerlei Bedenken bezüglich ihrer Ausbildung hatte.«

»Zu Recht«, sagte Joshua schnell. »Sie war ja wirklich gut.«

»Das glaube ich dir. Sie hat auch jetzt gute Arbeit geleistet … aber ob sie das auf Dauer schafft? Ich habe, ehrlich gesagt, meine Zweifel.«

Die Blicke der beiden trafen sich. Joshua wusste zunächst nicht, was er erwidern sollte. Er hatte eigentlich mit einer anderen Aussage gerechnet.

»Bist du sicher?«, fragte er.

»Nein, natürlich nicht. Das sind alles nur Prognosen, wie du weißt. Aber sie hätte das in der Schule selbst schaffen müssen. Wenn du nicht zufällig da gewesen wärst …«

»Ich war aber da«, sagte Joshua schnell. »Und das alles ist nicht ihre Schuld. Ich kann verstehen, dass diese Geiselnahme sie auf dem falschen Fuß erwischt hat!«

»Ich auch«, sagte Gordon. »Natürlich kann ich das. Trotzdem solltest du dir überlegen, ob das wirklich sinnvoll ist. Bald fällt sie auch noch ganz aus.«

Gordon hatte einen Unterton in der Stimme, der Joshua ärgerte. Er verschränkte die Arme vor der Brust und suchte nach Worten. »Das gehört alles zusammen, ich weiß. Aber wir dürfen nicht vergessen, das Stockholm-Syndrom hat sie erkannt. Sie hatte einen Draht zu dem Mädchen. Sie hat das alles sehr gut gemacht! Ich bin nicht enttäuscht von ihr.«

»Ich auch nicht, aber ich sage dir, das wird Probleme geben. Natürlich werde ich mein Möglichstes tun, und ich denke auch, dass sie wieder auf die Beine kommt. Aber du kannst ihre Vergangenheit nicht wegdiskutieren. Die wird sie immer begleiten. Und wenn sie bald auch noch ein Kind hat …«

»Mike und Tina haben auch Kinder«, wandte Joshua ein.

»Ja, ich weiß. Aber du solltest den Tatsachen ins Auge blicken. Natürlich ist sie gut. Keine Frage. Aber sie trägt auch einiges mit sich herum.«

»Ich weiß, und ich sehe da nur zwei Möglichkeiten: dass

sie scheitert – oder dass sie irgendwann ganz überragend in ihrem Job sein wird.«

Gordon antwortete nicht gleich, weil er nicht wusste, was er erwidern sollte. Manchmal nervte Joshuas Sturheit ihn ganz schön.

»Du bist also davon überzeugt?«, fragte er schließlich.

Joshua nickte. »Sie kann das. Sieh zu, dass du sie wieder auf die Beine bringst. Ich brauche sie in meinem Team.«

»Ich kann dir das nicht versprechen, Josh.« Gordon seufzte. »Jetzt sieh mich nicht so an, ich tue mein Möglichstes. Das weißt du. Aber du solltest auch den Tatsachen ins Auge sehen. Ich weiß nicht, warum du so vernarrt in sie bist, aber …«

»Das kann ich dir genau sagen«, unterbrach Joshua ihn. »Sie hat uns etwas voraus, das wahrscheinlich niemand von uns jemals aufholen wird. Sie war noch Studentin, als sie das Profil eines der schlimmsten Serienmörder dieses Landes erstellt hat – und sie hat dieses Profil benutzt, um diesen Kerl zu überleben. Das hat sie geschafft. Sie war diesem Kerl achtzehn Stunden lang ausgeliefert! Sie hat mit ihm interagiert, sie hat ihn beobachtet, sie hat gesehen, wie er ihre Freundin erwürgt hat. Sie hat am eigenen Leib erfahren, was es heißt, das Opfer eines Serienmörders zu sein. Sie verfügt über eine Erfahrung und einen Instinkt, die wir nie haben werden. Das ist ein Geschenk, Gordon! Überleg doch nur, was aus ihr noch werden kann.«

Doch Gordon zeigte sich wenig beeindruckt von dieser Predigt. »Du bist ja besessen. Hör dir doch mal zu!«

»Ich bin nicht besessen.«

»Doch, bist du.«

Wütend verschränkte Joshua erneut die Arme vor der Brust. »Wir sind doch alle nicht hier, weil wir einen langweiligen Bürojob machen wollen! Jetzt hab ein wenig Vertrauen in Andrea. Sie kann das. Aber dafür braucht sie unsere Hilfe.«

Gordon nickte nur. Joshua war der Teamleiter, also traf er die Entscheidungen. Die beiden einigten sich schweigend mit einem Blick, dann stand Joshua auf und verließ das Büro seines Kollegen.

Ja, Gordon hatte recht. Vernünftig war das alles nicht. Aber Vernunft half auch nicht immer. Sein Instinkt sagte ihm deutlich, dass er Andrea vertrauen musste.

***

Andrea war in der Teeküche gerade dabei, sich Kaffee in ihre Tasse einzugießen, als plötzlich Joshua in der Tür stand.

»Hey«, sagte sie gut gelaunt zu ihm. »Ich war schon bei Gordon.«

»Hab ich gehört«, erwiderte Joshua.

»Ich bin euch sehr dankbar, dass ihr mich so unterstützt.«

»Ja … klar«, murmelte er. Eine bessere Antwort fiel ihm offenbar nicht ein. »Was hast du am Freitag eigentlich mit Trisha besprochen?«

»Sie wollte wissen, wem ich von ihrem Ausrutscher mit Dave erzählt habe. Und ich habe ihr angeboten, mit ihr und Andrew zu sprechen.«

»Ach so. Ich hatte schon Sorge, sie hätte die Geiselnahme nicht so gut weggesteckt.«

»So wie ich, meinst du?«, fragte Andrea grinsend.

»Gordon kriegt dich schon wieder hin«, murmelte Joshua.

»Ja, sicher … aber das belastet nicht nur mich.«

»Dein Mann?«

»Er hat am Freitag kein Auge zugetan.«

»Das glaube ich gern«, sagte Joshua.

»Was mute ich ihm da zu?«

Joshua winkte ab. »Mach dir keine Sorgen. Er kommt damit klar. Wenn ich daran denke, was man von ihm auf der Videoaufnahme gesehen hat …«

Andrea hatte nicht vergessen, wie er Jonathan Harold gegenübergetreten war. Wie Gregory ihn erschossen hatte. Diese Entschlossenheit und Furchtlosigkeit. Er hatte mehr als nur ihr Leben gerettet.

»Ich bin gespannt, ob Dave Stuart wieder aufwacht«, sagte Andrea.

»Oh ja. Ich auch. Würde mich doch brennend interessieren, wie er die ganze Sache erklärt!«

»Was gibt es da zu erklären? Sieh dir Trisha doch mal an. Er hat die günstige Gelegenheit genutzt.«

»Ja, das wird wohl so gewesen sein. Nicht gerade die feine englische Art.«

»Nein, absolut nicht. Aber dazu gehören ja auch immer zwei … und Trisha ist kein Kind mehr.«

»Allerdings nicht«, erwiderte Andrea und schob sich mit ihrem Kaffee an Joshua vorbei. Es gab noch so viel zu tun. Und am Nachmittag hatte sie schon den Termin beim Frauenarzt …

Sie war nervös. Vor der Therapie graute ihr auch. Gordon hatte ihr bereits erklärt, was er mit ihr vorhatte. Die Eye-Movement-Desensitization-and-Reprocessing-Therapie, kurz EMDR, basierte auf den positiven Effekten des Ineinandergreifens physiologischer und psychischer Prozesse. Gordon hatte erläutert, dass man durch Augenbewegungen eine neue Verankerung der Erinnerungen im Gehirn erreichen konnte, so dass traumatische Erlebnisse überschrieben wurden. Die beiden Hirnhälften arbeiteten auf diese Weise besser zusammen. Er versprach, dass die Methode einen schnellen und anhaltenden Erfolg bringen würde.

Doch dafür musste Andrea sich dem allerschlimmsten Moment stellen, den sie während ihrer Entführung erlebt hatte. Der Kellerraum, das kalte Licht der Neonröhre, die abgesperrte Tür. Alles würde zurückkehren.

Noch immer brach ihr der kalte Schweiß aus, wenn sie nur daran dachte. Sie hatte nicht vergessen, dass sie sich frierend zusammengerollt hatte – frierend und voller Furcht angesichts der Blutlache unten auf der Matratze. Jonathan Harold hatte sich ungerührt danebengesetzt, mit ihr gesprochen.

Und dann war es passiert. Erst hatte er sie an allen vieren festgebunden und dann …

Andrea versuchte, den Gedanken abzuschütteln. Das war es doch, weshalb sie hier war und in diesem Büro saß. Sie wollte solchen Tätern das Handwerk legen.

Auch wenn es ihr schwerfiel, schaffte sie es, sich auf ihren Bericht zu konzentrieren. Er musste fertig werden, ganz egal, wie. Sie durfte Joshua da nicht enttäuschen. Er war ohnehin in einem Maße verständnisvoll, das sie überhaupt nicht verdient hatte. Zumindest empfand sie es so.

Motiviert brachte sie ihren Bericht zu Ende, bevor sie sich am Nachmittag verabschiedete.

***

Aufgeregt machte sie sich auf den Weg zur U-Bahn-Station und traf sich dann unterwegs mit Gregory. Sie wollten gemeinsam zum Arzt fahren, um sich die Schwangerschaft bestätigen zu lassen. Andrea musste es jetzt einfach wissen. Nach einem kurzen Vorgespräch legte sie sich auf die Liege neben dem Ultraschallgerät; sie spürte, wie ihr das Herz bis zum Halse schlug. Gregory, der direkt neben ihr saß, wirkte nicht weniger nervös.

Dr. Roberts verteilte das kühle Ultraschallgel großzügig auf ihrem Bauch und begann mit der Untersuchung. Augenblicke später hatte er gefunden, wonach er suchte, und nickte.

»Meine herzlichsten Glückwünsche«, sagte er. »Der Schwangerschaftstest war korrekt. Im nächsten Frühjahr gibt es Zuwachs!«

Andreas Herz machte einen Satz. Gregory saß mit glänzenden Augen da und lächelte glücklich.

»Wann ist es so weit?«, fragte Andrea.

Der Frauenarzt hatte den Geburtstermin im Nu errechnet. »Ende Mai. Eine schöne Zeit.«

»Wann sieht man, ob es ein Junge oder ein Mädchen ist?«, fragte Gregory.

»Oh, da müssen Sie in zwei, drei Monaten wiederkommen. Vor der achtzehnten Woche ist da meist nicht viel zu machen. Da kriegt man keine zuverlässigen Ergebnisse auf dem Ultraschall.«

»Das glaube ich gern«, sagte Greg und blickte noch einmal ratlos auf den Bildschirm. Darauf war immer noch das letzte Standbild zu sehen. Der Arzt hatte einen kleinen, aber eindeutigen Knubbel gefunden, der laut seiner Aussage ihr Kind war. Damit war es amtlich.

»Ich will aber jetzt wissen, ob es ein Junge oder ein Mädchen wird«, bekundete Greg auf dem Heimweg.

»Warum denn?«, fragte Andrea.

»Damit wir schon mal einen Namen aussuchen können!«

Lachend knuffte sie ihn in die Seite. »Nicht so ungeduldig. Bis Ende Mai ist noch viel Zeit.«

Zwanzig Minuten später lief sie die Treppe zu ihrer Wohnung hinauf. Kaum oben angekommen, rief sie Jack im Krankenhaus an, um sich zu erkundigen, wie es ihm ging. Er klang bestens gelaunt und sehr fröhlich, was daran lag, dass die Polizei ihr Hauptaugenmerk nun nicht mehr auf ihn, sondern auf Danny richtete.

»Ich bin froh, dass sie mir endlich glauben, weißt du? Vorher hieß es immer: Ich hatte das Messer, ich bin der Böse«, beschwerte Jack sich.

»Kann man ihnen nicht verdenken.«

»Sicher, aber du weißt doch auch, was hätte passieren können! Stell dir mal vor, es wäre nicht Freitag gewesen und ich hätte nicht früher Schluss gehabt. Der hätte sonst was mit ihr anstellen können.« Er traute sich gar nicht, es auszusprechen. Andrea hingegen wagte nicht einmal, daran zu denken.

»Gut, dass alles in Ordnung kommt«, sagte sie.

»Absolut. Rachel will ihn wegen Hausfriedensbruchs anzeigen. Christopher meinte, das würde helfen.«

»Gut möglich. Ach, ich bin froh, dass alles gut ausgegangen ist.«

»Richtig. Ich habe lieber ein paar Knochenbrüche, als dass Rachel etwas passiert wäre.« Er zögerte. »Ich hab sie verdammt gern.«

Andrea lächelte. »Ich weiß, Jack. Und sie weiß das auch.«

Er erzählte ihr, dass er schon am nächsten Tag entlassen werden sollte. Gregory würde sich freuen, das zu hören. Wer sich weniger freute, war Rachel, die auch noch kurz mit Andrea sprach.

»Er geht mir auf die Nerven«, beschwerte sie sich. »Den ganzen Tag liegt er im Bett und bittet mich, ihm Dinge zu holen. Rachel, mehr Schokolade, was zu trinken …« Sie wandte sich zu ihm, das konnte Andrea hören. »Du hast keine gebrochenen Beine!«

»Ich hab das nur für dich getan«, wehrte er sich im Hintergrund.

»Na spitze. Hoffentlich wirst du nicht zu lang krankgeschrieben!«

Andrea grinste. Die beiden liebten es, sich zu necken und zu ärgern, was hauptsächlich an Jack lag. Man musste dafür geboren sein, sein albernes Wesen auszuhalten. Rachel meisterte das großartig.

Nach dem Telefonat ging Andrea zu Greg in die Küche.

»Du kannst dir nicht vorstellen, was heute bei mir los war«, sagte er. »Es hat sich herumgesprochen, was am Freitag passiert ist. Ich habe heute nichts geschafft, weil ständig ein neuer Kollege auftauchte und versuchte, nicht neugierig zu sein. Das sind alles ganz schlechte Schauspieler.«

»Die Leute von der Zeitung auch«, sagte Andrea.

»Haben die dich schon wieder belästigt?«

»So ist es. Ich bin das so was von leid.«

»Du musst das verstehen. Das einzige überlebende Campus-Rapist-Opfer ist heute Profilerin und wird auch noch prompt in eine Geiselnahme verwickelt … das gibt eine Top-Schlagzeile ab!«

Andrea knuffte ihn in die Seite. »Erschreckend, wie du dich in diese Typen hineinversetzen kannst.«

»Nun, ich bin mit den britischen Tabloids aufgewachsen. Ich kenne es nicht anders.«

Da hatte er auch wieder recht. Während Gregory zu kochen begann, räumte Andrea ein bisschen auf. Bevor sie ihr Handy weglegte, warf sie einen Blick aufs Display und war überrascht, eine Nachricht von Joshua zu finden. *Kann ich dich anrufen?*

Kurzerhand suchte sie seine Nummer heraus und lauschte auf das Freizeichen.

»Andrea«, sagte Joshua. »Gut, dass du anrufst.«

»Was ist los?«

»Ich wollte dir vorhin bereits Bescheid sagen, wusste aber nicht, ob du beim Arzt schon fertig bist.«

»Doch, ich bin jetzt wieder zu Hause. Kein Problem. Er hat das Testergebnis übrigens bestätigt.«

»Meinen Glückwunsch«, sagte Joshua.

»Danke. Ehrlich gesagt muss ich mich an den Gedanken erst noch gewöhnen.«

»Das gehört wohl dazu.«

»Also, was gibt es?«, wechselte Andrea das Thema.

»Barley hat angerufen. Dave Stuart ist tot.«

»Oh«, entfuhr es Andrea. »Damit hatte ich nicht gerechnet.«

»Ich auch nicht«, sagte Joshua. »Tja, so wie es aussieht, kann Trisha jetzt all ihre kleinen Geheimnisse für sich behalten.«

Andrea zog nur eine Augenbraue hoch.

»Ich höre gar keinen Widerspruch«, meinte er in das Schweigen hinein.

»Nein, ich … ich weiß nur nicht, was ich sagen soll. Außer, dass du recht hast.«

»Sie wird ihre Lektion wohl gelernt haben.«

Das hoffte Andrea auch.

»Danke übrigens für deinen Bericht. Ich schaue ihn mir morgen an. Dann ist dieser verrückte Fall schnell abgeschlossen.«

»Zum Glück«, murmelte Andrea.

»Jedenfalls finde ich, wir sind ein gutes Team. Ich bin froh, dass du dazugehörst. Bis morgen.«

Noch ehe Andrea etwas erwidern konnte, hatte er aufgelegt.

Epilog

Es ist ein wunderschön sonniger Tag. Die wärmenden Strahlen fluten durch das hohe Fenster herein und lassen die Baumkronen draußen in einem satten Grün leuchten. Aber du hast keinen Blick dafür. Den hast du verloren.

Du hast vergessen, wann das passiert ist. Du erinnerst dich nicht. Muss eine Ewigkeit her sein. Aber es ist damals nicht besser geworden. Du glaubtest, ein Ventil gefunden zu haben …

Und dann starb er.

Wurde erschossen.

Du hast niemandem erzählt, dass du ihn kanntest. Natürlich nicht. Sie haben es auch nicht herausgefunden. Haben zum Glück nicht intensiv genug nachgeforscht.

Du denkst immer noch an ihn. Sein Grab liegt nur ein paar Meilen entfernt; das weißt du, obwohl du es noch nie besucht hast. Du wolltest nicht, dass dich jemand dabei sieht.

Nachdenklich gehst du in den Aufenthaltsraum. Vorhin hast du auf dem Tisch die Zeitung gesehen. Das Kreuzworträtsel könnte dich auf andere Gedanken bringen.

Sie liegt noch da. Du machst dich auf die Suche nach einem Kugelschreiber und greifst nach der Zeitung, als du endlich einen gefunden hast.

Doch du lässt ihn fallen, als du ihr Foto siehst.

SAS beendet Geiselnahme im Michaels-Fall

Gestern ereignete sich eine dramatische Situation im Entführungsfall Trisha Michaels, Tochter des reichen Londoner

Bankers Richard Michaels. Erst am Vortag war bekannt gegeben worden, dass die siebzehnjährige Schülerin von ihrem Entführer freigelassen worden war. Nach Angaben der Polizei war sie gesund und unverletzt zurückgekehrt. Gestern Vormittag dann kam es in einer Privatschule in der Londoner Innenstadt zu einem Geiseldrama. Wie die Polizei bestätigte, wurden Lehrer und Schüler von dem Entführer Dave Stuart als Geiseln genommen, darunter auch Trisha Michaels selbst und die ermittelnde Profilerin und Psychologin Andrea Thornton. Ein Scharfschütze des SAS konnte den Entführer außer Gefecht setzen; er schwebt zur Stunde noch in Lebensgefahr. Zum Zustand der Geiseln ließ die Polizei verlauten, es gehe ihnen gut. Dabei ist es für Andrea Thornton nicht die erste lebensgefährliche Situation, die sie meistern musste: Vor zwei Jahren überlebte sie als einziges Entführungsopfer die Gefangenschaft beim Campus Rapist von Norwich, Jonathan Harold.

Du möchtest die Zeitung nehmen und zerreißen. Es ist unerträglich für dich, ihren Namen schon wieder darin zu lesen. Voller Hass blickst du auf das Foto, das Andrea mit einem Lächeln zeigt. Wie kann sie lächeln? Wie kann sie nach alldem noch lächeln?

Du weißt, sie hätte jetzt eigentlich woanders sein müssen. Aber dazu kam es nicht.

Seinetwegen.

Er ist ein gottverdammter Mörder. Er hat ihn erschossen, und du hast es gesehen.

Dafür müssen sie bezahlen.